汽车发动机液阻悬置设计、仿真与优化

李　堑　何　钢　著

科 学 出 版 社
北　京

内 容 简 介

发动机悬置元件是汽车上重要的减振、隔振元件，对提高汽车的 NVH（噪声、振动和声振粗糙度）性能具有重要意义。本书首先介绍悬置元件的发展历史及现状；振动理论-减振器设计的基础理论、流体力学相关知识；橡胶悬置与液阻悬置振动特性、液阻悬置振动机理；接着介绍液阻悬置集总参数模型的参数识别方法；最后介绍悬置元件的结构参数优化方法。

本书适合从事汽车减振系统及元件设计、制造的专业人员参考阅读，也可作为车辆工程及相关专业本科生和研究生的课程教材或参考书。

图书在版编目（CIP）数据

汽车发动机液阻悬置设计、仿真与优化/李堑，何钢著. —北京：科学出版社，2018.1

ISBN 978-7-03-056357-6

Ⅰ. ①汽… Ⅱ. ①李…②何… Ⅲ. ①汽车-发动机-液压悬挂装置 Ⅳ. ①U463.33

中国版本图书馆 CIP 数据核字（2018）第 013238 号

责任编辑：惠 雪 高慧元/责任校对：彭 涛

责任印制：张 伟/封面设计：许 瑞

科学出版社 出版

北京东黄城根北街 16 号

邮政编码：100717

http://www.sciencep.com

北京厚诚则铭印刷科技有限公司 印刷

科学出版社发行 各地新华书店经销

*

2018 年 1 月第 一 版 开本：720×1000 1/16

2022 年 4 月第四次印刷 印张：11 1/4

字数：227 000

定价：79.00 元

（如有印装质量问题，我社负责调换）

前言

汽车发动机动力总成悬置系统既是汽车动力总成与车架或车身之间的弹性连接系统，也是发动机减振降噪的重要组成部分。随着发动机朝着高速、轻型以及大功率方向发展，其振动噪声问题日趋严重，而人们对振动与噪声控制的要求却日益严格，这就对发动机悬置系统提出更高的要求，要求在发动机的整个工作转速范围内都能有效地隔离发动机振动向车体的传递。汽车发动机动力总成悬置元件是汽车发动机动力总成悬置系统中重要的减振部件，目前在汽车上应用最多的汽车发动机动力总成悬置元件是橡胶悬置和液阻型橡胶悬置（简称液阻悬置），它们具有结构简单、工作可靠、性能稳定、价格低等特点。尽管国内外许多专家对橡胶悬置与液阻悬置进行大量的研究，但因减振器设计理论的制约，对于汽车发动机悬置元件尤其是液阻悬置的结构参数一直没有可靠的设计方法，大都采用“经验+反复试验”的传统方法。即首先凭经验确定发动机动力总成悬置系统及零部件的关键参数值。由于液阻悬置各主要部件参数之间相互耦合和影响，需要大量的试验才能确定满足系统特性要求的液阻悬置结构参数。随着汽车工业的快速发展和行驶速度的不断提高，人们对悬置元件的设计提出更高的需求，先前的悬置元件设计与仿真方法已不能满足汽车工业快速发展的需求；同时随着汽车工业国际竞争的不断加剧，提高我国汽车自主研发能力、开发具有自主知识产权的汽车产品成为提高我国汽车工业国际竞争力的基础。因此，必须从基本原理与理论出发，根据车辆行驶平稳性、操作稳定性和乘坐舒适性的要求，系统研究减振元件的设计理论和方法。

目前，关于汽车发动机动力总成悬置系统及其元件设计理论和方法的专业书籍很少。本书是在作者多年对汽车发动机悬置元件研究成果的基础上总结编写而成的，包含了作者的最新理论研究成果。本书力求深入浅出、循序渐进，以汽车发动机动力总成悬置系统为研究模型，以车辆行驶平稳性为研究目标，以汽车发动机动力总成悬置元件设计理论和方法为主线，分别对车辆简化模型的振动及特性进行分析，对橡胶悬置结构设计与仿真方法进行介绍，对液阻悬置线性与非线性减振模型以及模型的参数识别方法进行介绍，对液阻悬置参数对其动态特性的影响规律进行分析，最后介绍了橡胶悬置与液阻悬置的结构优化方法。本书内容简练、层次分明，既有理论分析，又有特性试验，各章节注重前后衔接，将新理论与方法和实际设计相结合。

本书得到了江苏省自然科学基金项目(BK20130237) 资助，并获得河海大学各级领导的大力支持，在此表示衷心的感谢。

限于作者水平，书中难免会有不妥之处，恳请读者批评指正。

李　堑

2017 年 9 月

目　　录

1 绪　　论

汽车发动机动力总成悬置系统是汽车动力总成与车架或车身之间的弹性连接系统，是发动机减振降噪的重要组成部分。汽车动力总成悬置系统可对在动力总成与车架间传递的振动进行双向隔离，对降低车内振动和噪声起着重要的作用。对于定型的发动机和车体，选择和设计合适的发动机悬置系统是减小发动机产生的振动和噪声向车身传递的关键。随着发动机朝着高速、轻型以及大功率方向发展，其振动噪声问题日趋严重，而人们对振动与噪声控制的要求却日益严格，这就对发动机悬置系统提出更高的要求，要求在发动机的整个工作转速范围内都能有效地隔离发动机振动向车体的传递。

1.1 汽车动力总成悬置系统作用及性能要求

近年来，汽车设计向轻型化与经济型发展，但是少缸、大功率发动机以及轻质化车架和车身的应用往往使得发动机振动激励的增大与车体刚度的减小，从而导致由发动机传递至车身的振动加剧，使车内的振动和噪声特性恶化。特别是采用平衡性较差的四缸四行程发动机的 FF 式 (发动机前置-前轮驱动式) 轿车，其发动机动力总成的振动对汽车乘坐舒适性的影响越来越突出。与此同时，人们对乘坐舒适性的要求又在不断提高，乘坐舒适性已成为汽车尤其是乘用车的主要性能指标之一。为了解决这些矛盾，必须加强对发动机动力总成与车体间振动传递的隔离，才能有效地降低车身振动和车内噪声。

1.1.1 悬置系统的主要功能

悬置系统的主要功能包括以下几个方面。

1) 动力总成支撑和定位

根据整车空间及减振的需要，发动机被支撑在几个悬置元件上，在发动机本身振动和外界作用力的驱动下，发动机和车架之间存在相对运动，汽车发动机动力总成悬置系统六自由度模型如图 1-1 所示。因此悬置系统具有控制发动机相对运动和位移的功能，使发动机始终保持在相对稳定的位置上，不能让发动机在各方向的运动中与底盘以及车身上的零件产生干涉和触碰。

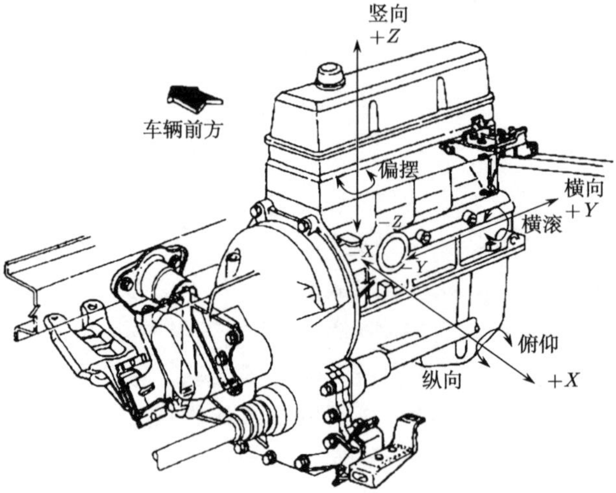

图 1-1　汽车发动机动力总成悬置系统六自由度模型

2) 隔离振动

发动机在工作转速范围内运转产生的振动必须通过悬置系统加以隔离，尽可能降低传递到车身及汽车底盘的高频振动；同时悬置系统还需隔离由道路不平引起的车轮与悬挂系统的低频振动，避免这一振动向发动机传递而造成发动机振动加剧，以满足车辆运行时的平稳性和舒适性；悬置系统还应保证怠速和停机过程中发动机的稳定性，这就是悬置系统所谓的双向隔振功能。

3) 保护发动机

汽车发动机在车辆中的安装形式如图 1-2 所示。车辆在行驶过程中发动机同

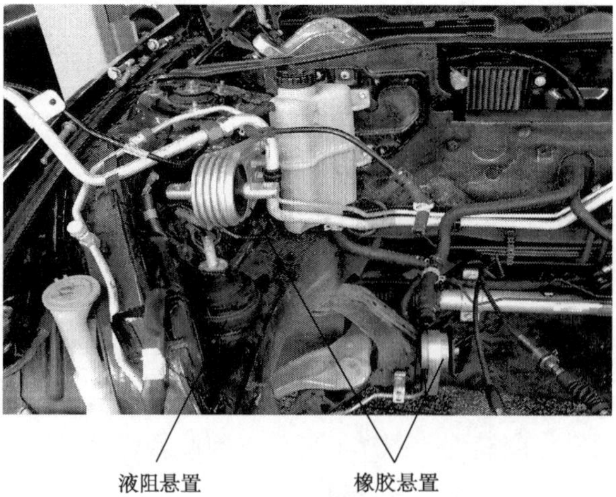

图 1-2　某型轿车上悬置元件的布置方式

时承受着动态载荷和冲击载荷，当这些载荷超过发动机的许用载荷时就会引起发动机的破坏，例如，在冲击载荷过高时，发动机缸体后端面与飞轮壳的结合面上的弯曲力矩过大会导致发动机产生开裂；车辆在崎岖道路上行驶时，车架的扭曲变形会使发动机承受扭曲应力，使发动机局部受到载荷而遭到破坏。悬置系统可以防止发动机上个别部位因承受过大的冲击载荷而损坏，从而起到保护发动机的作用。布置合理、减振性能优越的悬置系统能充分缓冲和抵御外力的冲击，保护发动机。

1.1.2 悬置元件的理想动力学特性

汽车动力总成既是一个激振源，也是被隔振的对象。动力总成受到的激励主要有[1,2]：

(1) 发动机往复不平衡惯性力主谐量的激励，其频率范围为 30~250Hz，特点是激励的幅值较小，习惯上称其为高频、小振幅激励，由其引起的振动称为高频、小振幅振动；

(2) 怠速不平衡扭矩主谐量的激励，频率一般低于 30Hz；

(3) 经过轮胎和悬架系统过滤后的路面激励和瞬时冲击。

后两类激励的频率一般低于 30Hz，特点是激励的幅值较大，习惯上将其称为低频、大振幅激励，相应的振动称为低频、大振幅振动。

为了有效隔离高频段往复不平衡惯性力主谐量激励所引起的振动向车体的传递，提高乘坐舒适性和降低噪声，特别是空腔共鸣声，要求悬置元件具有低刚度、小阻尼特性；另外，为了抑制怠速波动扭矩主谐量的激励引起动力总成在共振频率附近较大振幅的振动，同时为了限制那些准静态载荷，如起动、换挡、加速、制动、转弯以及不平路面冲击等载荷作用下引起的动力总成的位移，并且将其诱发的较大幅度自由振动尽快衰减，又要求悬置元件具有高刚度、大阻尼特性。这就是动力总成隔振对悬置元件提出的两个基本而又相互矛盾的要求，即对动力总成悬置提出了“低频域具有高刚度、大阻尼，高频域具有低刚度、小阻尼”这两个基本而又相互矛盾的要求。

由以上得到的动力总成悬置系统的理想特性如图 1-3 所示，可描述为[3,4]：

(1) 悬置系统具有较高的静刚度以支撑动力总成质量；

(2) 悬置系统在低频 (1~30Hz) 时应具有大阻尼、高刚度特性，以衰减由输出扭矩的波动和汽车加速 (或者制动) 引起的动力总成大振幅振动，以及衰减由路面激励引起的动力总成的低频振动；

(3) 悬置系统在高频区域 (30Hz 以上) 时应具有小阻尼、低动刚度特性，以降低振动传递率和增强降噪效果。

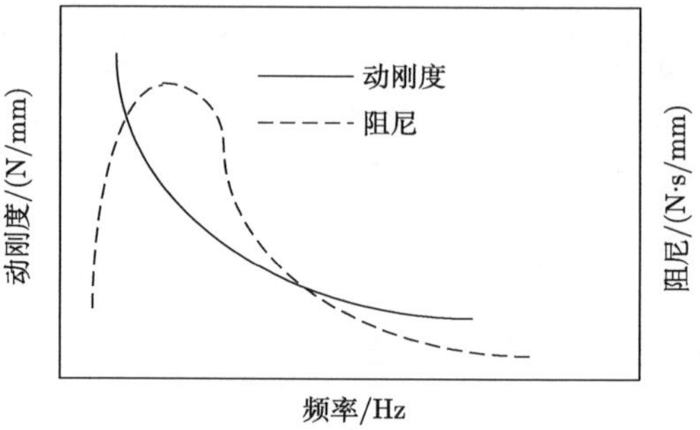

图 1-3　悬置的理想动力学性能

因此，对动力总成悬置系统动特性的要求是十分复杂的，有时甚至是相互矛盾的。然而轿车对于振动和噪声隔振水平的要求在逐步提高，同时现代轿车设计向车身轻量化和发动机高动力的趋势发展，重量的减轻和动力的增加会对振动特性产生不利的影响，特别是直列四缸机的广泛应用，极大地增加了振动和噪声的水平。这两方面冲突促使动力总成悬置系统的隔振性能仍然需要改进。

1.2　悬置元件的发展状况

发动机隔振技术是伴随汽车技术及汽车工业而发展起来的，发动机与车身之间的连接介质经历了刚性连接、橡胶衬垫、橡胶悬置和液阻悬置 (包括被动式、半主动式和主动式液阻悬置) 等多个阶段，每一阶段采用的悬置都带来了汽车隔振技术的革新和进步。

橡胶悬置作为汽车动力总成悬置系统中的隔振元件，曾发挥了重要的作用，目前较多地应用在平衡较好或中低档发动机上。橡胶悬置元件的动态特性有两点不足：阻尼偏小，不能满足对汽车动力总成悬置系统在低频域的隔振、减振性能要求；在高频振动时会出现动态硬化现象，导致其动刚度显著增大，不能满足对汽车动力总成悬置系统在高频域的隔振、降噪性能要求。

从 20 世纪 70 年代末开始，液阻悬置开始在国外汽车上推广应用。这种隔振元件是在封闭的橡胶悬置元件内附设液体阻尼机构而成的，其弹性特性和阻尼特性都显著优于普通橡胶悬置元件，能够在很大程度上弥补普通橡胶悬置元件的不足，改善橡胶悬置刚度偏大、阻尼不足和高频动态硬化的缺点，提升汽车动力总成悬置系统的隔振降噪和减振缓冲性能[5]。

液阻悬置的发展初期均为被动式，但随着对悬置系统及悬置本身降噪减振的性能要求的不断提高，以及电控技术的应用越来越广泛，液阻悬置又增加了控制系统，可根据工况主动控制悬置的阻尼和刚度，这就是主动式液阻悬置。主动式液阻悬置响应速度快，其隔振性能比被动式液阻悬置更好，但存在系统复杂、功率消耗大、成本高、可靠性较低和安装不便等缺点，在实体车上还很少使用。由于制造成本与悬置元件减振性能等方面的原因，惯性通道活动解耦盘式液阻悬置依然是汽车发动机动力总成悬置系统中使用最为普遍的悬置元件之一[6]。

不同种类的动力总成悬置系统，从橡胶到液阻，从被动到主动，其性能日益发展与改善的过程见证了汽车发动机降噪减振技术发展的历程，动力总成悬置系统在汽车降噪减振方面的优化工作也日新月异。

1.2.1 橡胶悬置

车用内燃机在汽车上的固定方式经历了多次变化[7,8]。早期的汽车由于行驶速度低，制造工艺粗糙，发动机一般直接用螺栓连接在车架上。这样不但连接简单，而且可以利用发动机的缸体起到加强车架强度的作用。但是使用中发现这种连接经常造成发动机缸体开裂和发动机支架断裂。究其原因，是车架的剧烈振动直接传递给了发动机，使发动机和支撑连接处长期受到交变载荷的作用，最终发动机缸体出现疲劳断裂。后来的工程师逐渐认识到这一点，不再把发动机当成车架的加强横梁，而是在发动机和车架之间加入弹性材料，如皮衬垫、橡胶圈等。

随着汽车行驶速度的提高和汽车技术的发展，发动机产生的振动在汽车整车振动中占的比例越来越大，发动机支撑隔振性能的好坏对汽车乘坐舒适性的影响也越来越明显。人们开始认识到应该尽可能将发动机和车架隔开，使发动机产生的振动和扭矩波动尽可能少地传递到车架上，发动机支撑元件隔振性能的改善成为早期各大汽车公司努力追求的目标。在 20 世纪 30 年代以后的很长时间里，橡胶以其低廉的成本和良好的性能成为了发动机支撑最常用的材料。

悬置用橡胶是一种由异戊二烯（C_5H_8）单体构成的链状高分子材料[9]，其中的单键因热运动具有某种程度的自由旋转，根据其分子的旋转情况有非常多样的分子形状，这种分子形态的多样性实际上就是橡胶具有弹性的根本原因，而一般固体的弹性是由与原子间隔的变化相对应的内部能量引起的。因此可以理解橡胶的弹性特征是：低弹性模量、高弹性极限。工业上应用减振橡胶已经有很长的历史了，自 20 世纪 30 年代以来，橡胶和金属的黏接强度和可靠性有了非常大的改善，橡胶作为工业减振制品成为可能。减振橡胶最早用在军用飞机和舰船上，后来向民用技术转移，橡胶材料在汽车工业中的大量应用，极大促进了橡胶工业的发展。

发动机橡胶悬置的主体是一定硬度的橡胶块。在各种减振材料中，橡胶以其特有的减振性能，在现代工业机械中得到越来越广泛的应用。它具有以下一些优点：

(1) 形状不受限制，可自由选定，因此可有效地利用空间，同时可相当自由地选定三个方向上的弹性常数。

(2) 弹性模量较小，可以得到较大的弹性变形，易于实现理想的非线性特性。

(3) 橡胶有内摩擦，因而具有较高内阻，不会产生大的共振振幅，不至于形成螺旋弹簧所特有的共振激增现象。一般情况下，减振橡胶都是由橡胶和金属层结合而成的，对于突然冲击和高频振动的吸收和隔音具有良好的效果。

(4) 同一橡胶减振件能同时承受多向载荷，因而可使系统的机构简化，且无需润滑，所以有利于维护和保养。

橡胶材料优异的弹性特性和低廉的制造成本，使其在很长一段时间内成为动力总成悬置元件普遍选用的材料。直到 20 世纪 70 年代，随着汽车制造技术的发展及人们对汽车乘坐舒适性需求的提高，橡胶材料自身的一些缺点显得更加明显。例如，高频小振幅激振时橡胶的动态硬化明显，减振性能差，容易断裂；小阻尼橡胶对发动机的大幅度振动难以起到有效的抑制作用，易发生蠕变。单纯的橡胶材料不能满足发动机悬置系统对悬置的低频高刚度、大阻尼和高频低刚度、小阻尼的要求，橡胶悬置设计中只能采取某些性能上的折中[10]。尤为重要的是，现代汽车向小型、经济、轻量化和高舒适性方向发展，使得一般轿车普遍采用发动机前置-前轮驱动方式，且多使用平衡性差的四缸发动机，同时车身质量轻化，弹性增加，使车身振动水平上升。这种情况下，为达到更好的乘坐舒适性，对汽车各子系统的振动控制的要求更加严格，动力总成悬置系统的减振性能必须有明显的改善。这样传统的橡胶悬置已经不能满足要求，液阻悬置则成为一种理想的选择[11,12]。

1.2.2 被动式液阻悬置

液阻悬置在橡胶悬置的基础上增设了液体内腔，并利用液体在液阻悬置内部结构流动时的阻尼产生悬置的非线性特性，以满足在不同的工况下表现出良好的隔振特性，同时通过内部阻尼结构的变化及部件的增加提高或优化在多个频段的特性，改善或克服了普通橡胶悬置刚度偏大、阻尼不足和高频动态硬化的弱点，能较好满足悬置系统要求的频变与幅变特性。其优良的隔振、减振和降噪性能主要表现为：在低频域具有大阻尼和高动刚度特性，既可有效地隔离和衰减发动机怠速以及汽车行驶在不平路面上时动力总成的稳态振动，又可很好地控制和衰减汽车在起步、加速、转弯、制动和发动机起动、停机等非稳态工况下动力总成的大位移冲击激励和非稳态振动；在高频域具有小阻尼和低动刚度的特性，可在较宽频带内克服橡胶主弹簧的动态硬化效应，显著地扩大动力总成悬置系统的有效隔振频率范围，因此可较好地隔离动力总成的高频振动、降低汽车在高速行驶中的车内振动和噪声（尤其是Booming声）以及改善汽车的乘坐舒适性。

橡胶弹簧和液阻减振机构组成一个整体用于减振的思想源于20世纪40年代[13]，1962年通用汽车公司的Rasmussen等完善了这种思想，并试制了世界上第一个液阻型橡胶悬置（hydraulically damped rubber mount, HDRM），简称液阻悬置（hydraulic engine mount, HEM）。自20世纪80年代开始，世界各大汽车公司和研究机构竞相研究开发液阻悬置，使之得到迅速发展，现已成为汽车动力总成的主要隔振技术之一[14]。德国是较早进行液阻悬置的设计研究与开发应用的国家，在1979年即已开发了三种可用于五缸和六缸发动机动力总成的Audi/Boge、Freudenberg和AudiⅡ悬置系统，并首先由Audi公司在Audi五缸Otto发动机上安装使用，这是第一次将液阻悬置批量应用于产品。试验结果表明，液阻悬置可以大大地降低车辆的振动，明显改善乘坐的舒适性[15]。1981年德国Porsche 944运动型轿车安装了液阻悬置，有效地降低了车内噪声，提高了乘坐舒适性，且在6Hz附近，滞后角最大可达28°[16]。1982年日本将被动式液阻悬置应用于前置后驱式轿车，以此来减少发动机怠速振动，效果明显[17,18]。1984年Escan公司和Freudenberg-Megulastik公司联合开发了惯性通道固定解耦膜型液阻悬置，应用于一种FR式汽车的直列六缸汽油机悬置系统，车内噪声可以降低3~5dB[19]。1985年Daimler-Benz公司为190/190E、201和124系列轿车开发了液阻悬置，进行了悬置惯性通道长度、横截面积和橡胶硬度等参数优化设计分析，结果能有效地衰减地面激励引起的动力总成低频振动。1988年Audi V8发动机的所有悬置均采用液阻悬置。美国通用汽车公司于1985年开始在所有A型和X型车身四缸和六缸发动机动力总成悬置系统中采用液阻悬置，从此液阻悬置开始在美国汽车上推广应用。同年，Ford汽车公司也在Supercab轻型货车动力总成悬置系统中采用液阻悬置，从此液阻悬置由高级轿车向其他类型的汽车普及。此外，液阻悬置的应用范围也不断扩大，它已被应用于汽车车轮独立悬架导向机构的连接元件、车身及驾驶室悬置等重要的隔振系统；同时，它不仅作为标准部件在轿车上普及，并且开始在客车、货车及其他车型以及包括船舶和飞机等在内的移动式机械及动力机械上得到应用。

液阻悬置历经几十年的不断改进和发展，结构形式都有明显不同，性能上也有明显的改进。现在应用的液阻悬置主要有惯性通道型、惯性通道固定解耦膜型、惯性通道活动解耦盘式等。随着其性能趋于完善，结构则趋于复杂。根据历史发展顺序及结构演变过程，液阻悬置大体可分三种，目前产业化的液阻悬置虽在结构上与图 1-4~图 1-7 中的结构略有不同，但基本可以从中找到三种典型结构的特征。

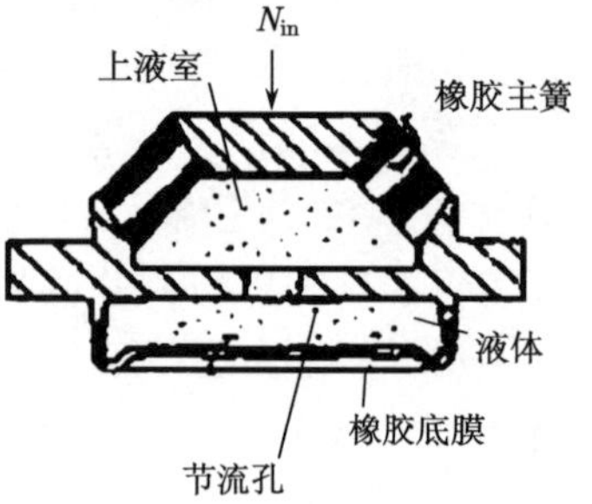

图 1-4　节流孔型液阻悬置

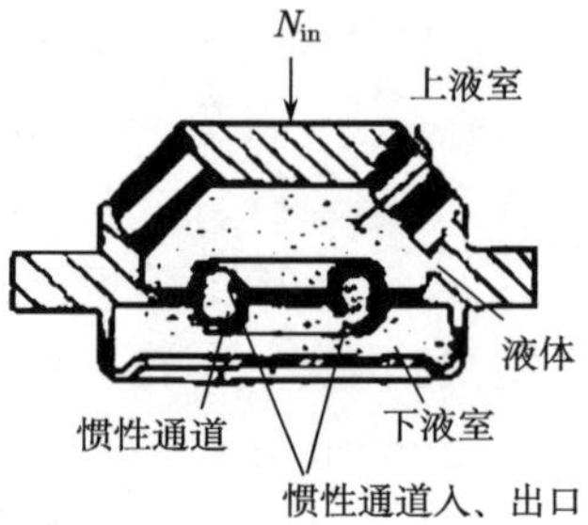

图 1-5　惯性通道型液阻悬置

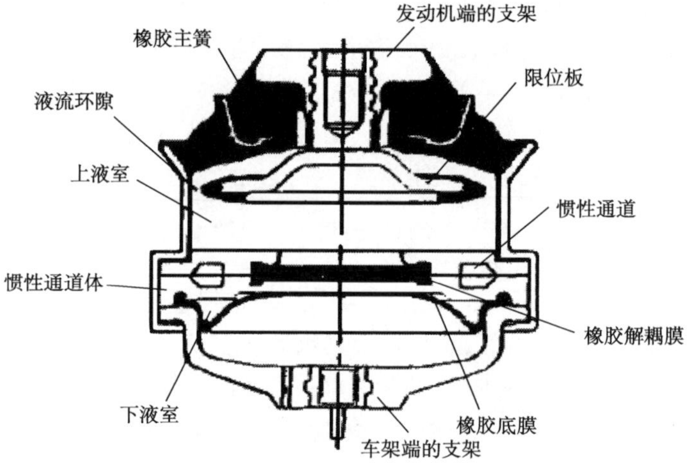

图 1-6　惯性通道固定解耦膜型液阻悬置

1.2.2.1　节流孔型和惯性通道型液阻悬置

节流孔型液阻悬置是液阻悬置的初期形式，其结构如图 1-4 所示，它很快被图 1-5 所示的惯性通道型液阻悬置所替代。这类液阻悬置内腔被金属结构分为上液室和下液室，上、下液室之间由小孔、螺旋形或环形惯性通道连通，靠液体流过小孔（或者惯性通道）的节流阻尼来衰减振动，在低频时大阻尼特性可以控制发动机振动的位移，但高频时产生高频硬化现象，使隔振效果恶化。

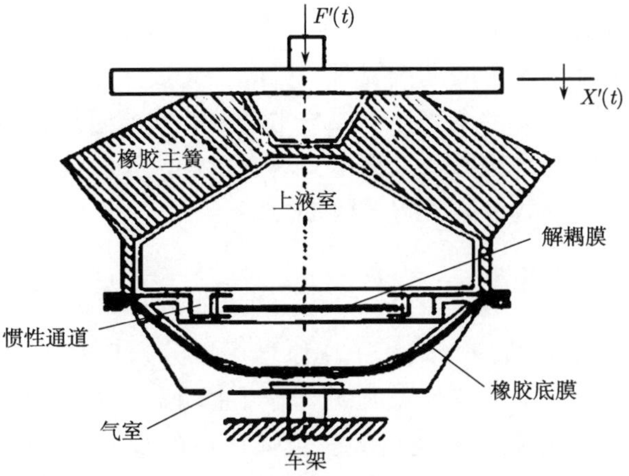

图 1-7 惯性通道活动解耦盘式液阻悬置[6]

1.2.2.2 惯性通道固定解耦膜型液阻悬置

由于节流孔型和惯性通道型液阻悬置在高频时的不佳表现，学者对其结构进行了改进，如图 1-6 所示，在惯性通道式液阻悬置的基础上增加了解耦膜。当悬置受到高频小振幅激励时，惯性通道中的液体不发生流动，解耦膜随上、下液室的压力波动而上下振动。惯性通道型固定解耦膜型液阻悬置在高频小振幅激励下相比节流孔型和惯性通道型液阻悬置具有小阻尼和低刚度的特点，但还是存在高频动态硬化的缺点。

1.2.2.3 惯性通道活动解耦盘式液阻悬置

当惯性通道活动解耦盘式液阻悬置受到高频、小振幅激励时，解耦盘在其自由行程中运动，如图 1-7 所示。它改善了液阻悬置高频动态硬化现象，拓宽了悬置在高频使用频率的范围，在很宽的振动频率范围内都具有良好的隔振性能。惯性通道活动解耦盘式液阻悬置的结构也相对比较简单，其隔振性能也能较好地满足汽车发动机悬置系统的要求。由于制造成本等方面的原因，惯性通道活动解耦盘式液阻悬置是汽车发动机动力总成悬置系统中使用普遍的悬置元件之一。

1.2.3 半主动和主动式液阻悬置

被动式液阻悬置具有结构相对较简单、安装简便、成本低、可以在一定频段内显著提高汽车乘坐舒适性等优点，但由于解耦膜具有很强的非线性特性[4,12]，导致悬置系统对复合信号隔振效果较差。为了进一步提高动力总成悬置的隔振性能，满足汽车在各种运行工况下的隔振要求，国际上先后又出现了半主动控制式和主动控制式液阻悬置[3, 6, 20]。半主动控制式与主动控制式液阻悬置可以根据汽车的运行工况实时调节悬置的结构参数来调谐其动态特性，可实现广谱隔振、减振、降噪性能，获得优于被动式液阻悬置的隔振性能。

1.2.3.1　半主动式液阻悬置

半主动式悬置按其结构方式和工作原理可以分为控制节流孔开度的半主动悬置、电流变液体半主动悬置、磁流变液体半主动悬置等几种。

早期的半主动式悬置大都通过改变液体通道的长度或孔径来调整或控制悬置阻尼，如图 1-8 所示的半主动悬置，利用电机带动阀门改变液体通道孔径来调整悬置阻尼[21]。Kim 和 Singh[22]对液阻悬置进行改造，利用发动机进气管的压力和微型电磁阀控制悬置内压力，采用自适应控制方法控制悬置阻尼。

电流变液体 (electrorheological fluid，ER) 的黏性能在施加的电场中快速改变。1949 年，Winslow 发表了制作电流变液体的方法，被认为是最早的电流变理论。利用电流变液体的性质，Petek 设计了一种半主动悬置[23]，如图 1-9 所示。该悬置有一对平行的电极板，当施加电场时，电流变液体需克服屈服阻力才能流经电极，在上、下两液室之间流动，此时阻尼值很大。当不施加电场时，液体自由流经电极之间，只有一般的液阻损失，阻尼值较小。由于 Petek 的方案只利用了电流变液体自由流动和塑性变形两种工况，产生类似库仑摩擦性质的阻尼，尽管控制简单，但是效果不是很好。Gennesseaux、Duclose、Seung-bok Choi 和 Hyun-Song 等提出了各自的改进方案，控制电压是连续变化的，工作区间跨越材料的弹性剪切区和塑性剪切区。在此基础上，Metzeler 公司等[24]首先开发出电流变液体半主动液压悬置。

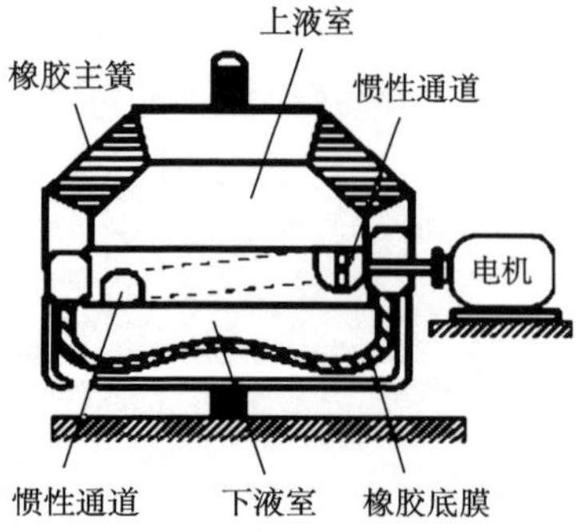

图 1-8　液体通道孔径可控制的半主动悬置

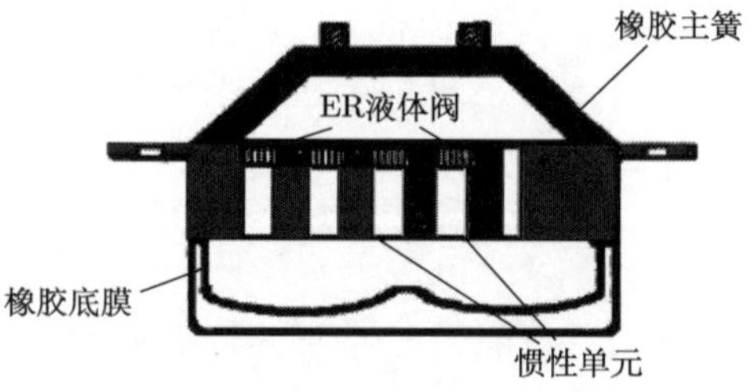

图 1-9　电流变液体半主动液阻悬置

1983 年，日本的 Mitsubishi 公司[25]在豪华 Galant 轿车上安装了电控节流孔开度的半主动液压悬置，实践证明其减振降噪效果良好。该悬置通过旋转电磁阀来控制节流孔的开度，进而调整优化悬置的动特性 (图 1-10)。

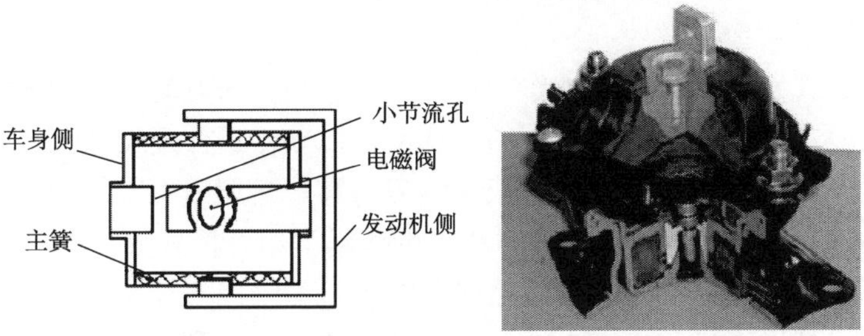

(a) 结构示意图　　(b) 实物图

图 1-10　电磁阀控制的半主动悬置

当汽车正常行驶时，激励成分主要是高频、小振幅的扰动，电控元件旋转电磁阀，打开大节流孔以减少系统阻尼，降低悬置的动刚度，防止出现节流孔和惯性通道式液压悬置常出现的高频动态硬化现象。在发动机起动、汽车加速、转向、制动等瞬态工况下，发动机整机的惯性力施加在悬置上，激励表现为低频、大振幅的特性。此时电控单元在接到传感器传递的信号后旋转电磁阀，关闭大节流孔。所有的液体需通过小节流孔在上、下液室间流动，产生较大的阻尼，提高了悬置的动刚度，限制了动力总成的位移，很好地衰减了动力总成的低频、大振幅振动。采用该方案的悬置结构简单，控制方便，但是只能在两种工况间切换，不能实现连续改变系统参数来适应车辆多工况的减振、降噪要求。

1987 年，美国 Avon 公司[26,27]开发了控制气体弹簧压力、调整悬置动特性的半主动式液阻悬置。

1988 年，德国 Freudenberg 公司推出了根据路况提供最优阻尼的半主动式控制液阻悬置[28]。

1.2.3.2　主动式液阻悬置

半主动式悬置经过多年的发展，在车辆振动和噪声的控制上取得了良好的效果，而且在有些轿车上面应用，它对于降低怠速抖动，改善整车 NVH (噪声、振动与声振粗糙度) 特性起到了很好的作用。但所有的半主动式悬置的动力学响应对系统的结构参数都很敏感，需要严格的设计要求和制造工艺来保障，并且半主动式悬置一般都用于改善特定频率时车辆的减振和降噪性能。为了解决车辆多工况的减振、降噪问题，提高车辆乘坐的舒适性，主动悬置已经成为世界各国汽车技术人员研究的热点，推出了各式各样的发动机主动悬置。

主动控制式悬置按作动器的形式可分为电磁式主动悬置、压电式主动悬置、电动式主动悬置、电致伸缩式主动悬置、气动伺服式主动悬置和液压伺服式主动悬置等几种形式。

主动控制式发动机悬置通过作动器产生动态力，与发动机产生的振动进行叠加，以抵消发动机振动向车身的传递，从而可以获得最佳隔振效果。理论上可使发动机的振动完全隔离，使车身的振动响应为零。典型的主动控制式发动机悬置是由传统的液压悬置 (或橡胶悬置) 和微型作动器组合而成的，另外还由传感器、数据采集系统、计算机、控制系统组成了发动机振动闭环控制回路。被动悬置的主要作用是支撑发动机的静态力以及在作动器失效时起到被动悬置原有的隔振作用。作动器能根据发动机的工况，在控制器的作用下产生相应的与激励信号同振幅、同频率的振动力。传感器的主要作用是实时采集发动机和车身的振动信号，并传给计算机或控制器。主动悬置的发展经历了如下过程。

1988 年，Freudenberg 公司在 FWD 式四缸发动机上应用主动控制式电磁液阻悬置 (图 1-11)，取得了满意效果。

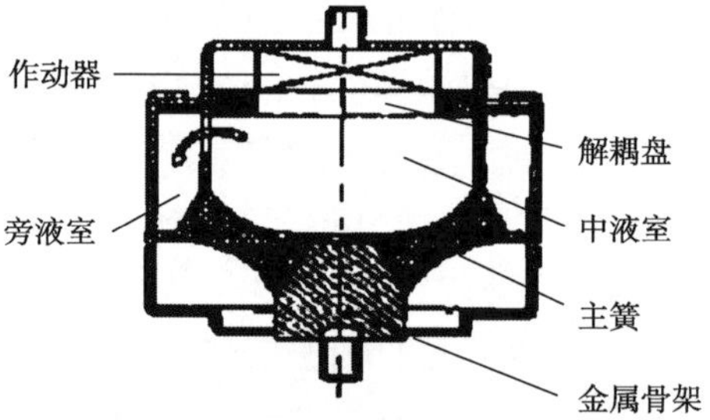

图 1-11 主动控制式电磁液阻悬置

被动式液阻悬置是依靠上、下两个液室压力差来推动液体在惯性通道和解耦通道内流动，利用液体的节流损失和沿程损失来耗散振动能量。为了更好地优化上、下液室的压力，可以将两个液室与外界液压泵相连，利用泵的压力驱动液体在两个液室之间流动，使作用在上液室的支反力与施加在其上的不平衡扰动力相抵消，从而有效改善液压悬置的工作性能。

1988 年，Graf 等[29]设计了一种采用液压作动器的主动悬置。该悬置利用液压泵的压力驱动液体在悬置的上、下液室之间流动。试验表明使用该悬置后，车辆的振动情况要比使用被动式悬置降低了 5~10dB。图 1-12 是采用液压作动器的主动悬置。

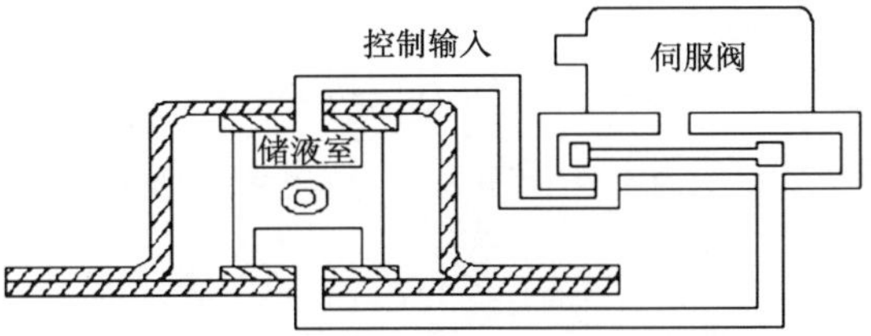

图 1-12 采用液压作动器的主动悬置

1994 年，德国的 Muller[30]研究了带有电磁作动器的主动液压悬置，研究结果表明，可以至少降低驾驶员右耳处的声压 10dB。

1995 年，日本的 Shibayama[31]发表文章介绍了他们应用压电陶瓷作动器的发动机主动悬置，其结构如图 1-13 所示。压电作动器利用其产生的逆压电位移来抵消发动机怠速的振动，由于其频率响应快，直接由电参数变化转化为系统机械运动的特性受到人们重视，但压电作动器输出的位移很小，只能适用于发动机的高速区段，而低频率下的振动和噪声问题仍然解决不了。

2002 年，韩国的 Y-W-Lee 把电磁作动器与液压悬置的解耦盘连接，形成一个作动的活塞，直接驱动液压悬置内的液体，改变悬置的动刚度，降低振动的幅值，在直列四缸机怠速时 (25Hz 频率下)，试验测试的传递力可以衰减到接近于零[32]。图 1-14 是采用电磁作动器的主动悬置的原理图。由于电磁作动器具有结构紧凑、能耗小、反应灵敏、适应频带宽、位移大等优点，在振动主动控制中得到了广泛的应用。

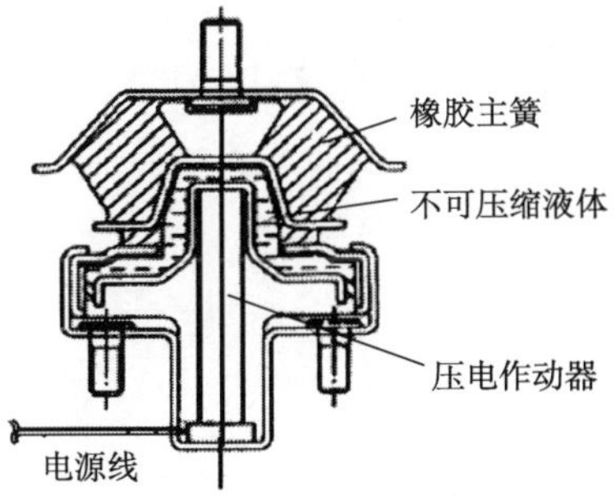

图 1-13 压电陶瓷作动器液阻悬置结构图

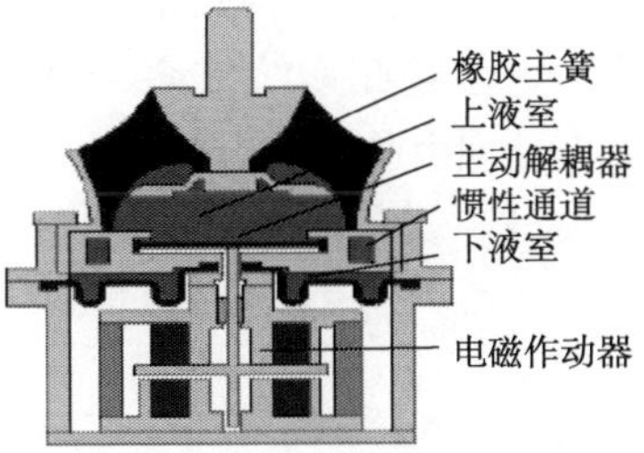

图 1-14 电磁作动器液阻悬置原理图

2002 年，加拿大 Foumani 等[33]利用形状记忆合金的形状记忆效应设计了一种形状记忆金属式的主动悬置。该悬置利用形状记忆金属的特性来改变液压悬置的主簧刚度，进而改善悬置的隔振特性。形状记忆效应表现为随着温度变化材料的金相产生转化，从而表现为宏观的位移。如图 1-15 所示为一款形状记忆金属式主动悬置。

电致伸缩作动器与压电作动器的原理相似[34]，所不同的是电致伸缩材料的特性是伸长的位移与施加的电压平方成正比，且电致伸缩材料几乎没有迟滞损失，结构如图 1-16 所示。

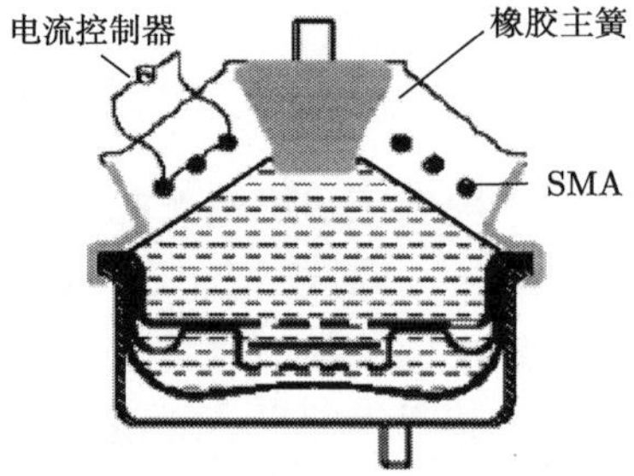

图 1-15 形状记忆金属式主动悬置

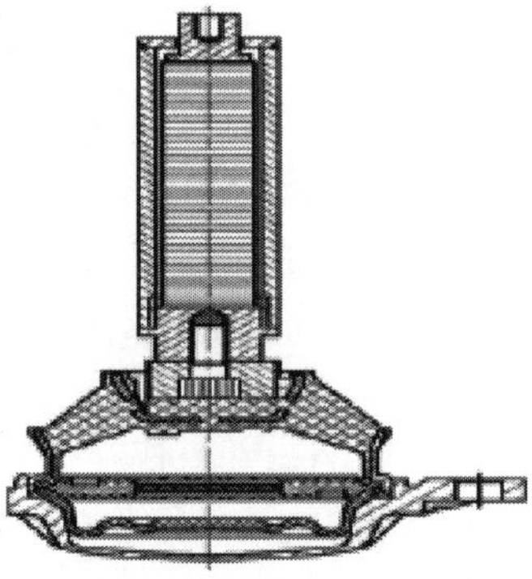

图 1-16 电致伸缩主动悬置

总的来说，主动悬置因其优良的性能已经成为各国汽车设计人员争相研究的热点。随着主动悬置设计水平的不断提高，加工工艺的不断完善，主动悬置必将成为新一代悬置系统的发展方向。但由于半主动式液阻悬置较被动式液阻悬置增加了控制单元和执行机构，存在结构较复杂、成本高、占用空间大等问题，还没有被广泛采用。主动控制式液阻悬置则通过作动器直接产生动态力以抵消作用在悬置上的振动力，使在发动机和车体间传递的动态力大大减小，从而可获得最佳隔振效果。主动控制式液阻悬置响应速度快，其隔振性能比半主动控制式液阻悬置更好，但存在系统复杂、功率消耗大、成本高、可靠性较低和安装不便等缺点，在实车上使用的还不是太多。

1.3 国内外研究现状

1.3.1 悬置振动模型及减振机理的研究现状

国外对液阻悬置振动模型及减振机理的研究开始的比较早。德国 Daimler-Benz 公司于 1982 年对惯性通道固定解耦膜型液阻悬置进行了研究，通过对其内部液体流动特性的计算，分析了惯性通道的长度、横截面积及解耦膜的硬度对悬置的最大动刚度、阻尼及其变化范围的影响，同时讨论了上液室压力波动幅值对惯性通道内流体的共振阻尼峰值的影响[35]。

美国的 Ford 公司、日本的 Nissan 公司和 GenCorp 技术中心分别于 1985 年、1986 年、1995 年研究了惯性通道型液阻悬置的阻尼作用机理。利用键合图方法对液阻悬置惯性通道和解耦膜的工作过程进行了分析，实验数据证明了液阻悬置的有效性[36-38]。Flower 还指出液阻悬置非线性动态特性能满足液阻悬置两个矛盾的设计标准，通过建立惯性通道型液阻悬置的集总参数模型，讨论了参数对惯性通道体中液体共振频率及其特性的影响，指出该型液阻悬置产生阻尼作用的主要原因是惯性通道中液体惯性力的作用。

1988 年，Ushijima 等研究了液阻悬置在高频、小振幅激励和低频、大振幅激励下的动态特性。他们还指出液阻悬置能利用惯性通道液体的动态特性和橡胶的刚度特性来获得高频下的低动态刚度[39, 40]。

1992 年，美国俄亥俄州立大学的 Singh 等对惯性通道活动解耦盘式液阻悬置的低频 (低于 50Hz) 动态特性进行了较系统的研究[41]。首先建立了该类型悬置线性化分析模型，较详细地分析了悬置的动刚度、阻尼、传递率以及悬置结构参数对其动态特性的影响；然后根据实验测定的液室体积刚度和惯性通道阻尼，进一步建立了非线性分析模型，模拟了惯性通道和解耦器的工作过程及悬置元件的低频动态特性。1993 年，Singh 等重点研究解耦膜在低频振动时的运动状态，并给出解耦膜活动间隙的经验设计公式，讨论了解耦膜活动间隙的大小对悬置动特性的影响[42]。1997 年和 2003 年他们又研究了液阻悬置解耦膜的简化建模方法[43,44]。

1995 年，美国西北大学的 Colgate 等指出解耦器是引起液阻悬置频率响应特性非线性的主要原因，这使得液阻悬置在小振幅激励下的响应和大振幅激励下的响应有着很大的区别[45]。他们重点应用分段连续的思想，建立了低频、大振幅和高频、小振幅两个线性模型，认为低频振动建模忽略流体进出惯性通道时的能量损失会使理论计算的滞后角过大，从而过高估计悬置的阻尼特性。并用实验的方法验证了它们在 5~200Hz 的有效性。他们还使用分段线性技术建立了一个更加精确的数学模型来解释液阻悬置频率响应特性的幅变特性以及液阻悬置在复合激励时的频率响应特性。同年，Lee 等使用键合图方法建立了活动解耦膜液阻悬置的线性模型，并用实验的方法对模型进行验证[46]。

2000 年，美国北达科他州立大学的 Jazar 等重点研究了液阻悬置高频的振动特性。他们以流经解耦膜的液体为对象，忽略惯性通道的影响，建立了两个自由度的模型。他们将解耦膜接近上、下位置挡板时对流体流动的阻碍作用，用一非线性力表示。仿真结果表明，在 140Hz 下与试验值吻合良好，高频吻合不好的原因是忽略了流体湍流的影响[47-50]。2001 年，他们建立了一种液阻悬置的实用的非线性模型。在该模型中使用解耦盘速度和位移的非线性函数来描述流体的阻尼，当解耦盘到达解耦盘上、下端盖时，流体的阻尼会迅速增大，最后使用数字仿真的方法验证了模型的正确性[51]。2002 年，他们又引入了液阻悬置的简化模型，通过干扰技术，预测了液阻悬置动态刚度在高频 (共振频率) 时的跳跃现象[52]。2006 年，他们研究了液阻悬置动态刚度高频时跳动现象的防治方法[53]。

2000 年，沃特卢大学的 Geisberger 等在前人研究的基础上对液阻悬置的非线性模型进行拓展并用专用的实验装置对模型进行验证，该模型综合考虑解耦膜的开-关特性与泄漏、上液室体积刚度等非线性特性，能较好地对液阻悬置高、低频下的动态特性进行描述。研究还设计了专用的测试装置来对液阻悬置各组件的特性参数以及整个液阻悬置的动态特性进行测试，实验结果验证了该模型的正确性[54, 55]。

2001 年，Singh 等通过实验和理论分析的方法对液阻悬置动态特性的频变、幅变特性进行了详细的研究[56-58]。1999 年，Ahmed 等将惯性通道和解耦膜简化成长、短两个阻尼孔[59]。考虑滞流态和惯性通道内液体振荡的影响，利用 Porov 和 Saukar 等的隔振器以及非线性阻尼孔阻尼特性的研究成果，在动力学方程中加入与液体振荡流动有关的无单位系数。研究表明，通过合理选择悬置惯性通道和解耦膜的几何参数，可以使悬置的性能满足特定动力总成的隔振要求。2003 年和 2007 年，Singh 等还应用简化的数学模型[60, 61]对液阻悬置的冲击响应、阶跃响应以及液阻悬置的非线性体积刚度进行分析与模拟[62, 63]。2006 年和 2007 年，Negretea 等应用有限元方法对液阻悬置的动态特性进行了模拟[64, 65]。

而国内针对液阻悬置振动机理的研究开展的比较晚。国内主要有吉林工业大学、吉林大学、清华大学、北京理工大学和华南理工大学等几家高校和研究机构进行了这方面的研究。

1994 年，吉林工业大学的王公立等和长春汽车研究所合作率先开始了液阻悬置方面的研究。他们介绍了液阻悬置结构的发展状况，对 CA7221 轿车发动机动力总成液力悬置的隔振性能进行试验测试，并与橡胶悬置的隔振和降噪性能进行对比研究。同时，他们还测试了副车架在隔振方面的作用。结果表明，液力悬置较传统橡胶悬置隔振效果明显，应用橡胶悬置和副车架两级减振也很奏效，应用液力悬置使整车舒适性得到很大改善[66-68]。

1997 年，清华大学的吕振华等建立了惯性通道-解耦膜式液阻悬置隔振系统的非线性力学模型和数学模型，并以 Audi 100 轿车动力总成液阻悬置为例，对其正向隔振性能进行仿真计算和实验研究[69, 70]。他们还分析了动力总成悬置元件特性对整车振动性能的影响规律[71]。

1999 年，湖北汽车工业学院的郑冬黎在介绍键合图理论的基本原理和特点的基础上，重点阐述键合图方法如何应用于汽车总成液力悬置系统的建模与仿真[72]。

2004 年，吉林大学的闵海涛又以某国产轿车采用的半主动式液阻悬置为研究对象，在深入分析其结构和工作原理的基础上，应用键合图方法建立了系统的键合图模型与数学模型，以状态变量的方式较为准确和详细地描述了液阻悬置的结构和特性参数，并对悬置的动特性进行实验研究和仿真分析[73]。同年，裘新等建立了动力总成液阻悬置及副车架系统的非线性力学模型，进行系统固有振动特性的模拟计算，并得到实验模态分析结果的证实。对液阻悬置和橡胶悬置系统的隔振特性进行对比分析，结果表明液阻悬置具有优良的隔振特性。此外他们还对副车架在动力总成隔振系统中的作用进行研究[74, 75]。

2003 年，北京理工大学的徐志军用集总质量法建立了惯性通道式、惯性通道解耦器式、菱形隔板式液力装置的力学模型，研究液力悬置的动态特性和力传递率随橡胶主簧的刚度、液力悬置内液体黏度和节流元件的结构参数变化的规律。计算结果表明，通过对这些参数优化匹配，可以明显改善和优化液力悬置的隔振性能[76]。同年，华南理工大学的上官文斌等以惯性通道–活动解耦盘式液阻悬置为研究对象，建立了非线性动力学特性仿真分析的线性与非线性集总参数模型，重点探讨了模型中一些重要物理参数的识别方法。对 BUICK 轿车动力总成惯性通道–活动解耦盘式液阻悬置的动特性进行仿真，并与试验值进行对比分析。计算出该液阻悬置在不同的激振工况下一些特征参数变化的规律，其结果与液阻悬置的工作机理或试验值相吻合[77]。

2004 年，清华大学的吕振华等探讨应用非线性固体有限元和液–固耦合非线性有限元仿真方法预测与识别液阻悬置集总参数模型的主要参数 (如上液室的体积刚度和等效活塞面积、惯性通道中的液体和解耦盘及其附连液体的惯性系数与流量阻尼系数等) 的分析方法。在此基础上，利用集总参数分析模型对一种轿车用液阻悬置的动特性进行计算分析[78-80]。同年，吕振华等论述了液阻悬置及其主要部件的静态和动态力学特性的试验测试和数据处理方法，探讨了液阻悬置特性的评价参数；对惯性通道活动解耦盘式、惯性通道式液阻悬置及其橡胶主簧进行静态和动态力学特性测试，分析了液阻悬置的三向静刚度与其橡胶主簧的三向静刚度的关系，研究了预载荷、激振幅值和激振频率对液阻悬置及其橡胶主簧动态力学特性的影响；对惯性通道活动解耦盘式和惯性通道式液阻悬置的动态特性进行比较分析，研究了活动解耦盘对液阻悬置动态特性的影响；在不同的激振工况下，测量了上液室的动态压强和温度[81, 82]。

2005 年，上官文斌等设计并制造了不同类型的多惯性通道型液阻悬置试件，对其动特性进行试验测试；分析了多惯性通道型液阻悬置的用途，建立了不同类型多惯性通道型液阻悬置的集总参数模型，给出了其动刚度、滞后角的计算方法和滞后角峰值频率的计算公式；计算了多惯性通道型液阻悬置的动态特性，并和试验值进行对比[83-86]。2006 年，他们针对液阻悬置动特性的变化特点，提出了识别上液室体积刚度以及橡胶主簧等效活塞面积的新方法，该方法可以有效地克服测试误差的影响[87, 88]。

1.3.2 结构优化以及多目标优化方法的研究现状

传统的结构设计方法是设计人员根据经验和判断提出设计方案，随后用力学理论对给定的方案进行分析与校核。若方案不满足约束限制，则需人工调整设计变量，重新进行分析与校核，直到找到一个可行方案，即满足各种条件限制的方案。这个设计过程周期长、费用高、效率低，并且得到的方案仅是可行方案，多数不是最优设计。传统的方法无论分析还是设计都存在大量的简化和经验性，且准确性差。现代结构优化主要指数值结构优化或计算结构优化，其研究内容是把数学分析与力学分析方法结合起来，以计算机为工具，建立一套科学的、系统的、可靠而又高效的方法，以求能自动地改进和优化受各种条件限制的工程设计。

结构优化设计理论与方法的发展至今已有 30 多年的历史，其发展也从简单到复杂，结构优化的研究范围也越来越广泛，从研究层次上看，有尺寸优化问题、形状优化问题以及材料选择、拓扑优化问题[89-92]；从问题的复杂程度来看，已经从简单的桁架设计发展到梁、板、壳等多种复杂元素的结构设计；设计变量具有连续性、离散性[93]；约束从最初的应力、位移发展到稳定、动力特性等。随着对工程设计概念如可靠性、模糊等不确定性因素的认识，相应的优化模型也已提出，有基于可靠性概念的优化设计[94, 95]和结构模糊优化[96, 97]的模型，以及目标函数有单目标、多目标等[98-100]的模型。人们对该问题的研究也逐步深入。

随着有限元技术与计算机技术的飞速发展，结构优化设计研究更加引起众多学者的关注，可靠有效的优化算法研究、并行算法、高层次优化问题以及软件系统开发等问题已成为人们关注的焦点。

遗传算法在工程结构优化中的应用，最早可追溯到 Goldberg 和 Samtani 的工作，他们研究了十杆桁架仅受应力约束的尺寸优化问题[101]；Jenkins 将遗传算法用于杆梁组合屋顶、三杆桁架和薄壁结构优化问题[102, 103]；Hajela 等将遗传算法应用于结构优化中非凸问题的求解[104, 105]；Singiresu 等利用遗传算法解决了主动控制结构的调节器位置的优化问题[106]；Kalyanmoy 以具有五个非线性约束的非线性目标函数为模型对焊接钢梁结构分别用遗传算法和几何规划进行对比优化[107]；Riche 和 Haftka 应用遗传算法优化复合材料层堆栈秩序以使屈曲载荷最大[108]。

Rajan 利用遗传算法进行结构的尺度、形状及拓扑优化，结构构件尺寸和节点位置分别定义为离散型变量和连续型变量，在结构构件优化时采用杂合形状优化方法。在进行拓扑优化时，单元间的连接关系及边界条件被处理成布尔(Boolean) 设计变量[109]。Rajan 还用一个惩罚函数作为适值函数，采取了一些措施来处理优化过程中的不稳定结构、受力为零的构件和变形约束点的删除等，并分别研究了六节点桁架和十四节点桁架[110]。

Pham 和 Yang 用遗传算法开发出了建筑初步设计系统 TRADES，实现了一个基于遗传算法建筑设计原型系统向可选择的且满足技术规范要求的初步设计方案的转化，介绍了共享 (sharing)、等同串去除 (identical string elimination)和紧缩膨胀 (deflation)等三个新遗传因子[111]。

Lu 等将遗传算法应用于抗震结构的智能优化设计中[112]。Sugimo to 和 Yamakawa 应用并行遗传算法解决多体优化问题[113]。许素强等用遗传算法解决桁架结构的拓扑优化问题[114]。王石刚等提出了一种用于结构优化的具有动态种源空间的遗传算法，这种遗传算法可与其他结构优化方法相结合来处理结构优化问题[115]。高峰等提出一种改进进化方向的遗传算法，用于桁架结构优化设计[116]。

工程实践中的结构优化以及社会发展与国民经济中的规划与决策，大都可以视为多目标优化问题。采用多目标优化方法，可以对这些问题中相互冲突的目标进行很好的权衡，给出满意的优化结果，从而提高人类改造自然、改造社会的能力。

传统上处理多目标优化的方法，如线性加权法、功率系数法、协调曲线法等，都是通过某种数学变换将多目标优化转化为单目标优化问题进行求解，属于先决策后搜索的寻优模式。由于不符合多目标优化问题本身的特点，因此，传统方法在求解多目标优化问题时表现得相当脆弱。法国经济学家 Pareto 是最早在经济学领域提出 Pareto 解集的概念。Pareto 解集的概念十分符合多目标优化问题本身的特点，在多目标优化方法研究中具有里程碑式的意义。

Zitzler 将 Pareto 遗传算法应用到计算机工程软硬件系统设计中。在视频编码器的设计中，对成本、时延和功耗等进行优化设计。在软件设计中，对内存使用和运算效率进行优化[117]。Pareto 遗传算法还可应用于汽车控制系统设计中的动态模拟参数优化，以及液压传动系统中的控制参数优化和工程设计问题以及机器人技术中的运动规划问题等[118, 119]。移动通信网络基站的分布规划以及基站的功率与频率配置也是一个多目标优化问题[120, 121]。在满足服务的前提下，既要节约基站的成本，又要尽量减少基站之间的冲突和干扰。在生产领域中，Pareto 遗传算法还被用于生产计划调度和控制、生产线优化、灵活制造以及多目标价值链的设计[122, 123]。西北工业大学的安伟刚提出了一种基于 Pareto 遗传算法的交互式多目标优化算法，实现了某飞艇外形曲线多目标优化设计以及某飞机吊挂结构的多目标优化设计[124]。

从相关文献可以看出，历经半个多世纪的发展，Pareto 遗传算法在收敛速度、非劣解集的均匀分布以及非劣解集的扩展性方面有了长足的进步，在工程领域也有了很多成功的应用。只要合理地选择算法的群体规模、杂交和变异概率等控制参数，Pareto 遗传算法不失为一种求解多目标优化问题的好方法。

1.3.3 现有研究存在的主要问题

目前，在发动机液阻悬置领域存在的主要问题包括以下几个方面：

(1) 液阻悬置历经 40 多年的发展，其结构形式有了很大的发展，各种新型的液阻悬置不断出现。但由于悬置减振性能、制造成本、系统复杂性和占用空间等方面的原因，现在实车上采用较多的还是惯性通道活动解耦盘式液阻悬置。迫切需要生产企业与研发机构开发研究成本低、性能优越、可靠性高的新型液阻悬置。

(2) 现阶段对液阻悬置建模主要采用集总参数模型的方法，液阻悬置集总参数对液阻悬置动态特性的影响规律比较复杂。目前研究中，对低频、大振幅激励下液阻悬置集总参数对其动态特性的影响规律研究较多，而对高频、小振幅激励下液阻悬置集总参数对其动态特性的影响规律研究较少。随着人们对汽车乘坐舒适性的需求越来越高，提高液阻悬置高频时的动态特性以减小发动机在高频小振幅激励下产生的噪声已成为一个迫切需要解决的问题。

(3) 液阻悬置集总参数模型中的部分集总参数比较难以进行辨识，现有的液阻悬置集总参数辨识方法主要有经验公式法、试验法和有限元法，由于各种各样的原因，这些参数辨识方法均存在一定的局限性。经验公式法主要根据相关理论和经验，采用公式来对参数进行计算，其形式相对简单，辨识结果的误差相对较大；试验法通过对液阻悬置各部件进行力学性能的测试，计算得到集总参数模型中的相关参数，辨识的结果比较准确；但试验法需要对各组件分开进行测试，因此需要设计和制造出对各部件进行测试的工装，测试计算过程相对复杂。计算机技术的发展及有限元法的广泛应用为参数辨识提供了一种便捷的途径，研究并探索液阻悬置集总参数辨识的新方法也是液阻悬置研究的一个方向。

(4) 目前对悬置系统的优化设计的研究比较多，而对悬置元件的优化设计还没有形成成熟的理论，大多采用仿制或采用类比的方法确定悬置的设计参数。多数研究仍停留在分析悬置内部关键参数对悬置动特性的影响上，所以并不能达到最优的效果，不利于直接指导液阻悬置的结构设计[125]。如何确定液阻悬置的结构参数和材料参数以使其动态特性满足悬置系统减振性能的要求，提高设计的效率、降低试制的周期和成本也成为一个迫切需要解决的问题。

1.4 本书的意义及主要内容

由于汽车行业的快速发展，各种车型不断涌现，人们对乘坐舒适性的需求也越来越高，这些都十分迫切地要求设计出性能良好的悬置部件及动力总成悬置系统，以减少动力总成振动向车体的传递及降低车内噪声，改善整车的舒适性，从而提高动力总成隔振系统的隔振效果。为满足发动机悬置理想动态特性的要求，更好地提高液阻悬置的频变特性和幅变特性，从整车舒适性出发进一步优化悬置部件的参数，优化结果应成为发动机悬置优化设计的目标。这个问题的解决将有助于我国汽车零部件开发研制人员在设计的初级阶段能够认真地考虑动力总成悬置系统的参数选择及预测其对整车 NVH 性能的影响，尽量避免汽车元件制造出来后进行大量的修改工作，减少不必要的浪费，节省人力、物力和财力。因此，本书以汽车发动机悬置为对象，开展悬置元件减振模型建模方法、参数辨识、动态特性分析、试验分析以及参数优化等内容的研究，以此揭示悬置元件的减振机理、悬置参数对其减振性能的影响规律以及悬置结构参数的优化方法，以期为同行业产品开发、结构改进和性能优化等工作提供有价值的参考。

汽车动力总成液阻悬置是一个复杂的系统，目前国外已经在设计、开发与制造等方面取得了一系列重要的研究成果，而国内的研究与国外的差距还很大，液阻悬置的自主设计、开发、制造以及液阻悬置隔振技术在国产汽车上的应用等方面至今尚处于起步阶段。振兴民族汽车工业，开展液阻悬置的研究，对于提高国内汽车发动机悬置系统隔振技术水平、降低车辆的振动和噪声、增强车辆产品的竞争力具有重要的意义。

本书以汽车发动机动力总成悬置系统为研究对象，以车辆行驶平稳性为研究目标，以汽车发动机动力总成悬置元件设计理论和方法为主线，分别对车辆简化模型的振动及特性进行分析，对橡胶悬置结构设计与仿真方法进行介绍，对液阻悬置线性与非线性减振模型以及模型的参数识别方法进行介绍，对液阻悬置参数对其动态特性的影响规律进行分析，最后介绍了橡胶悬置与液阻悬置的结构优化方法。

2　车辆振动简化模型及振动特性

任何一个实际的振动系统都是无限复杂的，为了能对其分析，一定要加以简化，并在简化的基础上建立合适的力学模型。振动系统的力学模型是由三种理想化的元件组成的，分别为质块、阻尼器和弹簧，任何一个振动系统都可以简化为这三种元件的组合。需要指出的是，系统的简化取决于所考虑问题的复杂程度与所需要的计算精度。一般来讲，所考虑的问题越复杂，要求计算的精度越高，采用模型的复杂程度也就越高。

2.1　车辆振动简化模型

2.1.1　整车七自由度模型

图 2-1 所示为把汽车质量看成刚体的立体模型。汽车的簧上 (车身) 质量为 m_2，它由车身、车架及其上的零部件组成，车身通过减振器和悬架弹簧与车轴、车轮相连接。车轮和车轴构成的簧下 (车轮) 质量为 m_1。车轮再经过具有一定弹性和阻尼的轮胎支撑在不平路面上。在这个模型中，讨论车身质量平顺性时主要考虑垂直、俯仰、侧倾 3 个自由度，加上 4 个车轮质量的 4 个垂直自由度，共有 7 个自由度[126]。

2.1.2　动力总成悬置系统六自由度模型

图 2-2 所示为动力总成悬置系统的三维动力学模型。模型中有悬置 1、悬置 2

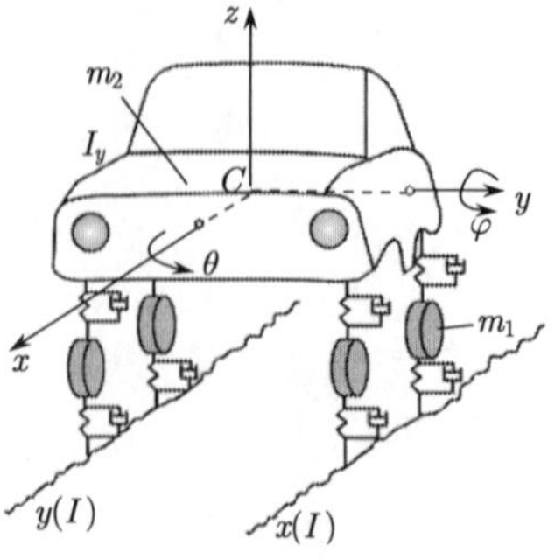

图 2-1　整车七自由度模型

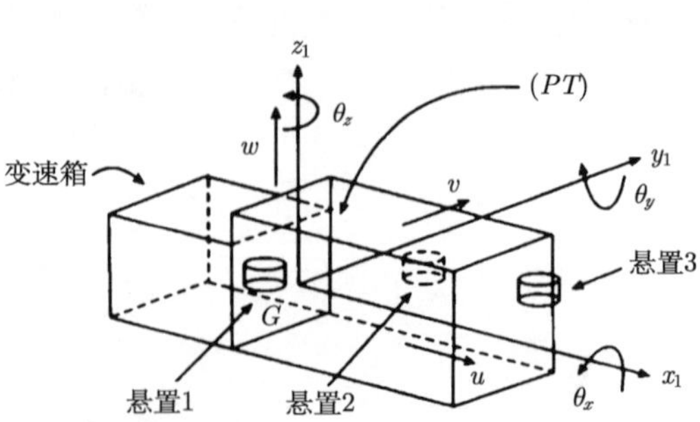

图 2-2　汽车动力总成悬置系统六自由度模型

和悬置 3 等三个悬置。每个悬置简化为理想的橡胶悬置元件，在各自的坐标中 u、v、w 方向都存在刚度系数 k。此时，动力总成悬置系统就简化成一个六自由度的刚体振动模型。

2.1.3　汽车双轴四自由度模型

当汽车对称于其纵轴轴线时，汽车车身只有垂直振动 z 和俯仰振动 φ 对其平稳性影响较大。这时，可将汽车简化为图 2-3 所示的双轴汽车四自由度平面模型。因为轮胎的阻尼较小，在此可以忽略。在这个模型中，车身质量 $m_{2c}=m_{2f}+m_{2r}$，其中，m_{2c} 为集中质量；m_{2f} 为车身前端质量；m_{2r} 为车身后端质量。主要考虑垂直和俯仰 2 个自由度，前后车轴质量 m_{1f}、m_{1r} 有 2 个垂直自由度。

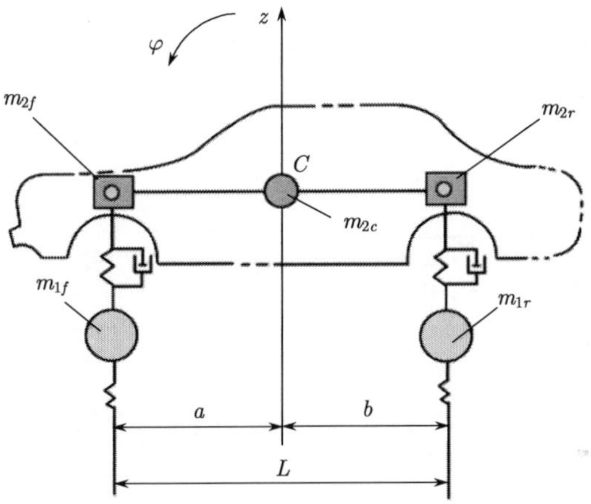

图 2-3　汽车双轴四自由度平面模型

2.1.4　单轮两自由度模型

当车身质心位置 C 到前后悬架的距离 a 和 b 的乘积（ab）等于或者接近于车身绕 y 轴的回转半径的平方（ρ_y^2）时，前后悬架的垂直振动几乎是独立的。因此，可以将汽车振动系统进一步简化为图 2-4 所示的车身和车轮两自由度振动系统模型。图中，m_2 为簧上质量，m_1 为簧下质量，k_t 为轮胎刚度系数，$m_1=m_{1f}+m_{1r}$。分析平顺性时，只考虑两个质量的垂直自由度。

2.1.5　单轮单自由度模型

当车身垂直振动远离车轮部分的固有频率（10~16Hz）时，在较低的激振频

率范围 (如 5Hz 以下) 内，轮胎变形很小，忽略其弹性和轮胎质量，就可以得到分析车身垂直振动的最简单的单自由度模型，如图 2-5 所示。

尽管简化模型和实际情况有差别，但是由于实际情况非常复杂，难以进行分析研究，而通过简化模型能够为分析实际问题提供一种简便可行的方法，且简化模型的分析结果与实际情况相差不是很大，因此，简化模型对于分析解决实际问题具有重要的参考价值。

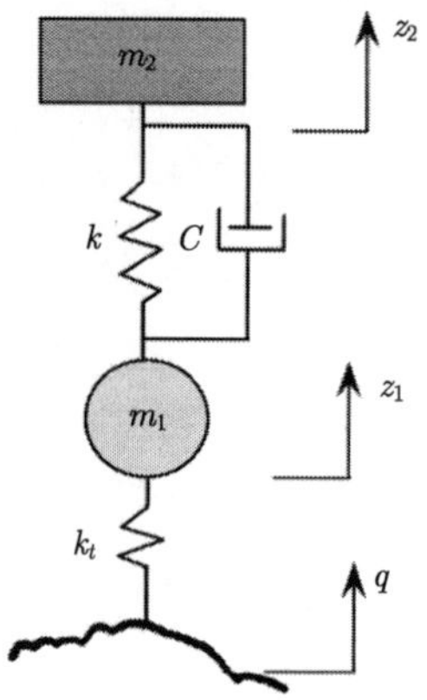

图 2-4　汽车单轮二自由度模型

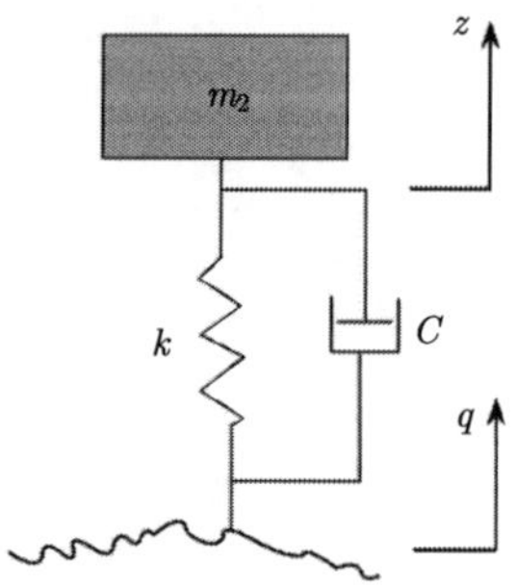

图 2-5　汽车单轮单自由度模型

2.2　单自由度系统振动

2.2.1　单自由度系统的简化及其模型

单自由度振动系统是指用一个独立参量便可确定系统位置的振动系统。系统的自由度数是指确定系统位置所必需的独立参量的个数，这种独立参量称为广义坐标。当轮胎变形很小时，可以忽略其弹性和轮胎质量，分析车身垂直振动的模型即为最简单的单自由度模型，如图 2-6 所示。

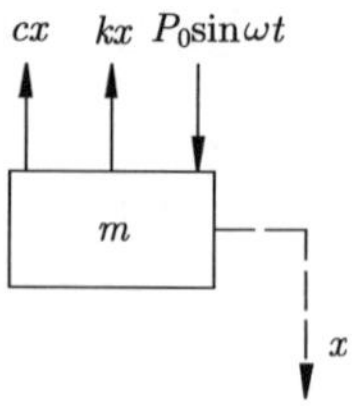

图 2-6　单自由度振动模型

所有的单自由度振动系统经过简化都可以抽象成单振子，即将系统中全部起作用的质量都认为集中到质点上，这个质点的质量 m 称为当量质量。所有的弹性都集中到弹簧中，这个弹簧的刚度 k 称为当量弹簧刚度[127]。

单自由度振动系统通常包括一个定向振动的质量 m、连接于振动质量与基础之间的弹性元件 (其刚度为 k) 以及运动过程中产生的阻尼 (阻尼系致为 c)。振动质量 m、弹簧刚度 k、阻尼系数 c 是振动系统的三个基本要素。有时在振动系统中还有一个持续作用的激振力 P(可以是简谐的，也可以是任意的)。

系统振动时，振动质量产生位移 x、速度 $\dot{x}$ 和加速度 $\ddot{x}$ ，从而产生弹性力 kx、阻尼力 $c\dot{x}$ 和惯性力 $m\ddot{x}$ 。它们分别与振动质量的位移、速度和加速度成正比，但方向均相反。

应用牛顿运动定律或达朗贝尔原理可以建立单自由度振动系统的运动微分方程。

现取所有与坐标 x 方向一致的力、速度和加速度为正，则

$$m\ddot{x} = P_0 \sin \omega t - c\dot{x} - kx \tag{2-1}$$

或

$$m\ddot{x} + c\dot{x} + kx = P_0 \sin \omega t \tag{2-2}$$

式 (2-2) 就是单自由度线性振动系统的运动微分方程式的普遍式。它又可以分为以下两种情况。

(1) 单自由度系统自由振动

$$m\ddot{x} + c\dot{x} + kx = 0$$

(2) 单自由度系统受迫振动

$$m\ddot{x} + c\dot{x} + kx = P_0 \sin \omega t$$

下面分别讨论这两种情况下的振动。

2.2.2 单自由度系统自由振动

单自由度有阻尼自由振动系统的动力学模型如图 2-7 所示，当质量块 m 静止时，阻尼器不起作用。当质量块运动时，阻尼器就产生阻力 $c\dot{x}$ ，其方向与质量块的速度方向相反。

根据牛顿运动定律可得

$$m\ddot{x} + c\dot{x} + kx = 0 \tag{2-3}$$

令

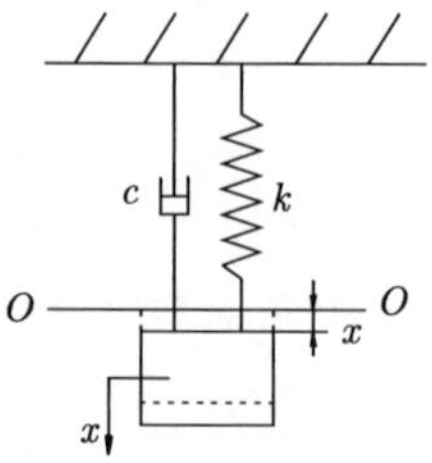

图 2-7　单自由度有阻尼振动系统动力学模型

$$\omega_{\mathrm{n}}^{2}=\frac{k}{m}$$

$$\alpha=\frac{c}{2m} \tag{2-4}$$

式中，ω_{n} 为系统的固有圆频率。

式 (2-3)可改写成如下形式：

$$\ddot{x}+2\alpha\dot{x}+\omega_{\mathrm{n}}^{2}x=0 \tag{2-5}$$

式 (2-5) 即为单自由度系统自由振动的运动微分方程，也是一个齐次二阶常系数线性微分方程。故可设其解为

$$x=\mathrm{e}^{st}$$

将其代入式 (2-5) 可求得这一微分方程的特征方程：

$$s^{2}+2\alpha s+\omega_{\mathrm{n}}^{2}=0 \tag{2-6}$$

式 (2-6) 的两个根为

$$s_{1,2}=-\alpha\pm\sqrt{\alpha^{2}-\omega_{\mathrm{n}}^{2}} \tag{2-7}$$

故微分方程 (2-6) 的通解为

$$x=c_{1}\mathrm{e}^{s_{1}t}+c_{2}\mathrm{e}^{s_{2}t}=\mathrm{e}^{-\alpha t}\left(c_{1}\mathrm{e}^{\sqrt{\alpha^{2}-\omega_{\mathrm{n}}^{2}}t}+c_{2}\mathrm{e}^{-\sqrt{\alpha^{2}-\omega_{\mathrm{n}}^{2}}t}\right) \tag{2-8}$$

式 (2-8) 就是单自由度有阻尼自由振动的运动方程 (时间历程)，其性质取决于根式 $\sqrt{\alpha^{2}-\omega_{\mathrm{n}}^{2}}$ 。

为了方便下面讨论，先引进一个无量纲的量 ς，称为相对阻尼系数，或阻尼比。

$$\varsigma=\frac{\alpha}{\omega_{\mathrm{n}}}=\frac{c}{2m\omega_{\mathrm{n}}}=\frac{c}{c_{c}} \tag{2-9}$$

式中，c_{c} 为临界阻尼。则式 (2-7) 可以改写成

$$s_{1,2}=(-\varsigma\pm\sqrt{\varsigma^{2}-1})\omega_{\mathrm{n}} \tag{2-10}$$

由式 (2-10) 可见，特征根 s_1、s_2 与 ς、ω_n 有关，如图 2-8 所示，但其性质主要取决于 ς，汽车悬架系统阻尼比 ς 通常在 0.25 左右，属于小阻尼 ($0<\varsigma<1$) 的情况，如图 2-9 所示。

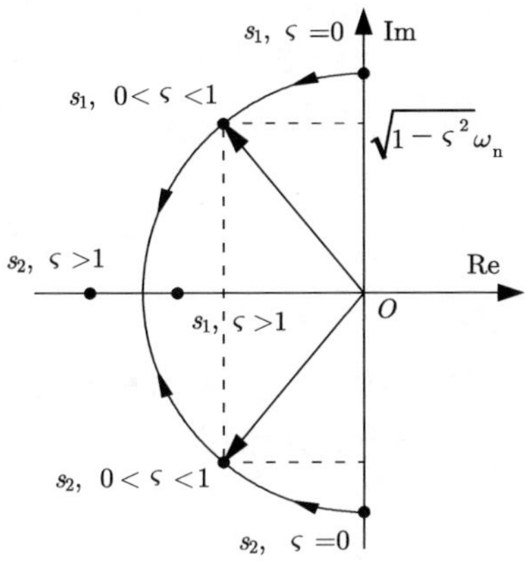

图 2-8　特征根分布

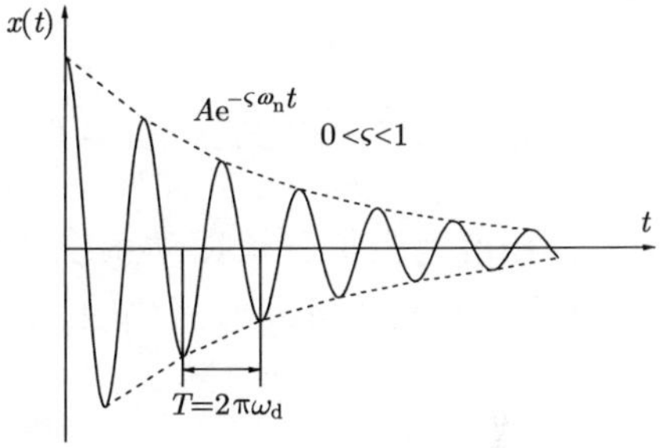

图 2-9　有阻尼振动运动规律

此时式 (2-10) 两特征根为共扼复根：

$$s_{1,2} = (-\varsigma \pm i\sqrt{1-\varsigma^2})\omega_n$$

或

$$s_{1,2} = -\varsigma\omega_n \pm i\omega_d$$

式中，

$$\omega_d = \sqrt{1-\varsigma^2}\omega_n \tag{2-11}$$

称为有阻尼自然频率，或有阻尼固有频率。则

$$\begin{aligned} x(t) &= e^{-\varsigma\omega_n t}(c_1\cos\omega_d t + c_2\sin\omega_d t) \\ &= e^{-\varsigma\omega_n t}A\sin(\omega_d t + \varphi) \end{aligned} \tag{2-12}$$

式中，A 和 φ 是待定常数，由运动的初始条件决定：

$$A = \sqrt{\frac{x_0^2 + 2\varsigma\omega_n\dot{x}_0x_0 + \omega_n^2x_0^2}{\left(1-\varsigma^2\right)\omega_n^2}} \tag{2-13}$$

$$\varphi = \arctan\frac{x_0\sqrt{1-\varsigma^2}\omega_n}{\dot{x}_0 + \varsigma\omega_n x_0} \tag{2-14}$$

根据以上分析，有如下结论：

(1) 若将 $Ae^{-\varsigma\omega_n t}$ 视为振幅，则表明有阻尼系统的自由振动是一种减幅振动，

其振幅按指数规律衰减。阻尼系数ς越大，振幅衰减越快。其时间历程如图 2-9 所示。表现在旋转向量图中，则是旋转向量的长度按指数规律缩短，其端点画出一对数螺线。而且，振幅的衰减程度完全由系统本身的特性所决定。

(2) 特征根虚部的取值决定了自由振动的频率，由式 (2-11) 可知，有阻尼自然频率也完全由系统本身的特性所决定，并且$\omega_d < \omega_n$，即阻尼自然频率低于无阻尼自然频率。表现在旋转向量图中，则是由于阻尼的作用减慢向量旋转的角速度。

2.2.3　单自由度系统受迫振动

单自由度有阻尼受迫振动系统的动力学模型如图 2-10 所示。在此系统上除了有弹性恢复力 kx 及阻尼力 $c\dot{x}$ 作用外，还始终作用着一个简谐激振力 $P_0\sin\omega t$ 。

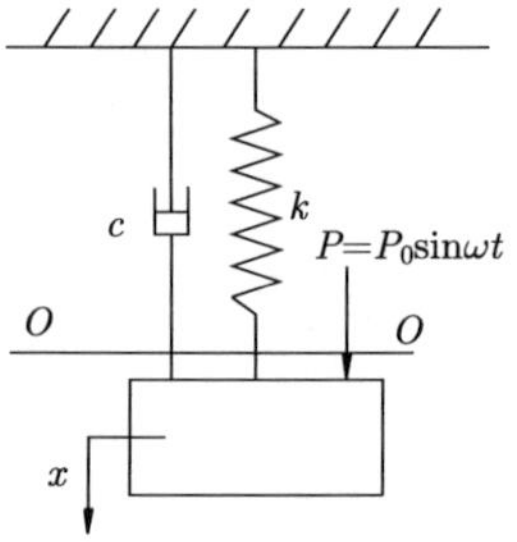

图 2-10　单自由度有阻尼受迫振动系统动力学模型

若以静平衡位置 O-O 为坐标原点，取质量块 m 的振动位移为广义坐标，且向下为正，则可按牛顿运动定律直接写出该系统的运动微分方程：

$$m\ddot{x} + c\dot{x} + kx = P_0\sin\omega t \tag{2-15}$$

令

$$\omega_n^2 = \frac{k}{m},\ \alpha = \frac{k}{m},\ q = \frac{P_0}{m}$$

则式 (2-15) 可改写成以下形式：

$$\ddot{x} + 2\alpha\dot{x} + \omega_n^2 x = q\sin\omega t \tag{2-16}$$

这是一个非齐次二阶常系数线性微分方程，其通解应为

$$x = A\mathrm{e}^{-\varsigma\omega_n t}\sin(\omega_d t + \varphi) + B\sin(\omega t - \psi) \tag{2-17}$$

式中，等号右边第一项表示有阻尼的自由振动 (即衰减振动)；第二项表示有阻尼的受迫振动。因此在开始振动时，运动是衰减振动和受迫振动的叠加，形成振动的暂态过程，这一过程中的振动称为瞬态振动，如图 2-11 所示。经过一段时间后，

衰减振动很快就衰减掉了，而受迫振动则会持续下去，形成振动的稳态过程，这一过程的振动称为稳态振动。

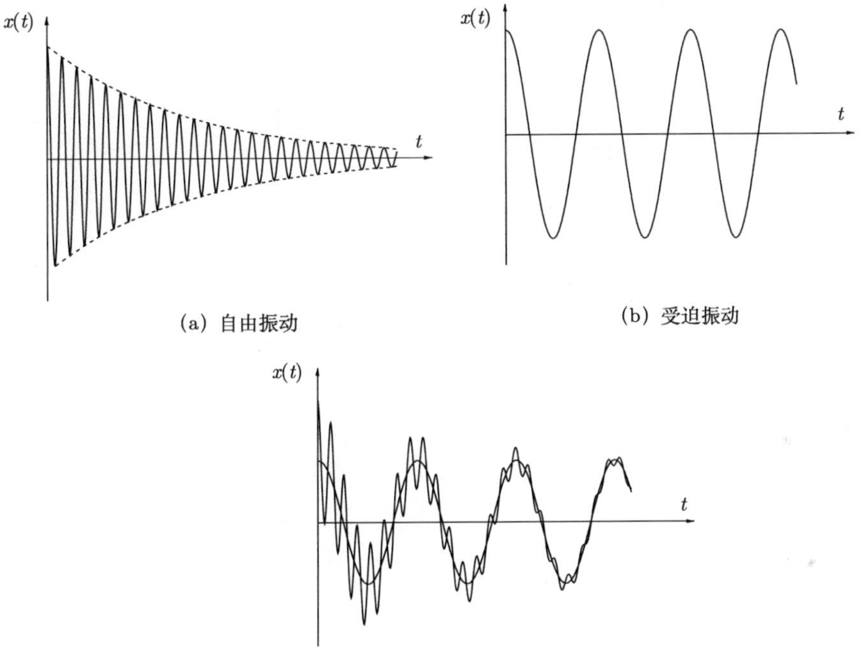

(a) 自由振动　　(b) 受迫振动

(c) 总运动

图 2-11　单自由度系统有阻尼受迫运动的响应

一般不研究振动的暂态过程，因为它只是一个过渡现象，只研究振动的稳态过程，即持续的稳态振动。因此可以只分析式 (2-16) 中的第二项，即

$$x = B\sin(\omega t - \psi) \tag{2-18}$$

式中，B 为振动响应的振幅；ω 为受迫振动的圆频率；ψ 为振动体位移 x 与激振力 P_x 之间的相位差。其中，B 和 ψ 是两个待定常数，求解方法如下。

对式 (2-18) 求一阶及二阶导数得

$$\dot{x} = B\omega\cos(\omega t - \psi)$$

$$\ddot{x} = -B\omega^2\sin(\omega t - \psi)$$

将以上两式代入式 (2-16) 得

$$-B\omega^2\sin(\omega t - \psi) + 2\alpha B\omega\cos(\omega t - \psi) + \omega_{\rm n}^2 B\sin(\omega t - \psi) = q\sin\omega t$$

将上式等号右端改写成如下形式：

$$q\sin\omega t = q\sin[(\omega t - \psi) + \psi] = q\cos\psi\sin(\omega t - \psi) + q\sin\psi\cos(\omega t - \psi)$$

加以整理得

$$[B(\omega_n^2-\omega^2)-q\cos\psi]\sin(\omega t-\psi)+(2\alpha B\omega-q\sin\psi)\cos(\omega t-\psi)=0$$

因为 $\sin(\omega t-\psi)$ 和 $\cos(\omega t-\psi)$ 不为零，要使上式成立则必须有

$$\begin{cases}B(\omega_n^2-\omega^2)-q\cos\psi=0\\2\alpha B\omega-q\sin\psi=0\end{cases}\tag{2-19}$$

解上列联立方程式，将两式平方相加得

$$B^2(\omega_n^2-\omega^2)^2+4\alpha^2B^2\omega^2=q^2$$

故

$$B=\frac{q}{\sqrt{(\omega_n^2-\omega^2)^2+4\alpha^2\omega^2}}\tag{2-20}$$

又

$$\tan\psi=\frac{2\alpha\omega}{\omega_n^2-\omega^2}\tag{2-21}$$

令 $B_0=\dfrac{q}{\omega_n^2}=\dfrac{P_0/m}{k/m}=\dfrac{P_0}{k}$，称为静变位；$\lambda=\dfrac{\omega}{\omega_n}$，称为频率比；$\varsigma=\dfrac{\alpha}{\omega_n}=\dfrac{c}{c_c}$，称为阻尼比。

则式 (2-20) 及式 (2-21) 可改写成如下形式：

$$B=\frac{B_0}{\sqrt{(1-\lambda^2)^2+(2\varsigma\lambda)^2}}\tag{2-22}$$

$$\tan\psi=\frac{2\varsigma\lambda}{1-\lambda^2}\tag{2-23}$$

因此，当作用在系统上的干扰力是简谐激振力 $P_0\sin\omega t$ 时，系统的响应为

$$x=B\sin(\omega t-\psi)=\frac{B_0}{\sqrt{(1-\lambda^2)^2+(2\varsigma\lambda)^2}}\sin(\omega t-\psi)\tag{2-24}$$

这就是说，系统受迫振动的稳态过程是简谐振动，而且只要有激振力存在，这一振动就不会被阻尼衰减。

简谐激励下单自由度系统的响应具有以下特征：

(1) 受迫振动的频率。由式 (2-24) 可以看出，受迫振动的频率和激振力的频率 ω 相同。

(2) 受迫振动的振幅。研究受迫振动的振幅，在工程实际问题中具有重要意

义。若振幅超过允许的限度，机器零件中会产生过大的交变应力，从而导致疲劳破坏，或者会影响机器及仪表的精度。因此必须弄清楚影响振幅的各种因素。

① 初始条件的影响——将受迫振动振幅计算公式（2-22）与自由振动振幅的计算公式（2-13）相比较即可看出，自由振动的振幅与初始条件有关，而受迫振动的振幅与初始条件无关。

② 激振力幅 P_0 的影响——从式（2-22）可以看出，受迫振动的振幅 B 与静变位 B_0 成正比。而静变位 B_0 表示在与激振力幅值 P_0 相等的静力作用下系统产生的变位，即 $B_0=\dfrac{P_0}{k}$。所以振幅 B 与激振力幅 P_0 呈线性关系，P_0 越大，则 B 越大。

③ 激振力频率 ω 及系统固有频率 ω_n 的影响——为了说明 ω 及 ω_n 对振幅 B 的影响，以振幅比 $\dfrac{B}{B_0}$ 为纵坐标，以频率比 $\dfrac{\omega}{\omega_n}$ 为横坐标，以阻尼比 ς 为参变量，将式(2-25)作成图 2-12 所示的幅频响应曲线，它表示了系统位移对频率的响应特性。

令

$$\beta=\frac{B}{B_0}=\frac{1}{\sqrt{(1-\lambda^2)^2+(2\varsigma\lambda)^2}} \tag{2-25}$$

式中，β 为振幅的放大因子。

从式（2-25）或图 2-12 中均可看出：

当 $\omega=0$，或 $\lambda \ll 1$ 时，$\beta=1$，或 $B=B_0$。即此时的振幅相当于把激振力幅 P_0 当做静载荷加于系统上使系统产生的静变位。这说明，激振力变化缓慢时，其动力影响不大，故受迫振动的振幅和静变位无多大的差别。

随着 ω 的增大，B 也迅速增大。当 $\omega \to \omega_n$，或 $\lambda \to 1$ 时，振幅 B 将急剧增加，并达到最大值，这种现象称为共振。在共振区附近，振幅的大小主要取决于系统的阻尼大小，阻尼越小，共振就表现得越激烈，共振时的振幅 B_n 可由式（2-22）求出。因为共振时 $\lambda=1$，所以有

$$B_n=\frac{B_0}{2\varsigma}=\frac{q}{2\alpha\omega_n} \tag{2-26}$$

当 ω 继续增大到 $\lambda>1$ 后，振幅便迅速下降。当 $\lambda \gg 1$ 时，$\beta \to 0$，即振幅越来越小，最后振动趋于消失。这是因为当激振力变化太快时，振动系统本身的惯性来不及跟上迅速变化的激振力，故不再振动。

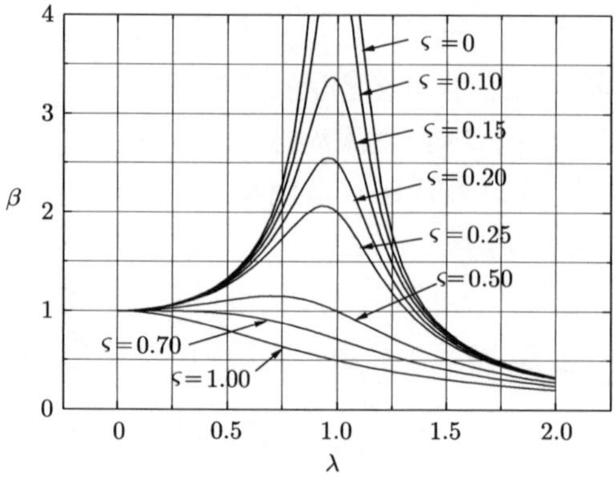

图 2-12　幅频响应曲线

当 $\lambda>2$ 时，$\beta<1$，即系统振动的振幅将小于静变位。这是隔振设计的理论基础。有些高速旋转的机器 (如汽轮机、离心机等) 其振动反而很小，就是上述道理。

④ 阻尼的影响——由图 2-12 可以看出，阻尼增大可以有效地降低共振时的振幅。当阻尼为零时，共振振幅 B_{n} 趋于无穷大。增大阻尼将使 B_{n} 相应减小。当 $\varsigma>0.5$ 时，将使处 $B_{\mathrm{n}}<B_0$。这说明，阻尼增大虽不能使受迫振动停止，但却可使它的振幅减小。当阻尼足够大时，可使共振现象不再出现，而将受迫振动维持在一个不大的振幅上。

由图 2-12 还可以看出，阻尼仅在共振区域附近对降低共振振幅的作用大。在共振区以外，阻尼对降低振幅的作用却很小。此外，阻尼增大时不但使共振振幅降低，而且使最振幅的位置向左移动。所以在图 2-12 中，最大振幅 $B_{\max}$ 不出现在 $\lambda=1$ 处，而是出现在 $\lambda<1$ 的位置。

当

$$\omega=\sqrt{\omega_{\mathrm{n}}^2-2\alpha^2}=\omega_{\mathrm{n}}\sqrt{1-2\frac{\alpha^2}{\omega_{\mathrm{n}}^2}}=\omega_{\mathrm{n}}\sqrt{1-2\varsigma^2} \tag{2-27}$$

时，系统响应的振幅取得最大值：

$$B_{\max}=\frac{q}{\sqrt{(\omega_{\mathrm{n}}^2-\omega_{\mathrm{n}}^2+2\alpha^2)^2+4\alpha^2(\omega_{\mathrm{n}}^2-2\alpha^2)}}=\frac{q}{2\alpha\sqrt{\omega_{\mathrm{n}}^2-\alpha^2}} \tag{2-28}$$

可见，出现最大振幅时的 ω 略小于 ω_{n}，其值大小取决于系统阻尼的大小。由于实际的振动系统的阻尼一般均很小，故可近似地认为出现 $B_{\max}$ 时的 ω 就等于 ω_{n}，从而也可将 $\lambda=1$时出现的共振振幅 B_{n} 看做系统的最大振幅 $B_{\max}$。

如前所述，受迫振动的振幅 B 与静变位 B_0 的比值称为振幅放大因子 (或动力放大系数) β。但由于在不同的激振频率下振幅的大小不同，故振幅放大因子的数值也不同。显然当振幅为最大振幅 $B_{\max}$ 时，放大因子的数值也最大，即

$$\beta_{\max}=\frac{B_{\max}}{B_0}=\frac{\omega_n^2}{2\alpha\sqrt{\omega_n^2-\alpha^2}}=\frac{1}{2\varsigma\sqrt{1-\varsigma^2}} \tag{2-29}$$

设 $\alpha=0.05\omega_n$，则

$$\omega=\sqrt{\omega_n^2-2(0.05\omega_n)^2}=0.9975\omega_n$$

故

$$\beta_{\max}=\frac{\omega_n^2}{2\times0.05\omega_n\times0.9975\omega_n}=10.0125$$

这就是说，最大振幅比静变位放大了近 10 倍。可见，受迫振动之所以引人注意就在于共振。为了避免共振，往往规定在固有频率 ω_n 前后各 20%~30%的区域作为禁区，使激振力的频率避免在这一频率区域内出现。

⑤ 受迫振动的相位差。由式 (2-23) 可知，受迫振动的位移对激振力的相位差 ψ 与频率比 λ 和阻尼 ς 有关。若以 ψ 为纵坐标，频率比 λ 为横坐标，阻尼比 ς 为参变量，将式 (2-23) 绘成如图 2-13 所示的曲线，则该曲线称为相频响应曲线。从图中可以看出，ψ 始终是正值，故受迫振动的位移总是滞后于激振力；而且无论阻尼比 ς 的大小如何，当 $\lambda=1$ 时，$\psi=90°$，即当 $\omega=\omega_n$ 时，振动系统的位移对激振力的相位差总是 90°。从图中还可以看出，若 $\varsigma\neq0$，则当 $\lambda<1$ 时，ψ 在 0°～90°；当 $\lambda>1$ 时，ψ 在 90°~180°范围内。当 $\varsigma=0$，即系统无阻尼存在时，相位差 ψ 在 $\lambda=1$ 处有一个突变，即 $\lambda<1$ 时，$\psi=0$；$\lambda>1$ 时，$\psi=180°$。这就是说当 $\omega<\omega_n$ 时，受迫振动的位移与激振力同相；当 $\omega>\omega_n$ 时，受迫振动的位

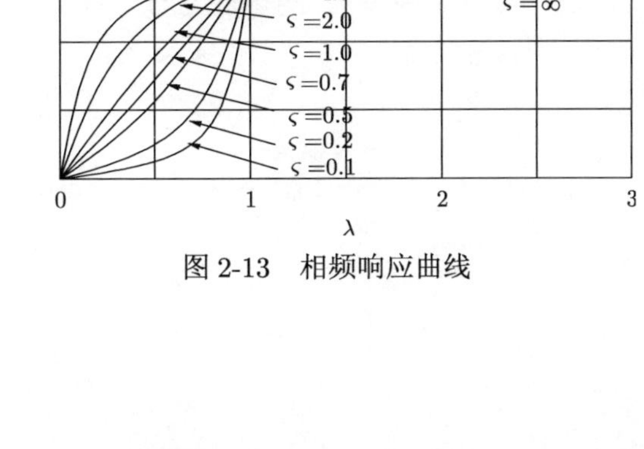

图 2-13　相频响应曲线

移与激振力反相。即受迫振动的位移在共振点前后出现突然的相位变化。若系统有阻尼存在，则这种相位突然变化的规律渐趋平缓。所以，当系统阻尼很小时，可以利用上述相位差突然出现的反向现象，作为判断出现共振的一种标志。

2.3　两自由度系统振动

2.3.1　系统的运动微分方程

当车身质心位置 C 到前后悬架的距离 a 和 b 的乘积 (ab) 等于或者接近于车身绕 y 轴的回转半径的平方 (ρ_y^2) 时，前后悬架的垂直振动几乎是独立的。因此，可以将汽车双轴四自由度模型 (图 2-3) 进一步简化为图 2-4 所示的车身和车轮二自由度振动系统模型[128]。

减振器、轮胎的刚度分别为 k_1、k_2；m_1、m_2 分别为簧下质量、簧上质量；而质量的位移分别用 x_1、x_2 来表示，并以静平衡位置为坐标原点，以向下为正方向。

在振动过程中的任一瞬间 t，m_1 和 m_2 的位移分别为 x_1 和 x_2。此时，在质量 m_1 上作用有弹性恢复力 k_1x_1 及 $k_2(x_2-x_1)$，在质量为 m_2 上作用有弹性恢复力 $k_2(x_2-x_1)$。这些力的作用方向如图 2-14 所示。

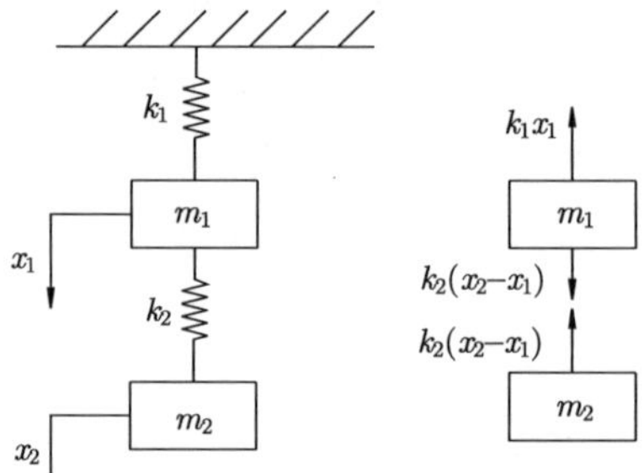

图 2-14　双弹簧系统

应用牛顿第二定律或达朗贝尔原理，均可建立该系统的振动微分方程：

$$\begin{cases} m_1\ddot{x}_1 + k_1x_1 - k_2(x_2 - x_1) = 0 \\ m_2\ddot{x}_2 + k_2(x_2 - x_1) = 0 \end{cases} \tag{2-30}$$

令 $a = \dfrac{k_1 + k_2}{m_1}$，$b = \dfrac{k_2}{m_1}$，$c = \dfrac{k_2}{m_2}$，则式 (2-30) 可改写成如下形式：

$$\begin{cases}\ddot{x}_1 + ax_1 - bx_2 = 0 \\ \ddot{x}_2 - cx_1 + cx_2 = 0\end{cases} \tag{2-31}$$

这是一个二阶常系数线性齐次联立微分方程组。在第一个方程中包含 $-bx_2$ 项，第二个方程中则包含 $-cx_1$ 项，称为“耦合项”。这表明，质量 m_1 除受到弹簧 k_1 的恢复力的作用外，还受到弹簧 k_2 的恢复力的作用，而且弹簧 k_2 的变形是 m_1 和 m_2 之间的相对位移。质量 m_2 虽然只受到一个弹簧 k_2 恢复力的作用，但这个恢复力又受到第一质点 m_1 位移的影响。把这种位移之间有耦合的情况称为弹性耦合。有时，在振动微分方程组中还会出现加速度之间有耦合的情况，则称为惯性耦合。

2.3.2 固有频率和主振型

2.3.2.1 简谐振动解

由单自由度振动理论可知，系统的无阻尼自由振动是简谐振动。可先假设方程组 (2-31) 有简谐振动解，然后用待定系数法来寻找有简谐振动解的条件。

设在振动时，两个质量按相同的频率和相同的相位角作简谐振动。故可设方程组 (2-31) 的特解为

$$\begin{cases}x_1 = A_1 \sin(\omega_{\mathrm{n}} t + \varphi) \\ x_2 = A_2 \sin(\omega_{\mathrm{n}} t + \varphi)\end{cases} \tag{2-32}$$

式中，振幅 A_1 与 A_2、频率 ω_{n} 、初相位角 φ 都有待于确定。

对式 (2-32) 分别取二阶导数：

$$\begin{cases}\ddot{x}_1 = -A_1\omega_{\mathrm{n}}^2 \sin(\omega_{\mathrm{n}} t + \varphi) \\ \ddot{x}_2 = -A_2\omega_{\mathrm{n}}^2 \sin(\omega_{\mathrm{n}} t + \varphi)\end{cases} \tag{2-33}$$

将式 (2-32) 、式 (2-33) 代入式 (2-31) ，并加以整理后得

$$\begin{cases}(a - \omega_{\mathrm{n}}^2)A_1 - bA_2 = 0 \\ -cA_1 + (c - \omega_{\mathrm{n}}^2)A_2 = 0\end{cases} \tag{2-34}$$

式 (2-34) 是 A_1、A_2 的线性齐次代数方程组，它的一个解是 $A_1=A_2=0$，将其代入式 (2-32) 后，引出了 $x_1=x_2=0$。这只是系统处于平衡位置的情况，而不说明振动的任何性质，所以显然不是所要的振动解。

要使 A_1、A_2 有非零解，则式 (2-34) 的系数行列式必须等于零，即

$$\begin{vmatrix} a - \omega_{\mathrm{n}}^2 & -b \\ -c & c - \omega_{\mathrm{n}}^2 \end{vmatrix} = 0$$

将上式展开得

$$(a-\omega_n^2)(c-\omega_n^2)-bc=0$$

即

$$\omega_n^4-(a+c)\omega_n^2+c(a-b)=0 \tag{2-35}$$

解式 (2-35)，可得到如下两个根：

$$\begin{aligned}\omega_{n1,2}^2&=\frac{a+c}{2}\mp\sqrt{\left(\frac{a+c}{2}\right)^2-c(a-b)}\\&=\frac{a+c}{2}\mp\sqrt{\left(\frac{a-c}{2}\right)^2+bc}\end{aligned} \tag{2-36}$$

因为式 (2-36) 中的根式恒为正值，且 $(a-b)$ 也是正值，故式 (2-36) 中的根式永远小于 $\dfrac{a+c}{2}$，所以 ω_{n1}^2 及 ω_{n2}^2 是两个正实根。因此，可以从中得到两个带正号或者带负号的频率 ω_{n1} 及 ω_{n2}，但在实际中当然只考虑正根。

由此可见，式 (2-35) 是决定系统频率的方程，故称为频率方程或特征方程。特征方程的特征值 ω_n 只与参数 a、b、c 有关，而这些参数又只取决于系统的质量 m_1、m_2 和刚度 k_1、k_2，即频率 ω_n 只取决于系统本身的物理性质，故称 ω_n 为系统的固有频率，也称为主频率。两自由度系统的固有频率有两个，即 ω_{n1} 及 ω_{n2}，且 $\omega_{n1}<\omega_{n2}$。ω_{n1} 称为系统的第一主频率，或第一阶固有频率，亦称基频；ω_{n2} 称为系统的第二主频率，或第二阶固有频率。理论证明，n 个自由度系统的频率方程是 ω_n^2 的 n 次代数方程，在无阻尼的情况下，它的 n 个根必定都是正实根，故主频率的个数与系统的自由度数相等。

将所求得的 ω_{n1} 和 ω_{n2} 代入式 (2-34) 可得

$$\begin{cases}\beta_1=\dfrac{A_2^{(1)}}{A_1^{(1)}}=\dfrac{a-\omega_{n1}^2}{b}=\dfrac{c}{c-\omega_{n1}^2}\\ \beta_2=\dfrac{A_2^{(2)}}{A_1^{(2)}}=\dfrac{a-\omega_{n2}^2}{b}=\dfrac{c}{c-\omega_{n2}^2}\end{cases} \tag{2-37}$$

式中，$A_1^{(1)}$、$A_2^{(1)}$ 分别为 ω_{n1} 的质点 m_1、m_2 的振幅；$A_1^{(2)}$、$A_2^{(2)}$ 分别为 ω_{n2} 的质点 m_1、m_2 的振幅。

由此可见，对应于 ω_{n1} 与 ω_{n2}，振幅 A_1 与 A_2 之间有两个确定的比值 β_1 与 β_2，这个比值称为振幅比。虽然振幅的大小与振动的初始条件有关，但当系统按任一固有频率振动时，振幅比却只取决于系统本身的物理性质。

将式 (2-37) 与式 (2-32) 联系起来还可以看出，两个质量 m_1 与 m_2 任一瞬间

位移的比值 x_2/x_1 也是确定的，并且等于振幅比 A_2/A_1。系统其他各点的位移都可以由 x_1 及 x_2 来决定。这样，在振动过程中，系统各点位移的相对比值都可以出振幅比确定，也就是振幅比决定了整个系统的振动形态。因此，将振幅比称为系统的主振型。也可称为系统的固有振型。其中，β_1 为第一主振型，即对应于第一主频率 ω_{n1} 的振幅比；β_2 为第二主振型，即对应于第二主频率 ω_{n2} 的振幅比。

当系统以某一阶固有频率按其相应的主振型作振动时，即称为系统的主振动。所以，第一主振动为

$$\begin{cases} x_1^{(1)} = A_1^{(1)} \sin(\omega_{\text{n}1} t + \varphi_1) \\ x_2^{(1)} = A_2^{(1)} \sin(\omega_{\text{n}1} t + \varphi_1) = \beta_1 A_1^{(1)} \sin(\omega_{\text{n}1} t + \varphi_1) \end{cases} \tag{2-38}$$

第二主振动为

$$\begin{cases} x_1^{(2)} = A_1^{(2)} \sin(\omega_{\text{n}2} t + \varphi_2) \\ x_2^{(2)} = A_2^{(2)} \sin(\omega_{\text{n}2} t + \varphi_2) = \beta_2 A_1^{(2)} \sin(\omega_{\text{n}2} t + \varphi_2) \end{cases} \tag{2-39}$$

为了进一步研究主振型的性质，可以将式 (2-36) 改写成如下形式。

因为

$$\omega_{\text{n}1,2}^2 = \frac{a+c}{2} \mp \sqrt{\left(\frac{a-c}{2}\right)^2 + bc}$$

所以

$$\begin{aligned} a - \omega_{\text{n}1}^2 &= a - \left[\frac{a+c}{2} - \sqrt{\left(\frac{a-c}{2}\right)^2 + bc}\right] \\ &= \frac{a-c}{2} + \sqrt{\left(\frac{a-c}{2}\right)^2 + bc} \end{aligned}$$

因为上式等号右边恒大于零，所以 $a - \omega_{\text{n}1}^2 > 0$ 。由式 (2-37) 可知，$\beta_1 > 0$。

又因为

$$\begin{aligned} a - \omega_{\text{n}2}^2 &= a - \left[\frac{a+c}{2} + \sqrt{\left(\frac{a-c}{2}\right)^2 + bc}\right] \\ &= \frac{a-c}{2} - \sqrt{\left(\frac{a-c}{2}\right)^2 + bc} \end{aligned}$$

由于上式等号右边恒小于零，所以 $a - \omega_{\text{n}2}^2 < 0$ 。由式 (2-37) 可知，$\beta_2 < 0$。

由此可见，$\beta_1 > 0$ 表示 $A_1^{(1)}$ 和 $A_2^{(1)}$ 的符号相同，即第一主振动中两个质点的相

位相同。因此，若系统按第一主振型进行振动，两个质点就同时向同方向运动，它们同时经过平衡位置，又同时达到最大偏离位置，如图 2-15(a) 所示，而 $\beta_2<0$ 表示 $A_1^{(2)}$ 和 $A_2^{(2)}$ 的符号相反，即第二主振动的两个质点的相位相反，相差 180°。因此，若系统按第二主振型进行振动，两个质点就同时向相反方向运动，当质量 m_1 到达最低位置时，质量 m_2 恰好到达最高位置。它们一会相互分离，一会又相向运动，如图 2-15(b) 所示。这样，在联系 m_1 和 m_2 之间的弹簧上就会出现这样一点，它在整个第二主振动的任何瞬间的位置都不改变，这样的点称为节点。由于振动系统在节点处不动，因此振幅受节点的限制就不易增大。

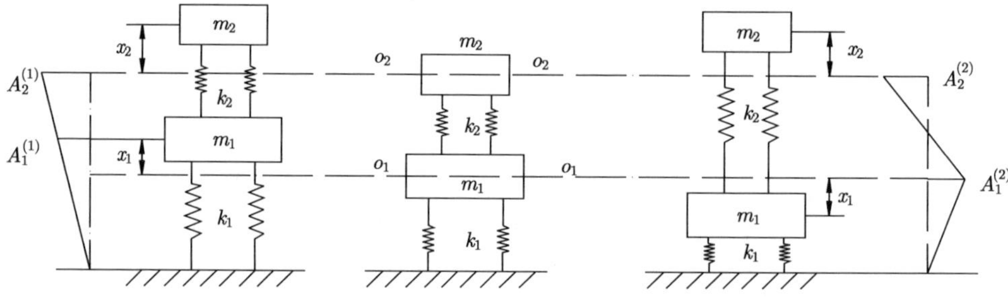

(a) 主振动　　(b) 主振型

图 2-15　两自由度振动系统的主振动和主振型

振动理论证明，多自由度系统的 i 阶主振型一般有(i-1)个节点。这就是说，高一阶的主振型比前一阶主振型多 1 个节点。阶次越高的主振动，节点数越多，故其相应的振幅就越难增大。相反，低阶的主振动由于节点数少，故振动就越容易激起。所以，在多自由度系统中，低频主振动比高频主振动危险。

2.3.2.2　系统对初始条件的响应

前面分析了两自由度系统的主振动，而这些主振动又都是简谐振动。但两自由度系统在受到干扰后出现的自由振动究竟是什么形式呢？这要取决于初始条件。

从微分方程的理论来说，两阶主振动式 (2-38) 及式 (2-39) 只是微分方程组 (2-31) 的两个特解。而式 (2-31) 的通解则应该由这两组特解相叠加组成。从振动的实践来看，两自由度受到任意的初干扰时，一般来说，系统的各阶主振动都要激发。因而出现的自由振动应是这些简谐振动的合成。

所以，在一般的初干扰下，系统的响应是

$$\begin{cases} x_1 = A_1^{(1)}\sin(\omega_{n1}t+\varphi_1)+A_1^{(2)}\sin(\omega_{n2}t+\varphi_2) \\ x_2 = \beta_1 A_1^{(1)}\sin(\omega_{n1}t+\varphi_1)+\beta_2 A_1^{(2)}\sin(\omega_{n2}t+\varphi_2) \end{cases} \tag{2-40}$$

式中，$A_1^{(1)}$、$A_2^{(1)}$、φ_1、φ_2四个未知数要由振动的四个初始条件来决定。

设初始条件为：$t=0$ 时，$x_1 = x_{10}$，$x_2 = x_{20}$，$\dot{x}_1 = \dot{x}_{10}$，$\dot{x}_2 = \dot{x}_{20}$。经过运算，可以求出：

$$\begin{cases} A_1^{(1)} = \dfrac{1}{\left|\beta_2 - \beta_1\right|}\sqrt{(\beta_2 x_{10} - x_{20})^2 + \left(\dfrac{\beta_2 \dot{x}_{10} - \dot{x}_{20}}{\omega_{\mathrm{n1}}}\right)^2} \\ A_1^{(2)} = \dfrac{1}{\left|\beta_1 - \beta_2\right|}\sqrt{(\beta_1 x_{10} - x_{20})^2 + \left(\dfrac{\beta_1 \dot{x}_{10} - \dot{x}_{20}}{\omega_{\mathrm{n2}}}\right)^2} \\ \varphi_1 = \arctan \dfrac{\omega_{\mathrm{n1}}(\beta_2 x_{10} - x_{20})}{\beta_2 \dot{x}_{10} - \dot{x}_{20}} \\ \varphi_2 = \arctan \dfrac{\omega_{\mathrm{n2}}(\beta_1 x_{10} - x_{20})}{\beta_1 \dot{x}_{10} - \dot{x}_{20}} \end{cases} \tag{2-41}$$

将式 (2-40) 代入式 (2-39) 就得到系统在上述初始条件下的响应。

2.3.2.3 振动特性的讨论

1) 运动规律

从式 (2-40) 可以看出，两自由度系统无阻尼自由振动是由两个简谐振动合成的。但从式 (2-36) 来看，这两个分振动的频率ω_{n1}与ω_{n2}的比值却不一定是有理数，因此合成振动不一定呈周期性。所以，系统的自由振动一般是一种非周期的复杂运动，或是一种似周期振动。

在这一振动中，各阶主振动所占的比例由初始条件决定。由于低阶振型易被激发，所以通常情况下总是低阶主振动占优势。只有在某种特殊的初始条件下，系统才按一种主振型进行振动。例如，对于图 2-14 所示的双弹簧质量系统，若将质量 m_1 和 m_2 像第二主振型那样向相反方向按比例拉开，使位移的比例正好符合β_2的要求，然后无初速地释放。在这种情况下激发起来的系统自由振动就是第二主振动。

2) 频率和振型

两自由度系统有两个不同数值的固有频率，称为主频率。其各自的数值取决于频率方程 (2-35)。即各个主频率只决定于系统本身的物理性质，而与初始条件无关。

当系统按任一个固有频率做自由振动时，即称为主振动。主振动是一种简谐振动。系统做主振动时，任何瞬间的各点位移之间具有一定的相对比值，即整个系统具有确定的振动形态，称为主振型。主振型和固有频率一样只取决于系统本身的物理性质，而与初始条件无关。但主振型却与固有频率密切相关，系统有几个固有频率就有几个主振型。多自由度系统具有多个主频率和相应的振型，这是多自由度系统振动的重要特性。

3) 节点和节面

在两自由度系统的高阶主振型中存在节点，而在第一阶主振型中却不存在节点。对多自由度系统来说也是如此，而且主振型的阶数越高，节点数也就越多。一般来说，第 i 阶主振型有$(i-1)$个节点。

对于弹性体 (既无穷多自由度系统)，节点已经不再是一个点，而是连成线或面，称为节线和节面。

在振动试验中，观察振型的节点数，常是判断第几阶主振型的有效方法。

4) 阻尼

若系统存在阻尼，则阻尼对多自由度系统的影响和单自由度系统相似。由于在工程结构中一般阻尼较小，故可略去不计。

2.3.3 两自由度系统的受迫振动

2.3.3.1 系统的运动微分方程

和单自由度系统一样，两自由度系统在受到持续的激振力作用时就会产生受迫振动，而且在一定条件下，也会产生共振。

图 2-16 所示为两自由度无阻尼受迫振动系统的动力学模型。在质量 m_1 上持续作用着一个简谐激振力 $P_x = P_0 \sin \omega t$ ，把受有简谐激振力作用的 m_1-k_1 质量弹簧系统称为主系统，把不受激振力作用的 m_2-k_2 质量弹簧系统称为副系统。

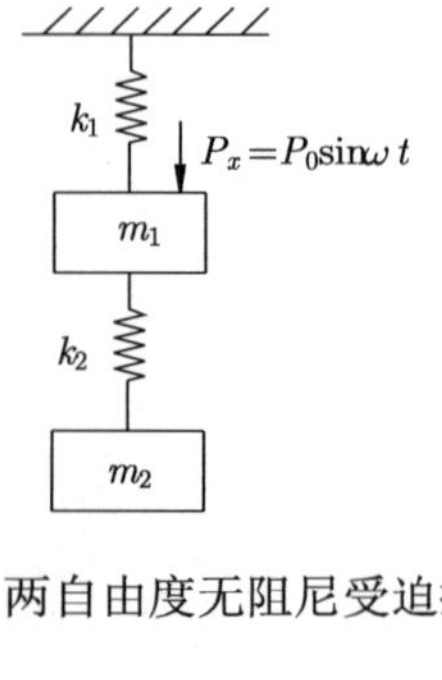

图 2-16 两自由度无阻尼受迫振动系统

这一振动系统的运动微分方程式为

$$\begin{cases} m_1\ddot{x}_1 + k_1x_1 - k_2(x_2 - x_1) = P_0 \sin \omega t \\ m_2\ddot{x}_2 + k_2(x_2 - x_1) = 0 \end{cases} \tag{2-42}$$

令
$$a=\frac{k_1+k_2}{m_1},\quad b=\frac{k_2}{m_1},\quad c=\frac{k_2}{m_2},\quad p=\frac{P_0}{m_1}$$

则式 (2-42) 可改写成

$$\begin{cases}\ddot{x}_1+ax_1-bx_2=p\\ \ddot{x}_2-cx_1+cx_2=0\end{cases}\tag{2-43}$$

这是一个二阶线性常系数非齐次微分方程组，其通解由两部分组成。一是对应于齐次方程组的解，即第 2.3.2 节讨论的自由振动。当系统存在阻尼时，这一自由振动经过一段时间后就会逐渐衰减掉。二是对应于上述非齐次方程组的一个特解，它是由激振力引起的受迫振动，即系统的稳态振动。

一般只研究稳态振动，故设上述微分方程组有简谐振动的特解：

$$\begin{cases}x_1=B_1\sin\omega t\\ x_2=B_2\sin\omega t\end{cases}\tag{2-44}$$

式中，B_1、B_2 是质量 m_1、m_2 的振幅，在方程中是待定系数。

对式 (2-44) 分别求一阶及二阶导数：

$$\begin{cases}\dot{x}_1=B_1\omega\cos\omega t,\quad \ddot{x}_1=-B_1\omega^2\sin\omega t\\ \dot{x}_2=B_2\omega\cos\omega t,\quad \ddot{x}_2=-B_2\omega^2\sin\omega t\end{cases}\tag{2-45}$$

将式 (2-44) 和式 (2-45) 代入式 (2-43) 得

$$\begin{cases}(a-\omega^2)B_1-bB_2=p\\ -cB_1+(c-\omega^2)B_2=0\end{cases}\tag{2-46}$$

这是一个二元非齐次联立代数方程，它的解可用行列式原理求出：

$$\Delta=\begin{vmatrix}a-\omega^2 & -b\\ -c & c-\omega^2\end{vmatrix}=(a-\omega^2)(c-\omega^2)-bc$$

$$\Delta_1=\begin{vmatrix}p & -b\\ 0 & c-\omega^2\end{vmatrix}=p(c-\omega^2)$$

$$\Delta_2=\begin{vmatrix}a-\omega^2 & p\\ -c & 0\end{vmatrix}=pc$$

故

$$\begin{cases}B_1=\dfrac{\Delta_1}{\Delta}=\dfrac{p(c-\omega^2)}{(a-\omega^2)(c-\omega^2)-bc}\\ B_2=\dfrac{\Delta_2}{\Delta}=\dfrac{pc}{(a-\omega^2)(c-\omega^2)-bc}\end{cases}\tag{2-47}$$

式 (2-47) 确定了 B_1、B_2 两个待定常数。这就是说，期待的方程组 (2-43) 的简谐振动特解是可以得到的。

2.3.3.2 振动特性的讨论

1) 运动规律

由式 (2-44) 可知，两自由度系统无阻尼受迫振动的运动规律是简谐振动。

2) 频率

两自由度系统受迫振动的频率与激振力的频率 ω 相同。

3) 振幅

由式 (2-47) 可知，两自由度系统受迫振动的振幅取决于激振力力幅、激振力频率以及系统本身的物理性质。现分别讨论如下：

(1)激振力幅值 P_0 的影响。因为 $p \propto P_0$，所以 P_0 与 B_1、B_2 呈线性关系。即 P_0 越大，振幅 B_1、B_2 越大。

(2)激振力频率 ω 的影响。为了说明 ω 对振幅的影响，以 B_1、B_2 为纵坐标，ω 为横坐标，将式 (2-47)作成曲线如图 2-17 所示，称为振幅频率响应曲线，或称幅频特性曲线。它表明了系统位移对频率的响应特性。图 2-17 中实线是主系统的曲线，虚线是副系统的曲线。

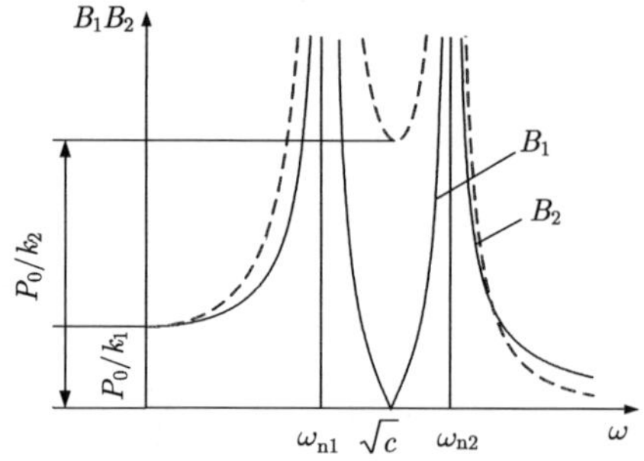

图 2-17 两自由度系统的幅频特性曲线

当 $\omega=0$ 时，$B_1=B_2=\dfrac{P_0}{k_1}$。这表明，此时激振力的作用和静力的作用相当。这时弹簧 k_2 不产生变形，质量 m_1 与 m_2 之间的距离保持不变。所以，当激振力变化缓慢时，其动力影响不大，受迫振动的振幅和静变形无大的区别。

当 $\omega=\omega_{n1}$ 或 $\omega=\omega_{n2}$ 时，即激振力频率等于系统第一或第二阶固有频率时，系统出现共振现象，振幅 B_1、B_2 均急剧增加。因为当 $\omega=\omega_n$ 时，式 (2-47) 的分母变为 $(a-\omega_n^2)(c-\omega_n^2)-bc$。这就是自由振动中的频率方程的左端，而频率方程

(2-35) 的右端为零，故$(a-\omega_{\mathrm{n}}^2)(c-\omega_{\mathrm{n}}^2)-bc=0$。因而振幅$B_1$、$B_2$此时就趋于无穷大，即出现共振现象。这就是说，在两自由度系统中，如果激振力的频率和系统的任何一阶固有频率相近，系统都将产生共振。也就是说，两自由度系统有两个共振区。

由式 (2-47) 可得质量m_2和m_1的振幅比为

$$\frac{B_2}{B_1}=\frac{c}{c-\omega^2} \tag{2-48}$$

这说明，在一定的激振频率下，两个质量的振幅比是一个确定值。当激振频率ω等于第一阶固有频率ω_{n1}时，两个质量的振幅比为

$$\left(\frac{B_2}{B_1}\right)_{\omega_{\mathrm{n1}}}=\frac{c}{c-\omega_{\mathrm{n1}}^2} \tag{2-49}$$

当$\omega=\omega_{\mathrm{n2}}$时，有

$$\left(\frac{B_2}{B_1}\right)_{\omega_{\mathrm{n2}}}=\frac{c}{c-\omega_{\mathrm{n2}}^2} \tag{2-50}$$

由式 (2-37) 可知，两自由度系统的第一、第二主振型为

$$\begin{cases}\beta_1=\dfrac{A_2^{(1)}}{A_1^{(1)}}=\dfrac{c}{c-\omega_{\mathrm{n1}}^2}\\[2ex]\beta_2=\dfrac{A_2^{(2)}}{A_1^{(2)}}=\dfrac{c}{c-\omega_{\mathrm{n2}}^2}\end{cases}$$

所以

$$\begin{cases}\beta_1=\dfrac{A_2^{(1)}}{A_1^{(1)}}=\left(\dfrac{B_2}{B_1}\right)_{\omega_{\mathrm{n1}}}\\[2ex]\beta_2=\dfrac{A_2^{(2)}}{A_1^{(2)}}=\left(\dfrac{B_2}{B_1}\right)_{\omega_{\mathrm{n2}}}\end{cases} \tag{2-51}$$

这表明，系统以哪一阶固有频率共振，则此时的共振振型就是哪一阶主振型。这是多自由度系统受迫振动的一个极为重要的特性。在实践中，经常用共振法测定系统的固有频率，并根据测出的振型来判定固有频率的阶次，这就是利用了上述规律。

当$\omega=\sqrt{c}$时，有

$$x_2=B_2\sin\omega t=-\frac{P_0}{k_2}\sin\omega t$$

故

$$k_2x_2 = -P_0 \sin \omega t$$

这就是说，副系统通过弹簧 k_2 传给主系统的力正好与作用在主系统上的激振力相平衡。这样主系统的受迫振动就被副系统吸收。主系统的质量 m_1 就如同不受激振力作用一样，保持静止。这种现象可以作为减小振动的一种措施。

当 $\omega \to \infty$ 时，B_1、$B_2 \to 0$，即激振力的频率很高时，两个质量 m_1 和 m_2 都几乎不动。这和单自由度系统受迫振动的特性相似。也就是说，这时受迫振动现象也进入了惯性区。

4) 相位

由于系统是无阻尼的情况，所以只要观察振幅的正负变化就可以说明相位的变化。

现将振幅计算公式 (2-47) 的分母作如下变换：

$$(a-\omega^2)(c-\omega^2)-bc = \omega^4-(a+c)\omega^2+c(a-b) \tag{2-52}$$

根据系统的频率方程 (2-35)，再应用代数理论，可以得知频率方程的两个根 ω_{n1}^2、ω_{n2}^2 必定满足下列关系式：

$$\begin{cases}\omega_{n1}^2+\omega_{n2}^2 = a+c \\ \omega_{n1}^2\omega_{n2}^2 = c(a-b)\end{cases} \tag{2-53}$$

将式 (2-53) 代入式 (2-52) 得

$$(a-\omega^2)(c-\omega^2)-bc = \omega^4-(\omega_{n1}^2+\omega_{n2}^2)\omega^2+\omega_{n1}^2\omega_{n2}^2 = (\omega^2-\omega_{n1}^2)(\omega^2-\omega_{n2}^2) \tag{2-54}$$

因而式 (2-47) 可以改写成

$$\begin{cases}B_1 = \dfrac{p(c-\omega^2)}{(\omega^2-\omega_{n1}^2)(\omega^2-\omega_{n2}^2)} \\ B_2 = \dfrac{pc}{(\omega^2-\omega_{n1}^2)(\omega^2-\omega_{n2}^2)}\end{cases} \tag{2-55}$$

从式 (2-55) 中可以看出：

(1)在 $0 < \omega < \omega_{n1}$ 阶段，B_1、B_2 均为正值。故质量 m_1 和 m_2 的位移与激振力是同相的，即两个质量的位移也同相。

(2)当 $\omega = \omega_{n1}$ 时，运动的相位对于激振力要出现相位突跳的反相。因为只要 ω 稍大于 ω_{n1}，则 B_1、B_2 同时由正变负，即两质量的位移相对激振力的相位突然相反，但此时两个质量之间仍保持同相。

(3)当 $\omega = \sqrt{c}$ 时，$B_1 = 0$，此后，B_1 又重新成为正值，但 B_2 仍保持负值。

这就是说，在$\sqrt{c}<\omega<\omega_{n2}$阶段，$B_1$与激振力同相，$B_2$与激振力反相。即两个质量之间的相位相反。

(4)当$\omega>\omega_{n2}$以后，B_1又改变为负值，而B_2保持正值。这表明，在第二次共振时，两个质量又经历了相位突变的反相现象。

根据以上分析，可作出图 2-18 所示的相频特性曲线。

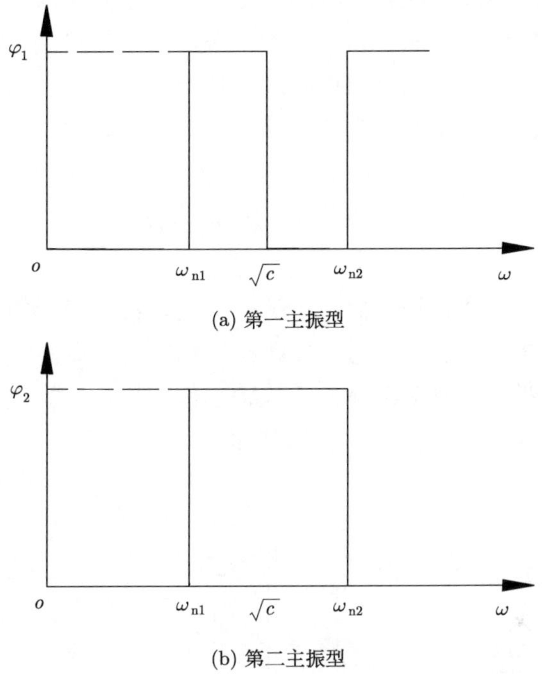

图 2-18 两自由度系统的相频特性曲线

2.4 本章小结

本章首先介绍了车辆振动的简化模型；接着介绍了单自由度与两自由度系统的振动模型及分析求解方法，并分析了单自由度与两自由度系统的运动规律，为后续减振元件振动模型的建立以及分析提供了必要的基本概念与理论基础。

3　橡胶悬置结构、性能与仿真

橡胶材料优异的弹性特性和低廉的制造成本，使其在很长一段时间内成为了动力总成悬置元件普遍选用的材料。直到现在，橡胶悬置仍是汽车减振系统中普遍使用的减振元件。本章首先介绍橡胶悬置的结构；接着介绍橡胶悬置的静、动态特性以及橡胶悬置静、动态特性的试验与仿真方法。

3.1　橡胶悬置结构

图 3-1 所示为常见橡胶悬置的三种结构形式。按主载荷的作用方向可分为压缩型、剪切型和复合型。压缩型悬置体积小、结构简单，能够承受较大的载荷；剪切型悬置多用于要求主方向的弹性常数特别低的场合；复合型悬置可根据结构调出不同的压缩-剪切比，以满足不同的性能要求。

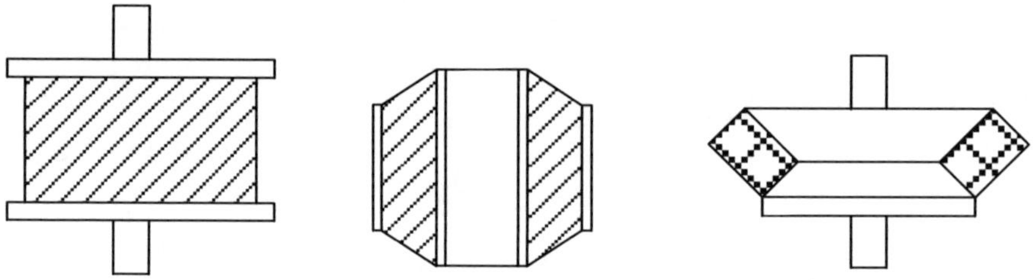

(a) 压缩型　　(b) 剪切型　　(c) 复合型

图 3-1　橡胶悬置结构

3.2　橡胶悬置特性

橡胶悬置的特性主要包括以下几个方面。

1) 硬度和弹性模量

一般橡胶的邵氏硬度数值在 30~70 范围内。橡胶材料的剪切弹性模量 G 和其邵氏硬度 H 之间大致存在下列关系[129]：

$$G = 0.0224\sqrt{H^3} \tag{3-1}$$

橡胶的压缩弹性模量为

$$E = 3G \tag{3-2}$$

2) 许用强度及最大允许变形

对于一般橡胶标准试片的拉断强度为 100~200 kg/cm^2 的防振橡胶，各种不同工作状态下的许用应力可参照表 3-1 来选取。橡胶悬置的变形常用其本身厚度的相对值来限制，具体见表 3-1。

表 3-1 橡胶悬置的许用应力和最大允许变形

工作状态	许用应力/(kg/cm^2)		最大允许变形/%	
	静态	动态	静态	动态
压缩	30~50	10~15	15	5
剪切	10~20	3~5	25	8

3) 静特性

静特性，即静刚度特性，表示单位静变形所需施加的静载荷，即力-位移曲线中力的变化量与位移变化量的比值，其计算公式为

$$K^* = \frac{F_1 - F_2}{S_1 - S_2} \tag{3-3}$$

在动力总成悬置匹配时必须把此静态变形量控制在一定范围内，以防止发动机动力总成与车身其他部件发生干涉。

4) 动特性

动刚度 K 是在一定频率、一定预载荷以及一定动态幅值下进行测量的结果，在幅值上等于动态力的峰-峰值与动态位移的峰-峰值之比，或者是扭矩的峰-峰值与角度的峰-峰值之比，其计算公式为

$$K = \frac{A_{\text{load}}}{A_{\text{disp}}} \tag{3-4}$$

式中，A_{load} 为动态力或动态力矩的峰-峰值；A_{disp} 为动态位移或动态转角的峰-峰值。

动刚度一般都比静刚度大，由试验数据统计可知，两者比值一般在1.2~2.5 范围内，对于某些橡胶件其比值能达到 3 以上。

3.3 橡胶悬置静态特性试验与仿真

3.3.1 橡胶悬置静刚度试验

1) 橡胶悬置试验要求及方法[113, 114]

试验要求：悬置静刚度必须满足 NVH 解耦结果要求，静刚度值误差范围不大于 15%。

试验加载速度：V_x=10mm/min (或者无限缓慢)。

试验温度：(23±2)℃。

试验设备：弹性体试验机。

试验方法：

(1) 样件最早在制造 7 天后试验；

(2) 将样件在试验装置上安装、加紧；

(3) 在样件与试验装置具有滑动摩擦的部位涂上滑石粉；

(4) 样件按试验方案如图 3-2、图 3-3 所示装配好后在试验装置上存放条件为(23±2)℃×4h；

(5) 试验在自然通风条件下进行，试验温度为(23±2)℃，试验方向为 F 方向(正负方向都要加载)；

图 3-2　某橡胶悬置 X、Y 轴方向静刚度试验的安装图

图 3-3 某橡胶悬置 Z 轴方向静刚度试验的安装图

(6) 预加载速度=试验速度，S=10mm/min；

(7) 按试验方向预加载 3 次，从 0N 到最大值为止，此过程无持续时间，最后一次预加载结束后，再加载 20N，保持 3min，然后将测量仪器调零；

(8) 在试验速度下连续绘制测量曲线，测量开始时载荷和位移均为零；

(9) 测量曲线必须在给定的公差范围内，特性曲线的公差优先于特性曲线；

(10) 所有测量点的值出自完整的测量曲线。

该橡胶悬置在 X、Y 以及 Z 三个方向上静态作用力下变形情况如图 3-4 所示。

2) 试验数据处理和静刚度的取值

静刚度一般可看做定值，某橡胶悬置静刚度试验得出的力-位移曲线如图 3-5 所示。

(a) X 方向

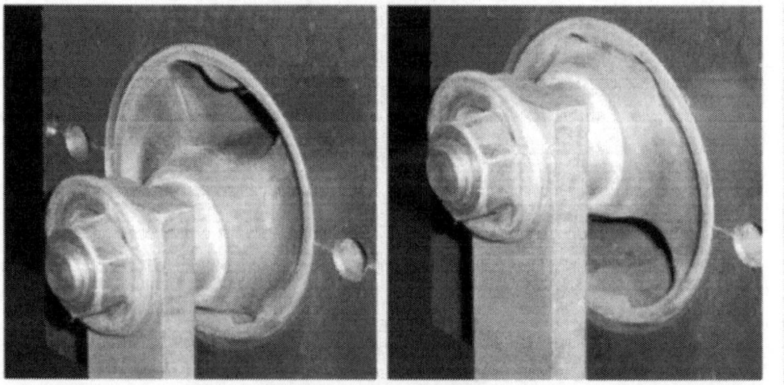

(b) Y 方向

(c) Z 方向

图 3-4　某橡胶悬置在 X、Y 以及 Z 三个方向作用力下变形情况

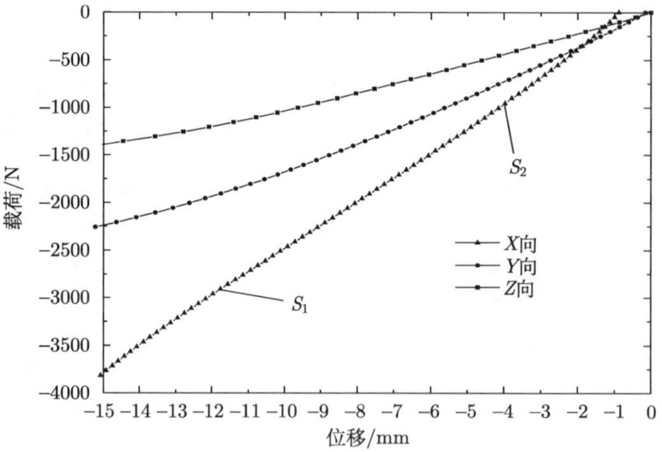

图 3-5　某橡胶悬置静刚度试验得出的力-位移曲线

静刚度的取值：一般在曲线的直线段中选取两处坐标 (S_1, F_1),(S_2, F_2)，按照式 (3-3) 进行计算。橡胶悬置元件试验测量得到的各方向刚度系数分别为 k_X=258.46N/mm，k_Y= 159.03N/mm 和 k_Z=95.97N/mm。

3.3.2　橡胶悬置静刚度的有限元仿真

有限元法 (finite element method，FEM) 是一种求解偏微分方程边值问题近似解的数值技术。求解时对整个问题区域进行分解，每个子区域都成为简单的部分，这种简单部分就称为有限元。它通过变分方法，使得误差函数达到最小值并产生稳定解。随着计算机技术的迅速发展，在工程领域中，有限元分析 (FEA) 越来越多地用于仿真模拟，来求解真实的工程问题。

本节对利用有限元法仿真计算橡胶悬置的静刚度进行介绍。

3.3.2.1　橡胶材料非线性超弹性本构模型

1) 橡胶材料超弹性特性

橡胶材料最大的特征就是，在不太大的载荷加载下就有很大的形变量。对橡胶进行大变形接触分析，应该是物理非线性 (材料的应变应力的关系是非线性的)、几何非线性、边界待定的几何非线性 (由边界载荷及约束引起的非线性) 三类问题的耦合[130, 131]。

橡胶是一种高分子、超弹性、非线性材料。超弹性指的是试件在外载荷的加载下出现远远大于其弹性极限应变量的应变，外载荷消失后应变能恢复到初始状态。橡胶超弹性力学模型是基于各向同性假说的。当前已经出现了不少超弹性材料的本构模型，如 Ogden 模型、Mooney-Rivlin 模型、Yeoh 模型、多项式模型等，它们都是基于连续介质力学的本构模型。

(1) Mooney-Rivlin 模型的应变能函数为[132, 133]

$$U = C_{10}(\overline{I}_1 - 3) + C_{01}(\overline{I}_2 - 3) + (J^{\mathrm{el}} - 1)^2 / D_1 \tag{3-5}$$

式中，U 为单位体积的应变能密度；C_{10}、C_{01}、D_1 为材料模型参数；J^{el} 为弹性体积比；$\overline{I}_1$ 为第一阶应变不变量；$\overline{I}_2$ 为第二阶应变不变量。其表达式分别为

$$\overline{I}_1 = \overline{\lambda}_1^2 + \overline{\lambda}_2^2 + \overline{\lambda}_3^2 \tag{3-6}$$

$$\overline{I}_2 = \overline{\lambda}_1^{-2} + \overline{\lambda}_2^{-2} + \overline{\lambda}_3^{-2} \tag{3-7}$$

式中，$\overline{\lambda}_i$ 为偏伸长率；$\overline{\lambda}_i = J^{-\frac{1}{3}}\lambda_i$；$J$ 为总体积比；λ_i 为主伸长率。初始的剪切模量 μ_0 以及初始体积模量 K_0 可由式 (3-8) 求得：

$$\mu_0 = 2(C_{01} + C_{10}) \tag{3-8}$$

$$K_0 = 2 / D_1 \tag{3-9}$$

(2) Ogden 模型的应变能密度函数为[134, 135]

$$W = \sum_{i=1}^{N} \frac{2\mu_i}{\alpha_i^2}(\bar{\lambda}_1^{\alpha_i} + \bar{\lambda}_2^{\alpha_i} + \bar{\lambda}_3^{\alpha_i} - 3) + \sum_{i=1}^{N} \frac{1}{D_i}(J^{\mathrm{el}} - 1)^{2i} \tag{3-10}$$

式中，$\bar{\lambda}_i = J^{-\frac{1}{3}}\lambda_i$，$\lambda_i$ 为主伸长率；μ_i 和 α_i 均为描述剪切应变的参数；J^{el} 为弹性体积比；D_i 为材料模型参数。

(3) Yeoh 模型的应变能密度函数[136]为

$$W = \sum_{i=1}^{3} C_{i0}(\bar{I}_1 - 3)^i + \sum_{i=0}^{3} \frac{1}{D_i}(J - 1)^{2i} \tag{3-11}$$

式中，C_{i0}、D_i 均为材料参数。

本书涉及材料大变形给交界处裂纹带来的特性改变，并结合试验所得到的应力-应变数据关系，选取比较简单的，能表示大变形的 Mooney-Rivlin 本构模型来模拟并建立橡胶减振器材料模型。

(1) 橡胶是不可压缩材料，且在发生形变前是各向同性的。

(2) 简单剪切的受力情况满足胡克定律。

基于上述假设，Mooney-Rivlin 模型的应变能函数为

$$W = C_{01}(\lambda_1^2 + \lambda_2^2 + \lambda_3^2 - 3) + C_{10}\left(\frac{1}{\lambda_1^2} + \frac{1}{\lambda_2^2} + \frac{1}{\lambda_3^2} - 3\right) \tag{3-12}$$

式 (3-12) 中包含两个弹性常数 C_{01} 和 C_{10}。在处于简单剪切状态时，主伸长率 $\lambda_2 = 1/\lambda_1$ 和 $\lambda_3 = 1$，式 (3-12) 就变为

$$W = (C_{01} + C_{10})\left(\lambda_1^2 + \frac{1}{\lambda_1^2} - 2\right) = (C_{01} + C_{10})\gamma^2 \tag{3-13}$$

可以导出简单伸长的力伸长曲线的理论形式:

$$\frac{\sigma}{2(\lambda - 1/\lambda^2)} = C_{01} + \frac{C_{10}}{\lambda} \tag{3-14}$$

式中，σ 为伸长率为 λ 时的工程应力。将式 (3-14) 改写成如下形式：

$$\sigma = 2\left(\lambda - \frac{1}{\lambda^2}\right)\left(C_{01} + \frac{C_{10}}{\lambda}\right) \tag{3-15}$$

可见，$\dfrac{\sigma}{2(\lambda-1/\lambda^2)}$与$\dfrac{1}{\lambda}$的关系曲线是线性的，斜率为 C_{10}，当$\dfrac{1}{\lambda}=1$时，两者关系直线的纵向值为$(C_{01}+C_{10})$。

超弹性分析必须要精确评定材料的常数才能得到可靠的分析结果，研究中一般采用试验获得数据后拟合得到所需的 Mooney 模型材料参数。橡胶类各向同性材料和超弹性材料的初始拉伸模量 G、泊松比 ν 和弹性模量 E 之间满足

$$E=2G(1+\nu) \tag{3-16}$$

对于橡胶而言，ν 的实际应用范围在 0.5 附近，因而 $E\approx 3G$，且假设橡胶完全不可压缩，即 $D=0$。

2) 橡胶材料单轴拉伸试验

实际应用中常对橡胶材料的哑铃状试件进行单向拉伸试验，由试验获得该试件的力与位移关系。由力与位移之间的关系计算出相应的应力、应变关系，最后把应力、应变关系导入有限元软件求解该橡胶材料最适合的本构模型方程。

为了评估天然橡胶减振器的材料性能，使用的哑铃试片的截面图及尺寸如图 3-6 所示。

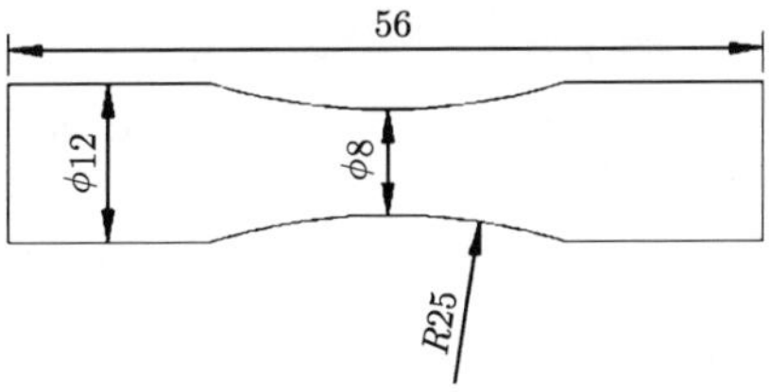

图 3-6　橡胶材料单轴拉伸试验试片截面示意图 (单位：mm)

试验所需的试样需要在切割机上进行切割，切割成试验要求的哑铃状。该哑铃试片的截面规格为长 56mm，宽 12mm，厚 2mm。夹具之间的固定标点距离为 25mm。

试验装置为电子拉力机，如图 3-7 所示。

试验步骤如下：

① 把哑铃状的试样准备好；

② 把上、下限安全保护装置设定在适当的位置；

③ 确认标点伸长计上、下夹具之间的距离，并把固定插销定位；

④ 打开电源开关，确保气压在 0.4MPa 左右；

⑤ 装夹前面已准备好的试样；

⑥ 打开计算机系统进入计算机程序，设定所需条件试样规格，开始测试；

⑦ 测试完后，关掉电源，并把机台打扫干净。

试验完成后，从计算机中导出试验数据。由于橡胶为超弹性材料，在应力作用下，应变会有一些迟滞效应，即应力作用时不能立刻就会有应变效应，所以在数据整理时，可以适当地去掉原始数据中的一些不规则的点以此来更好地拟合应力-应变曲线。

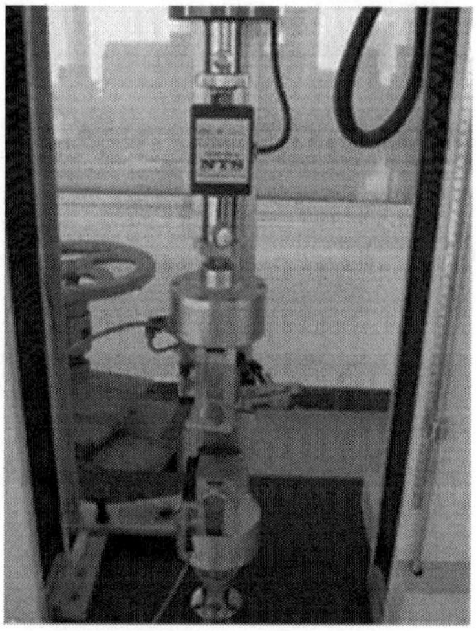

图 3-7 单轴静态拉伸试验装置—电子拉力机

通过单轴拉伸试验，获得橡胶哑铃试片的应力与应变对应的数据，经过拟合后得出其应力与应变之间的关系曲线图。

3) 橡胶材料本构模型的建立

图 3-8 所示为某橡胶材料单轴拉伸得到的应力-应变曲线及采用三参数

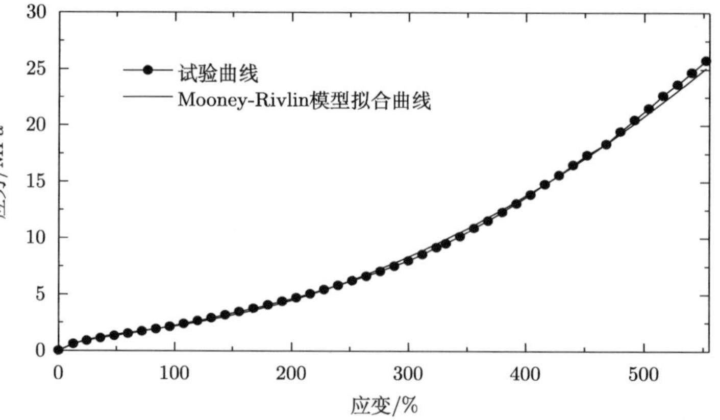

图 3-8 橡胶材料单轴拉伸试验曲线与 Mooney-Rivlin 模型拟合曲线

Mooney-Rivlin 模型拟合得到材料本构曲线。其中，三参数 Mooney-Rivlin 本构模型的应变能密度函数为

$$W = C_{10}(\bar{I}_1 - 3) + C_{01}(\bar{I}_2 - 3) + C_{11}(I_1 - 3)(I_2 - 3) \tag{3-17}$$

经拟合可得出该材料材料参数为

$$C_{01}=-0.438, \quad C_{10}=1.537, \quad C_{11}=0.132$$

3.3.2.2 橡胶悬置静刚度分析的有限元模型

某橡胶悬置三维图如图 3-9 所示。其由金属内圈、金属外圈和橡胶体组成，外层金属材料为 AlSiMgMn，内层金属材料为 $AlMg_3$，中间的橡胶层为天然橡胶。

建立后的有限元模型如图 3-10 所示。

图 3-9 某橡胶悬置三维图

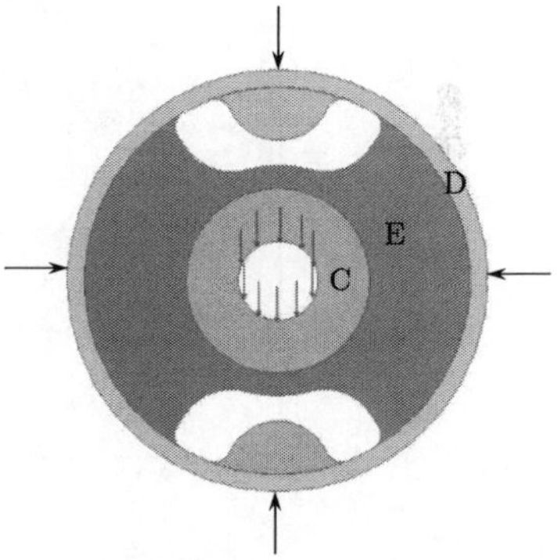

图 3-10 橡胶悬置静刚度分析的有限元模型

橡胶悬置的金属内圈和金属外圈均为金属材料，即图 3-10 中 C 区、D 区。有限元分析时将其材料属性设置为普通碳素钢拟合得到的橡胶。中间层为橡胶层，即 E 区，为其添加材料属性。

为金属外圈边界线上的节点添加固定位移边界条件 fixed displacement=0，限制整个悬置模型在 *X*, *Y*, *Z* 三个方向上的位移；分别在金属内圈上添加 *X*, *Y*, *Z* 三个方向的载荷，模拟悬置元件受到的作用力，分析悬置元件在不同载荷作用下金属内圈的位移。

3.3.2.3 橡胶悬置静刚度分析结果

分析得到 *X*, *Y*, *Z* 三个方向的载荷作用下橡胶悬置元件的位移云图如图 3-11 所示。

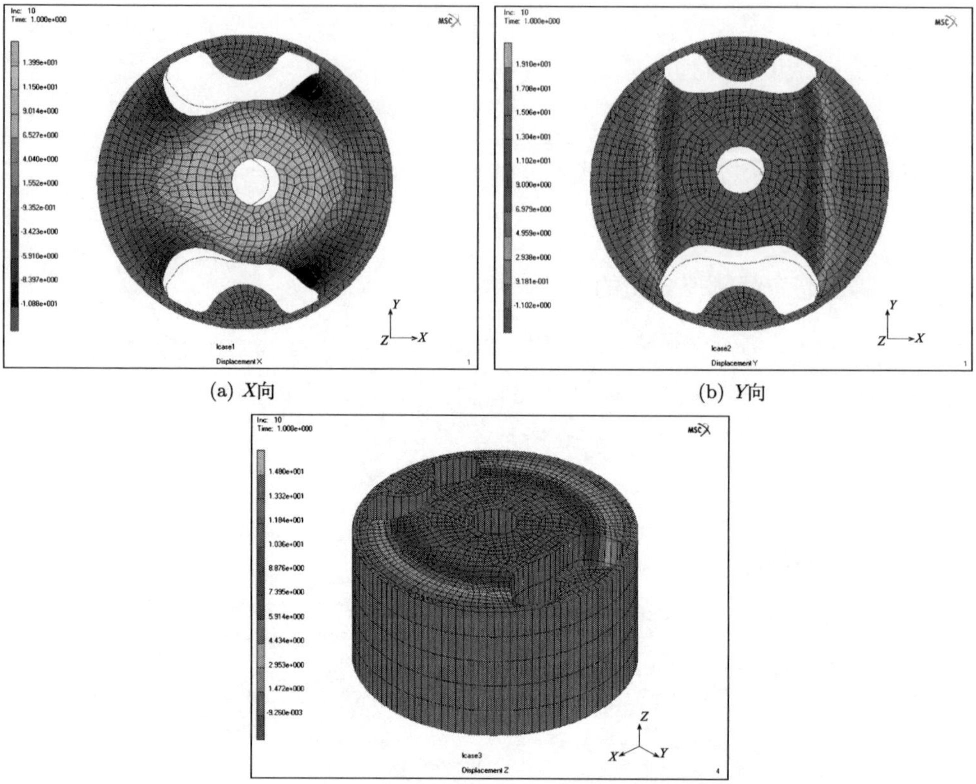

(a) X向　　(b) Y向

(c) Z向

图 3-11　载荷作用下橡胶悬置元件的位移云图

记录悬置元件在不同载荷作用的金属内圈的位移，如图 3-12 所示。

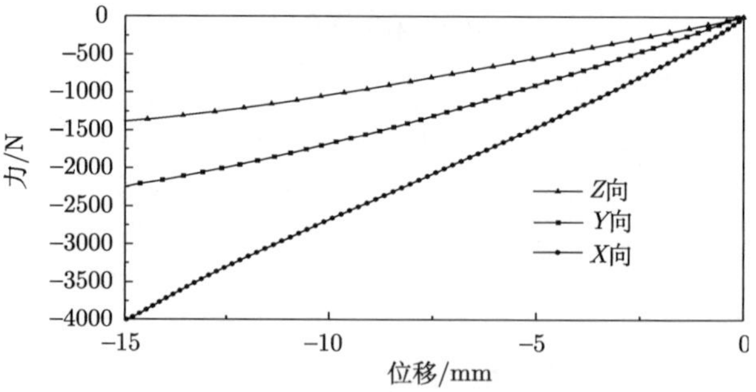

图 3-12　模型橡胶悬置力-位移曲线

由图 3-12 可见，橡胶悬置的力-位移曲线为一近似的直线，其斜率即为各方向上的静态刚度，计算可得橡胶悬置在 X、Y 与 Z 方向上的静刚度分别为

254.61N/mm、150.71N/mm 与 90.81N/mm。

3.4　橡胶悬置动态特性的测试

对悬置元件动态特性进行测试的系统应满足如下条件：① 控制系统能够给试验样品施加周期性的位移激励；②测试系统具有足够的测量精度；③装置能够模拟悬置元件的工作环境。

结合本书研究的悬置元件结构特点，设计悬置元件试验工装、控制系统与数据采集系统，具体如图 3-13 所示。

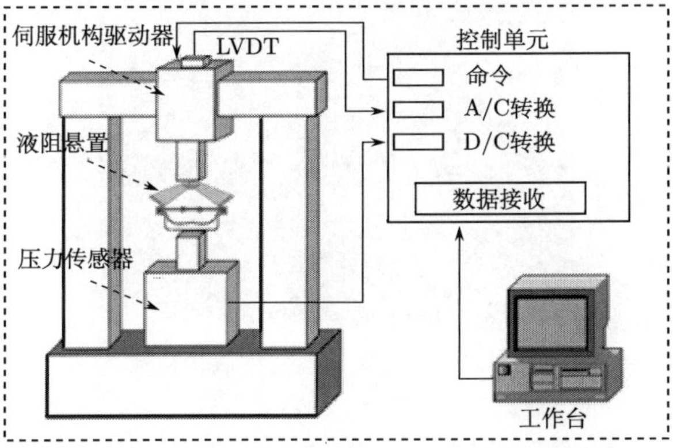

图 3-13　悬置元件动态特性测试系统

监控机发出的控制指令经 D/C 转换后发送给伺服机构指令以完成试验的各种操作指令，液压伺服机构驱动作动器产生周期性位移激励并作用于液阻悬置上端。液阻悬置下端安装的高频压力传感器可对液阻悬置作用在测试系统上的压力进行测量，而作动端的位移信号则由作动端的位移传感器测量，上述参数传输给数据采集系统，通过 A/C 转换保存在监控机内，经数据处理后可得到相应的参数或曲线。

采用弹性体试验台来对悬置元件的动态特性进行测试，如图 3-14 所示。该试验台上立柱端连接伺服控制的作动器，作动器可以产生不同频率和振幅的激励，作动器的最高激振频率为 1000Hz；试验台下立柱与基座固结，基座上装有力的传感器，可对下立柱所受的作用力进行测量。试验时，试验样品与发动机相连的一端与试验台的作动头端连接，而另一端则固定于试验台上，安装方式与悬置元件装于汽车上的实际情况相同。首先给试验样品施加一定的预载荷，此预载荷等于液阻悬置所受到发动机的静载荷，然后在作动端施加正弦位移激励

$x(t)=X_0\sin(\omega_0 t)$。记录与作动端相连的位移传感器的位移信号$x(t)$以及与固定端相连的力传感器的信号变化，试验数据采集系统可以记录激励和动反力的时间历程，经处理可得测试对象的各种动力学特性。

图 3-14　某悬置动态特性试验装置

按照式 (3-4) 可计算出弹性体的动态刚度，测试得出的某型橡胶悬置在预载静压力为 1100N、振幅为 0.1mm、频率为 0~250Hz 时的动态特性曲线如图 3-15 所示。

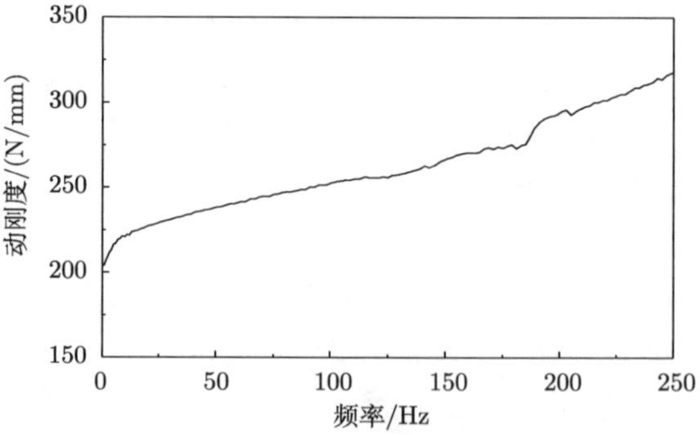

(a) 动刚度

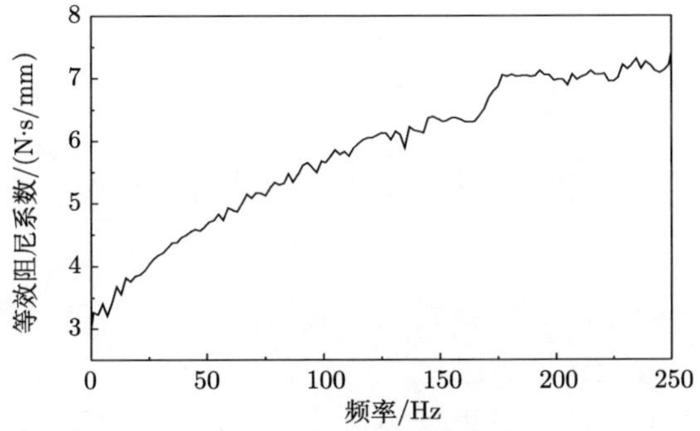

(b) 阻尼系数

图 3-15 某橡胶悬置的动态特性曲线

从图 3-15 中可以看出，随着载荷激励频率的升高，橡胶悬置的动刚度与阻尼系数均有增大的趋势，此即橡胶悬置的动态特性的高频硬化，高频硬化为橡胶悬置的固有特性。

3.5 本章小结

本章首先介绍了橡胶悬置的结构和特性；然后介绍了获取橡胶悬置静刚度的试验方法与有限元法；最后介绍了获取橡胶悬置动刚度、阻尼系数的试验方法。

4 悬置元件内部油液特性

减振器油液是减振器的工作介质，对减振器特性有着重要影响，影响减振器惯性通道与解耦盘参数设计值。因此，必须首先了解减振器油液的特性，才能掌握减振器油液流经惯性通道与解耦盘的运动状态以及节流损失。

4.1 悬置元件内部油液的物理性质

4.1.1 油液的密度

单位体积的液体质量称为密度，通常用 ρ 表示。

$$\rho = m/V \tag{4-1}$$

式中，m 为液体质量，kg ；V 为液体体积，m^3。

液体的密度随温度的升高而下降，随压力的增加而上升。对于减振器中常用的液压油 (矿物油) ，在常用的温度和压力范围内，密度变化很小，可忽略不计。计算时，液压油密度通常取 $\rho = 900\mathrm{kg} / \mathrm{m}^3$ 。

4.1.2 油液的黏性

液体在外力作用下流动时，由于液体分子间的内聚力而产生一种阻碍液体分子之间进行相对运动的内摩擦力，这一特性称为黏性[137]。

试验测定指出，液体流动时相邻液层之间的内摩擦力 F 与液层间的接触面积 A 和液层间的相对速度 $\mathrm{d}u$ 成正比，而与液层间的距离 $\mathrm{d}y$ 成反比，即

$$F = \mu A \frac{\mathrm{d}u}{\mathrm{d}y} \tag{4-2}$$

式中，μ 为比例常数，称为黏性系数或黏度；$\dfrac{\mathrm{d}u}{\mathrm{d}y}$ 为速度梯度。

若以 τ 表示液体的内摩擦切应力，即液层间单位面积上的内摩擦力，则有

$$\tau = \frac{F}{A} = \mu \frac{\mathrm{d}u}{\mathrm{d}y} \tag{4-3}$$

这就是牛顿液体内摩擦定律。在流体力学中，把黏性系数 μ 不随速度梯度变

化而发生变化的液体称为牛顿液体，反之称为非牛顿液体。除高黏度或含有特殊添加剂的油液外，一般液压油均可视为牛顿液体。

黏度是衡量流体黏性的指标。常用的液体黏度表示方法有三种，即动力黏度、运动黏度和相对黏度[138]。

1) 动力黏度 μ

动力黏度 μ 从物理意义上讲，是当速度梯度 $\mathrm{d}u/\mathrm{d}z=1$ 时，单位面积上的内摩擦力的大小，即

$$\mu=\tau\frac{\mathrm{d}y}{\mathrm{d}u} \tag{4-4}$$

它直接表示流体的黏性即内摩擦力的大小。

动力黏度的法定计量单位为 $\mathrm{Pa\cdot s}$ ($1\ \mathrm{Pa\cdot s}=1\ \mathrm{N\cdot s/m^2}$)。以前沿用的单位为 $\mathrm{dyn\cdot s/cm^2}$，又称 P (泊) ($1\ \mathrm{Pa\cdot s}=10\ \mathrm{P}=10^3\ \mathrm{cP}$)。

2) 运动黏度 ν

运动黏度是动力黏度 μ 与液体密度 ρ 的比值，即

$$\nu=\mu/\rho \tag{4-5}$$

运动黏度的单位是 $\mathrm{m^2/s}$。运动黏度 ν 虽没有明确的物理意义，但习惯上常用它来表示液体的黏度，工程中常用运动黏度 ν 作为液体黏度的标志。例如，各种矿物油的牌号就是该种油液在 40°C 时的运动黏度 ν (单位为 cSt) 的平均值。

3) 相对黏度 $°E_{\mathrm{t}}$

相对黏度又称条件黏度。各国采用的相对黏度单位有所不同，有的用赛氏黏度，有的用雷氏黏度，我国采用恩氏黏度。

恩氏黏度和运动黏度的换算关系式为

$$\nu=\left(7.31°E-\frac{6.31}{°E}\right)\times10^{-6} \tag{4-6}$$

工业上常用 20°C、50°C、100°C 作为测定恩氏黏度的标准温度，其相应的恩氏黏度分别用 $°E_{20}$、$°E_{50}$、$°E_{100}$ 表示。

恩氏黏度与运动黏度之间，可用如下经验公式换算:

当 $1.35<°E<3.2$ 时，$\nu=8°E-\dfrac{8.64}{°E}$

当 $°E>3.2$ 时，$\nu=7.6°E-\dfrac{4}{°E}$

4.1.3 压力对黏度的影响

在一般情况下，压力对黏度的影响比较小。当液体所受的压力增大时，分子

之间的距离缩小，内聚力增大，其黏度也随之增大。

在液压系统中，若系统的压力不高，压力对黏度的影响较小，一般可以忽略不计。当压力大于 50MPa 时，压力对黏度的影响较明显，则必须考虑压力对黏度的影响。

4.1.4 温度对黏度的影响

液压油黏度对温度的变化是十分敏感的，当温度升高时，其分子之间的内聚力减小，黏度也随之降低。

液压油的黏度随温度变化的关系称为液压油的黏温特性。黏度随温度的变化越小越好，即黏温特性要好。黏温特性可用黏度指数 (VI) 表示。黏度指数是用被测油液黏度随温度变化的程度同标准油液黏度变化程度比较的相对值。VI 越大，表示液压油黏度随温度变化越小，即黏温特性越好。对于普通的液压传动系统，一般要求 VI≥90。

4.1.5 油液的可压缩性

液体受压力的作用体积减小的特性称为液体的可压缩性。可压缩性用体积压缩系数 K 表示，并定义为单位压力变化下的液体体积的相对变化量。设体积为 V_0 的液体，其压力变化量为 Δp，液体体积减小 Δv，则体积压缩系数可表示为

$$K = -\frac{1}{\Delta p}\frac{\Delta v}{V_0} \tag{4-7}$$

一般情况下，工作介质的可压缩性对液压系统性能影响不大，但在高压下或研究系统动态性能及计算远距离操纵的液压机构时，则必须予以考虑。

石油基液压油的体积模量与温度、压力有关：温度升高时，K 减小，在液压油正常工作温度范围内，K 会有 5%~25% 的变化；压力增大时，K 增大，但这种变化不呈线性关系，当 $p \geqslant 3$MPa 时，K 基本不再增大。

4.2 悬置元件内部油液的化学性质

悬置元件油液还有其他一些化学性质，如抗磨性、氧化稳定性、热稳定性、抗乳化性、水解稳定性、防锈蚀性等，这些性能对悬置元件性能也有影响。

1) 抗磨性

油液的抗磨性与油液的黏度无关，是指油液中加入耐磨添加剂，在对偶表面

形成润滑膜而减小磨损的一种性能。在油液介质中加入油液添加剂或耐磨抗磨损添加剂，可以提高油液的抗磨性。具有重载、交变载荷作用下的高速液压系统，常常对油液的抗磨性提出较高要求。

2) 氧化稳定性和热稳定性

氧化稳定性是指油液抵抗与空气中氧或其他含氧物质发生化学反应的能力。油液氧化可能使得油液形成固体沉积物、胶状物和酸性物质，使元件锈蚀、堵塞和加剧磨损。

热稳定性是指油液在高温时抵抗化学反应和分解的能力。当温度达到某一温度时，油液将产生一些裂化和聚合作用，产生一些挥发性物质、树脂状物质、焦油甚至焦炭。因此，油液不宜在高于极限温度的环境中工作。

3) 抗乳化性和水解稳定性

防止油液与水混合形成乳化液的能力称为抗乳化性。油液抵抗与水发生化学反应的能力称为水解稳定性。水解变质的油液也将会降低油液黏度，增加腐蚀性。油液中存在自由状态的水，往往会形成乳化液，从而对减振器特性产生负面影响。因此在油液中加入适量的抗乳化剂，可以提高油液抗乳化特性。

4) 防锈蚀性

油液防止与其接触的金属生锈、受侵蚀的能力称为防锈蚀性。减振器元件生锈会严重影响减振器的特性和寿命。为了提高防锈蚀性，油液中常会添加防锈蚀剂，使油液在金属表面形成牢固的吸附膜或与金属表面化合形成钝化膜，防止金属锈蚀。

4.3 惯性通道圆形管道内液体的流动

液体在液阻悬置惯性通道圆形管道内流动时有两种状态，即层流和紊流。本节介绍液体流经圆管及各种接头时的流动情况，进而分析流动时所产生的能量损失，即压力损失。

4.3.1 层流和紊流

圆管内的液体流动有两种流动状态：层流和紊流。试验结果表明，在层流时，液体质点互不干扰，液体的流动呈直线性或层状，且平行于管道轴线；而在紊流时，液体质点的运动杂乱无章，除了平行于管道轴线的运动外，还存在剧烈的横向运动。层流时，液体流速较低，质点受黏性制约，不能随意运动，黏性力起主导作用；紊流时，液体流速较高，黏性的制约作用减弱，惯性力起主导作用。

试验证明，液体在圆管中的流动状态不仅与管内的平均流速 v 有关，还与管

径 d、液体的运动黏度 ν 有关。而用来判定液流状态的是由这三个参数所组成的称为雷诺数 Re 的无量纲数[139]：

$$Re = \frac{vd}{\nu} \tag{4-8}$$

液流由层流转变为紊流时的雷诺数和由紊流转变为层流时的雷诺数是不同的，后者的数值相对较小。所以一般都用后者作为判别流动状态的依据，称为临界雷诺数，记为 Re_{cr}。当雷诺数 Re 小于临界雷诺数 Re_{cr} 时，液流为层流；反之，液流大多为紊流。

对于非圆截面的管道，雷诺数 Re 利用式 (4-9) 计算

$$Re = \frac{vd_H}{\nu} \tag{4-9}$$

式中，d_H 为通流截面的水力直径，它等于 4 倍通流截面面积 A 与湿周 (流体与固体壁面相接触的周长) χ 之比，即

$$d_H = \frac{4A}{\chi} \tag{4-10}$$

水力直径对管道的通流能力影响很大。水力直径大，意味着液流与管壁接触少，阻力小，通流能力大，即使通流截面积较小时也不容易堵塞。在面积相等但形状不同的所有通流截面中，圆形的水力直径最大。

几种常用管道的水力直径和临界雷诺数如表 4-1 所示。

表 4-1　常用管道的水力直径和临界雷诺数

管道截面形状	图示	水力直径 d_H	临界雷诺数 Re_{cr}	管道截面形状	图示	水力直径 d_H	临界雷诺数 Re_{cr}
圆形	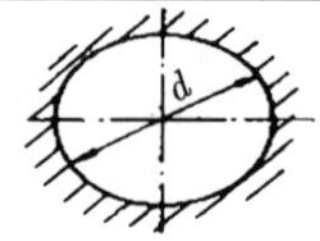	d	2000	同心圆环	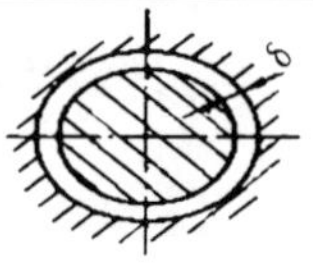	2δ	1100
正方形	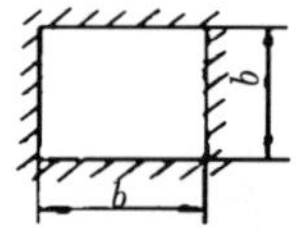	b	2100	滑阀阀口	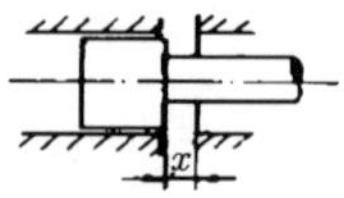	$2x$	260
长方形	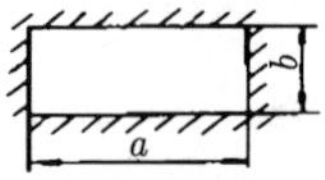	$\frac{2ab}{a+b}$	1500	圆(橡胶)	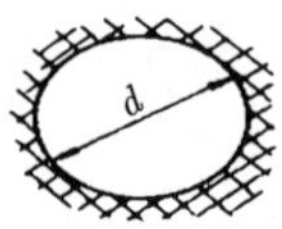	d	1600
长方形缝隙		2δ	1400				

4.3.2　圆管层流

图 4-1 所示为液体在等径水平圆管中做恒定层流时的情况。在管内取出一段半径为 r、长度为 l、中心与管轴相重合的小圆柱体，作用在其两端上的压力为 P_1和 P_2，作用在其侧面上的内摩擦力为 F_f。

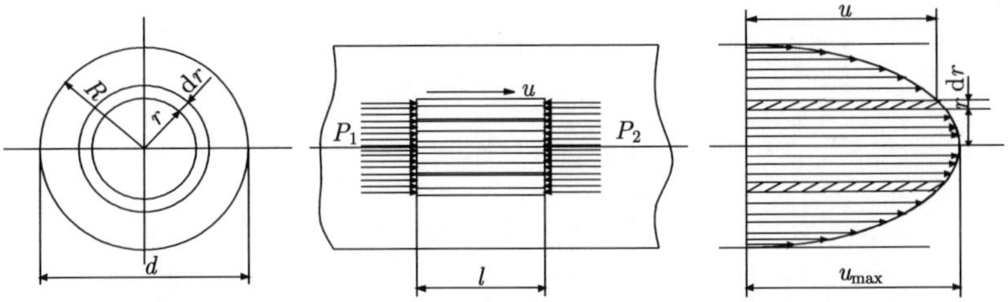

(a) 等径圆管　(b) 小圆柱体截面　(c) 流速分布

图 4-1　直管中的压力损失计算图

4.3.2.1　通流截面上流速的分布规律

由图 4-1 可知，当液体等速流动时，小圆柱体受力平衡，有

$$(P_1 - P_2)\pi r^2 = F_f \tag{4-11}$$

由牛顿内摩擦定律可知

$$F_f = -2\pi r l \mu \frac{\mathrm{d}u}{\mathrm{d}r} \tag{4-12}$$

由于管中流速 u 随 r 增大而减小，故 $\mathrm{d}u/\mathrm{d}r$ 为负值，为使 F_f为正值，所以加一负号。

令 $\Delta p_\lambda = P_1 - P_2$，并将 F_f代入式 (4-11) ，则得

$$\frac{\mathrm{d}u}{\mathrm{d}r} = -\frac{\Delta p_\lambda}{2\mu l} r \tag{4-13}$$

对式 (4-13) 进行积分，并利用边界条件，当 $r=R$ 时，$u=0$，则有

$$u = -\frac{\Delta p_\lambda}{4\mu l}(R^2 - r^2) \tag{4-14}$$

可见管内流速随半径按抛物线规律分布。最大流速发生在轴线上，此处 $r=0$ 时，流速为最大，其值为

$$u_{max} = \frac{\Delta p_\lambda R^2}{4\mu l} \tag{4-15}$$

最小流速在管壁上，此处 $r=R$，$u_{\min}=0$。

4.3.2.2　流量

图 4-1(c) 所示的抛物体的体积就是液体单位时间内流经截面的体积流量。在半径 r 处取出一厚 $\mathrm{d}r$ 的微小圆环面积 $\mathrm{d}A=2\pi r\mathrm{d}r$，通过此环形面积的流量为 $\mathrm{d}q=u\mathrm{d}A=2\pi ur\mathrm{d}r$，对此式积分得

$$\begin{aligned} q &= \int_0^R \mathrm{d}q = \int_0^R 2\pi ur\mathrm{d}r = \int_0^R 2\pi\frac{\Delta p_\lambda}{4\mu l}(R^2-r^2) \\ &= \frac{\pi R^4}{8\mu l}\Delta p_\lambda = \frac{\pi d^4}{128\mu l}\Delta p_\lambda \end{aligned} \tag{4-16}$$

式 (4-16) 就是圆管层流的流量计算公式。它表明，若将黏度为 μ 的液体在直径为 d、长度为 l 的直管中以流量 q 流过，则其管端必有 Δp_λ 的压力降；反之，若该管两端有压差 Δp_λ，则流过这种液体的流量必等于 q。

4.3.2.3　平均流速

根据通流截面上平均流速的定义可得

$$v=\frac{q}{A}=\frac{1}{\pi R^2}\frac{\pi R^4}{8\mu l}\Delta p_\lambda=\frac{R^2}{8\mu l}\Delta p_\lambda=\frac{d^2}{32\mu l}\Delta p_\lambda \tag{4-17}$$

4.3.3　圆管紊流

液体做紊流流动时，其空间任意一点处流体质点速度的大小和方向都是随时间变化的，本质上是非恒定流动。工程上在处理紊流流动参数时，引入一个时均流速 b 的概念，从而把紊流当做恒定流动。

4.3.3.1　圆管紊流的沿程损失

内径为 d、长度为 L 的圆管，在层流状态下的压力损失为

$$\Delta p=\frac{128\mu QL}{\pi d^4} \tag{4-18}$$

如果换算成水头高度损失则有

$$h_l=\frac{\Delta p}{\gamma}=\frac{128\mu Ql}{\pi d^4\rho g}=\frac{64\mu l}{\rho ud^2}\frac{u^2}{2g}=\frac{64}{Re}\frac{l}{d}\frac{u^2}{2g}=\lambda\frac{l}{d}\frac{u^2}{2g} \tag{4-19}$$

式中，$\lambda=\dfrac{64}{Re}$，为圆管层流沿程阻力或摩擦阻力系数，它仅由 Re 决定，即

$\lambda = f(Re)$。对于圆管紊流，一般认为h_l的表达式与式 (4-19) 是相同的。不同之处在于沿程阻力系数λ要复杂得多。通常认为$\lambda = \lambda(Re, \frac{\Delta}{R})$（$\Delta$为管壁绝对粗糙度，$R = d/2$为圆管半径)。这样对于圆管紊流，沿程损失$h_l$可表示为

$$h_l = \lambda(Re, \frac{\Delta}{R})\frac{l}{d}\frac{u^2}{2g} \tag{4-20}$$

式中，u为圆管中平均流速；l为圆管长度；d为直径，$d = 2r$；Re为雷诺数；Δ为管壁绝对粗糙度；$\lambda(Re, \frac{\Delta}{R})$通常由试验确定。

沿程损失系数的计算方程主要有：

1) Karman-Prandtl 公式

Karman-Prandtl 公式中光滑管沿程损失系数的计算公式为

$$\frac{1}{\sqrt{\lambda}} = 2\lg(Re\sqrt{\lambda}) - 0.8 \tag{4-21}$$

Karman-Prandtl 公式中粗糙管沿程损失系数的计算公式为

$$\lambda = \frac{1}{\left(2\lg\frac{d}{\Delta} + 1.14\right)^2} \tag{4-22}$$

以上两式有一定的理论基础，又有试验资料确定系数，比较精确，但缺点是计算不方便。

2) Blasins 公式

Blasins 公式根据 Re 的不同范围来计算沿程损失系数：

$$\lambda = \frac{0.3164}{Re^{\frac{1}{4}}},\ 4\times10^3 < Re < 10^5$$

$$\lambda = 0.0032 + 0.221Re^{-0.237},\ 10^5 < Re < 10^6 \tag{4-23}$$

4.3.3.2 非圆管的紊流阻力

对于非圆管中紊流时的阻力，其计算方法是将非圆管折算成圆管计算。根据水力半径$\overline{R}$和圆管几何直径d的关系$d = 4\overline{R}$，则有

$$h_l = \lambda\frac{l}{d}\frac{u^2}{2g} = \lambda\frac{l}{4\overline{R}}\frac{u^2}{2g} = \lambda\frac{l}{\overline{R}}\frac{u^2}{8g} \tag{4-24}$$

式中，$\bar{R}$ 为非圆管的水力半径，$\bar{R}=\dfrac{A}{\chi}$；χ 为湿周长度；A 为过流面积；λ 为阻力系数，$\lambda=\dfrac{0.3164}{\sqrt[4]{Re}}$；$Re$ 为非圆管雷诺数。

在工程上，通常根据 Chezy 公式计算水头损失。所谓 Chezy 公式就是式 (4-24) 的变形：

$$h_l=\lambda\frac{l}{d}\frac{u^2}{2g}=\lambda\frac{l}{4\bar{R}}\frac{u^2}{2g}=\frac{l}{\dfrac{8g}{\lambda}}\frac{1}{R}\left(\frac{Q}{A}\right)^2=\frac{Q^2l}{c^2\bar{R}A^2}=\frac{Q^2l}{k^2} \tag{4-25}$$

式中，k 为常数，$k=Ac\sqrt{\bar{R}}$；$c=\sqrt{\dfrac{8g}{\lambda}}$，称为 Chezy 系数，可以从相关数据手册或资料中查取。

4.3.4 管流局部损失

4.3.4.1 局部阻力损失

减振器中输送流体的管道不是只由等断面的直管组成，为控制流体分流和控制流量和流动方向，管路上要安装很多弯头、三通、阀门等管道辅件及控制件。流体在流经过这些器件时，或流速变化，或流向变化，或兼而有之，从而干扰了流体的正常运动，产生撞击、分离脱流、漩涡等现象，带来附加阻力，增加了能量损失。由于这类流体的运动比较复杂，影响因素较多，除少数几种可进行一定的理论分析之外，一般都依靠试验方法求得实用局部阻力系数。

局部阻力损失可分为两类：一类是由过流断面变化 (包括断面收缩和扩大) 引起的局部损失；另一类是由流动方向的变化 (如弯头) 引起的局部损失。

1) 管径突然扩大或缩小时的局部阻力系数 ξ

过流断面突然变化有两种，即突然扩大和突然缩小 (图 4-2 和图 4-3)，突然扩大或突然缩小时的水头损失公式在形式上是一致的，即

$$h_\xi=\xi\frac{u^2}{2g} \tag{4-26}$$

式中，ξ 为局部阻力系数，对于突然扩大或突然缩小 ξ 值不同；u 为流过突变处的流体在下游管中的流速。

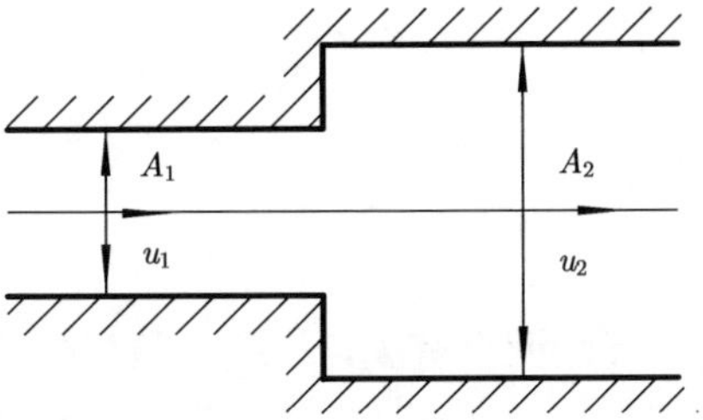

图 4-2 突然扩大管图

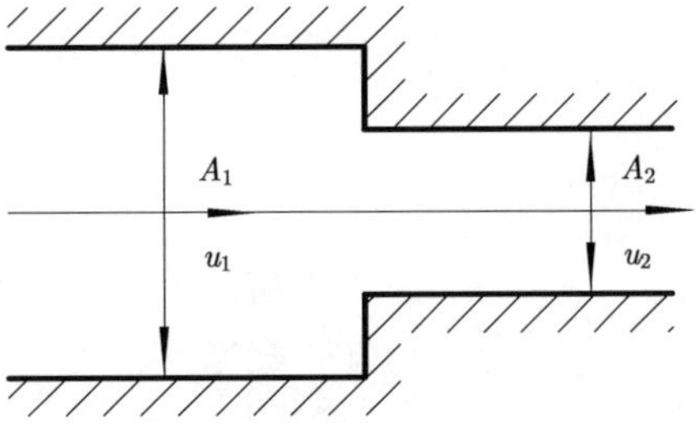

图 4-3 突然缩小管图

对于突然扩大管流，式 (4-27) 可根据 Bernoulli 方程导出。参考图 4-2，取管径轴线作为位置势能的基准面 (零位)。根据 Bernoulli 方程，则有

$$\frac{p_1}{\gamma}+\frac{u_1^2}{2g}=\frac{p_2}{\gamma}+\frac{u_2^2}{2g}+h_\xi \tag{4-27}$$

式中，h_ξ 为管径突变引起的水头损失。

根据动量定理：流体动量的变化等于外力给予它的冲量。(面 1~面 2) 之间的流体动量变化量 $\mathrm{d}M$ 为

$$\mathrm{d}M=\rho Q(u_2-u_1) \tag{4-28}$$

外力冲量有两部分：其一为静压力变化量，$\mathrm{d}K_1=p_1A_1-p_2A_2$；其二为环状管断面对流体的作用力，$\mathrm{d}K_2=P=p_1(A_2-A_1)$。根据动量定理 $\mathrm{d}M=\sum\mathrm{d}K=\mathrm{d}K_1+\mathrm{d}K_2$，则有

$$\rho Q(u_2-u_1)=p_1A_1-p_2A_2+p_1(A_2-A_1) \tag{4-29}$$

联立式 (4-27) 和式 (4-29) 可求水头损失 h_ξ 为

$$h_\xi=\frac{p_1-p_2}{\gamma}+\frac{u_1^2}{2g}-\frac{u_2^2}{2g}=\frac{\rho Q(u_2-u_1)}{A_2\gamma}+\frac{u_1^2}{2g}-\frac{u_2^2}{2g} \tag{4-30}$$

根据连续方程 $Q=A_1u_1=A_2u_2$，则有

$$h_\xi=\frac{u_2}{g}(u_2-u_1)+\frac{u_1^2}{2g}-\frac{u_2^2}{2g}=\frac{(u_1-u_2)^2}{2g}=\left(\frac{A_2}{A_1}-1\right)^2\frac{u_2^2}{2g}=\xi\frac{u_2^2}{2g} \tag{4-31}$$

式中，ξ 为管径突然扩大时的局部阻力系数，$\xi=\left(\dfrac{A_2}{A_1}-1\right)^2$，$A_2>A_1$。

局部损失也可用速度 u_1 和 ξ_1 表示为

$$h_\xi=\xi_1\frac{u_1^2}{2g}=\left(1-\frac{A_1}{A_2}\right)^2\frac{u_1^2}{2g}=\xi\frac{u^2}{2g} \tag{4-32}$$

同样对于管径突然缩小的情况 (图 4-3)，局部损失 h_ξ 可表示为

$$h_\xi = \xi \frac{u^2}{2g} \tag{4-33}$$

式中，u 为突变面的下游流速。

由以上分析可知，ξ 与 A_1/A_2 的突然扩大和突然缩小有关，相关系数如表 4-2 和表 4-3 所示。

表 4-2　管径突然扩大时局部损失阻力系数 ξ

A_1/A_2	1	0.9	0.8	0.7	0.6	0.5	0.4	0.3	0.2	0.1
ξ	0	0.0123	0.0625	0.184	0.444	1	2.25	5.44	6	81

表 4-3　管径突然缩小时局部损失阻力系数 ξ

A_1/A_2	0.01	0.1	0.2	0.3	0.4	0.5	0.6	0.7	0.8	0.9	1
ξ	0.50	0.47	0.45	0.38	0.34	0.30	0.25	0.20	0.15	0.09	0

2) 线性渐扩和渐缩管局部损失

线性渐扩和渐缩管图如图 4-4 和图 4-5 所示，线性扩散或收缩角为 θ，这时局部损失比较复杂，与 A_1/A_2 和 θ 相关。对于渐扩管，局部阻力系数 ξ 可表示为

$$\xi = \frac{\lambda}{\gamma \sin\frac{\theta}{2}}\left[1-\left(\frac{A_1}{A_2}\right)^2\right] + k\left(1-\frac{A_1}{A_2}\right) \tag{4-34}$$

式中，λ 为沿程阻力系数；k 为与扩张角 θ 有关的系数。

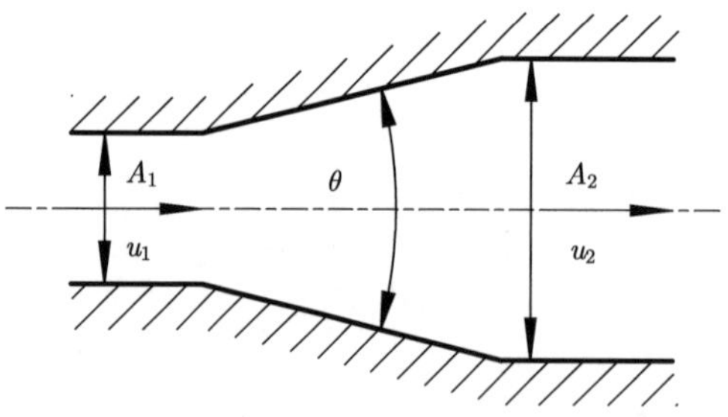

图 4-4　线性渐扩管图

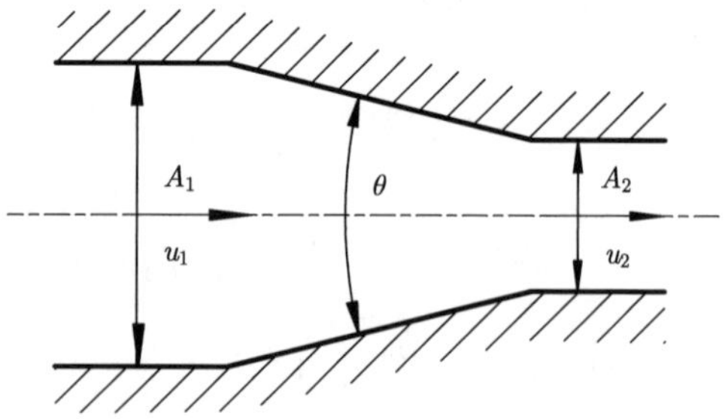

图 4-5　线性渐缩管图

式 (4-34) 过于复杂，也可按突扩流动理论引入修正系数k表示

$$h_\xi=\begin{cases}k\left(1-\dfrac{A_1}{A_2}\right)^2\dfrac{{u_1}^2}{2g}=ks_1\dfrac{{u_1}^2}{2g}\\ k\left(\dfrac{A_2}{A_1}-1\right)^2\dfrac{{u_1}^2}{2g}=ks_2\dfrac{{u_2}^2}{2g}\end{cases}\tag{4-35}$$

式中，k为修正系数，$k=1.025+2.5\left(\dfrac{d_2}{d_1}\right)^2\times10^{-3}+0.8d_1\times10^{-3}$。

当 d=25~76mm，u=1.16~9.6m/s，A_2/A_1=1.45~9.32 时，局部损失的经验公式也可表示为

$$h_\xi=1.08\frac{(u_1-u_2)^{1.92}}{2g}\tag{4-36}$$

对于渐缩管，局部损失h_ξ可表示为

$$h_\xi=\frac{\lambda}{\gamma\sin\dfrac{\theta}{2}}\left[1-\left(\frac{A_2}{A_1}\right)^2\right]\frac{{u_2}^2}{2g}\approx0.05\frac{{u_2}^2}{2g}\tag{4-37}$$

在直角弯管 (图 4-6) 和折角弯管 (图 4-7) 中，由于管径不变，故流速大小不变，但由于流动方向的变化而造成能量损失。

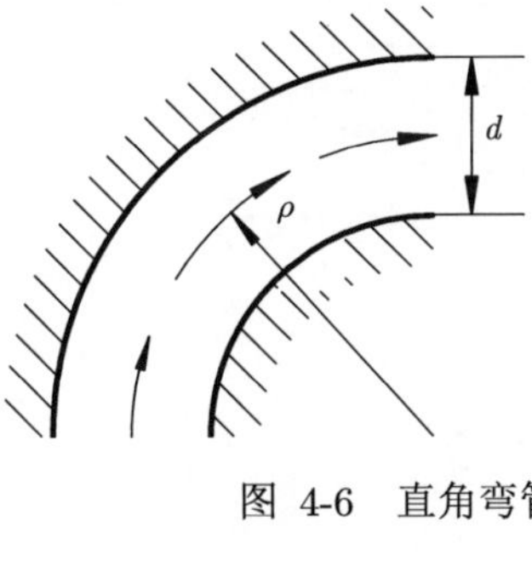

图 4-6 直角弯管

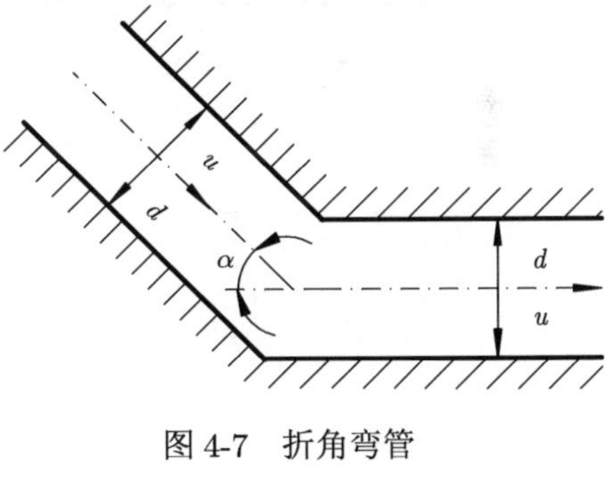

图 4-7 折角弯管

直角弯管的局部损失为

$$h_s=\xi\frac{u^2}{2g}=k\frac{\theta}{90^\circ}\frac{u^2}{2g}=\left[0.131+1.847\left(\frac{d}{\rho}\right)^{3.5}\right]\frac{\theta}{90^\circ}\frac{u^2}{2g}\tag{4-38}$$

式中，θ为弯管过渡角，$\theta=90°$时，$k=\xi=\left[0.131+1.847\left(\dfrac{d}{\rho}\right)^{3.5}\right]$；$d$为弯管直径；$\rho$为弯管中线曲率半径。

折角弯管局部损失公式为

$$h_\xi=\xi\frac{u^2}{2g}=\left[0.946\sin^2\left(\frac{\alpha}{2}\right)+2.047\sin^4\left(\frac{\alpha}{2}\right)\right]\frac{u^2}{2g} \tag{4-39}$$

4.3.4.2 进口起始段损失

如果流体从一个大容器流入管道，设入口处呈圆角，则在该进口断面的 a-a 处 (图 4-8)，流速分布将非常均匀。由于黏性关系，近壁处产生附面层，它沿着流动方向逐渐向管轴线方向扩展。在附面层内，流速沿管壁递减为零。根据流体的连续性定理，附面层流速减小，必使中部流速增加，因而沿流动方向的各断面的速度分别不断变化，并最终达到稳定。紊流时由于流体质点的混杂，断面速度分布比较均匀，起始段长度l_1较小。在$l=15d$处，摩擦阻力系数λ与完全扩展段相同。也就是说紊流起始段很短，影响小，一般情况下可忽略不计。或者说紊流管路中能量损失有两类：沿程损失h_l和局部损失h_ξ。

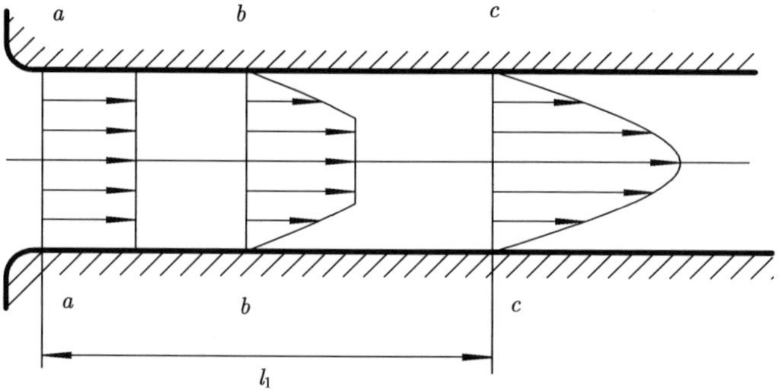

图 4-8 起始段

如果考虑进口起始段的损失，无论紊流还是层流，可参照管径缩小形式对其进行计算。相关损失系数ξ可从相关数据手册中查出。

4.4 缝 隙 流 动

在液压减振器的各组成零件间总存在某种配合间隙，无论它们是静止的还是变动的，都与工作介质的泄漏问题有关。本节介绍流体经过各种缝隙的流动特性及其流量公式，作为分析和计算元件泄漏的依据。

4.4.1 平行平板缝隙流动

图 4-9 所示为在两块平行平板所形成的缝隙间充满了液体，缝隙高度为 h，缝隙宽度和长度为 b 和 l，且一般恒有 $b \gg h$ 和 $l \gg h$。若缝隙两端存在压差 $\Delta p = p_1 - p_2$，液体就会产生流动；即使没有压差 Δp 的作用，如果两块平板有相对运动，由于液体黏性的作用，液体也会被平板带着产生流动[140]。

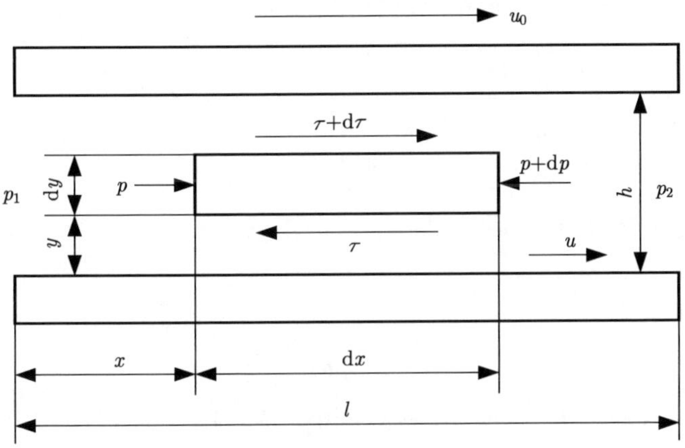

图 4-9 平行板缝隙流量计算简图

在液流中取一个微元体 $\mathrm{d}x\mathrm{d}y$（宽度方向取单位长），作用在其左右两端面上的压力为 p 和 $p+\mathrm{d}p$，上下两面所受到的切应力为 $(\tau + \mathrm{d}\tau)$ 和 τ，因此微元体的受力平衡方程为

$$p\mathrm{d}y + (\tau + \mathrm{d}\tau)\,\mathrm{d}x = (p + \mathrm{d}p)\,\mathrm{d}y + \tau\mathrm{d}x \tag{4-40}$$

经过整理则有

$$\frac{\mathrm{d}^2 u}{\mathrm{d}y^2} = \frac{1}{\mu}\frac{\mathrm{d}p}{\mathrm{d}x} \tag{4-41}$$

对式 (4-41) 积分两次得

$$u = \frac{1}{2\mu}\frac{\mathrm{d}p}{\mathrm{d}x}y^2 + C_1 y + C_2 \tag{4-42}$$

式中，C_1、C_2 为积分常数，可利用边界条件求出：当平行平板间的相对运动速度为 u_0 时，在 $y=0$ 处，$u=0$；在 $y=h$ 处，$u=u_0$，代入式 (4-42) 则得

$$C_1 = \frac{u_0}{h} - \frac{1}{2\mu}\frac{\mathrm{d}p}{\mathrm{d}x}h,\ C_2 = 0 \tag{4-43}$$

此外，液流进行层流时 p 只是 x 的线性函数，即

$$\frac{\mathrm{d}p}{\mathrm{d}x} = \frac{\left(p_2 - p_1\right)}{l} = \frac{-\Delta p}{l} \tag{4-44}$$

得上述公式代入式 (4-42) 并整理后有

$$u = \frac{y(h-y)}{2\mu l}\Delta p + \frac{u_0}{h}y \tag{4-45}$$

由此可得通过平行平板缝隙的流量为

$$\begin{aligned} q &= \int_0^h ub\mathrm{d}y = \int_0^h \left[\frac{y(h-y)}{2\mu l}\Delta p + \frac{u_0}{h}y\right]b\mathrm{d}y \\ &= \frac{bh^3}{12\mu l}\Delta p + \frac{bh}{2}u_0 \end{aligned} \tag{4-46}$$

当平行平板间没有相对运动时，通过的液流纯由压差引起，称为压差流动，表达式为

$$q' = \frac{bh^3}{12\mu l}\Delta p \tag{4-47}$$

当平行平板两端不存在压差，通过的液流纯由平板相对运动引起时，称为剪切流动，表达式为

$$q'' = \frac{bh}{2}u_0 \tag{4-48}$$

如果将上面的这些流量理解为元件缝隙中的泄漏量，那么从式 (4-47) 中可以看到，在压差作用下，通过缝隙的流量与缝隙值的三次方成正比，这说明元件内缝隙的大小对其泄漏量的影响是很大的。

4.4.2　环形缝隙流动

液压和气动元件各零件间的配合间隙大多数为圆环形间隙，如滑阀与阀套之间、活塞与缸筒之间等。理想情况下为同心环形缝隙；但实际上，一般为偏心环形缝隙[141]。

4.4.2.1　同心环形缝隙流动

图 4-10 所示为液体在同心环形缝隙间的流动。

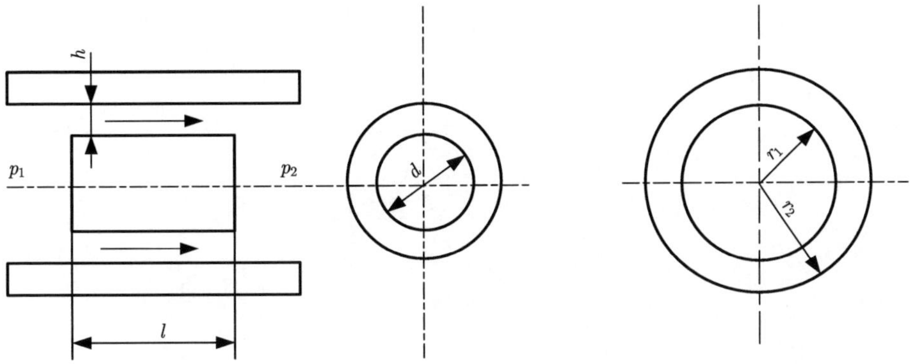

(a) 小间隙同心圆环　　　　(b) 大间隙同心圆环

图 4-10　液体在同心环形缝隙间的流动

图 4-10(a) 中圆柱体直径为 d，缝隙大小为 h，缝隙长度为 l，当缝隙 h 较小时，可将环形缝隙沿圆周方向展开，把它近似地看做平行平板缝隙间的流动，这样只要将 $b=\pi \mathrm{d}$ 代入式 (4-46) 就可得同心环形缝隙的流量公式：

$$q_0=\frac{\pi \mathrm{d} h^3}{12\mu l}\Delta p+\frac{\pi \mathrm{d} h}{2}u_0 \tag{4-49}$$

当圆柱体移动方向与压差方向相反时，式 (4-49) 第二项应取负号。

若圆柱体和内孔之间没有相对运动，则此时的同心环形缝隙流量公式为

$$q_0'=\frac{\pi \mathrm{d} h^3}{12\mu l}\Delta p \tag{4-50}$$

当缝隙较大时 (图 4-10(b))，经推导其流量公式为

$$q_0''=\frac{\pi}{8\mu l}\left[(r_2^4-r_1^4)-\frac{(r_2^2-r_1^2)^2}{\ln\frac{r_2}{r_1}}\right]\Delta p \tag{4-51}$$

4.4.2.2　流经偏心环形缝隙的流量

图 4-11 所示为液体在偏心环形缝隙间的流动。

设内外圆间的偏心量为 e，在任意角度 θ 的缝隙为 h。因缝隙很小，$r_1\approx r_2\approx r$，可把微元圆弧 $\mathrm{d}b$ 所对应的环形缝隙间的流动近似地看做平行平板缝隙间的流动。将 $\mathrm{d}b=r\mathrm{d}\theta$ 代入式 (4-49) 可得

$$\mathrm{d}q=\frac{rh^3\mathrm{d}\theta}{12\mu l}\Delta p+h\frac{r\mathrm{d}\theta}{2}u_0 \tag{4-52}$$

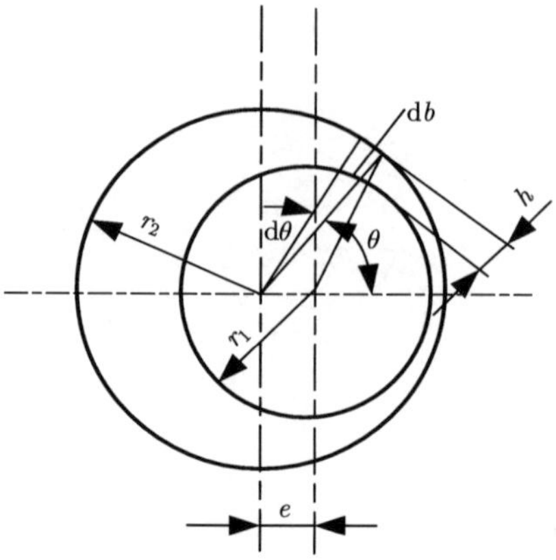

图 4-11　液体在偏心环形缝隙间的流动

根据图 4-11 所示的几何关系可以得到

$$h \approx h_0 - e\cos\theta = h_0(1-\varepsilon\cos\theta) \tag{4-53}$$

式中，h_0 为内外圆同心时半径方向的缝隙值；ε 为相对偏心率，$\varepsilon = e/h$。

将 h 代入式 (4-53) 并积分，便可得偏心环形缝隙的流量公式为

$$q_\varepsilon = (1+1.5\varepsilon^2)\frac{\pi d h_0^3}{12\mu l}\Delta p + \frac{\pi d h_0}{2}u_0 \tag{4-54}$$

当内外圆之间没有轴向相对移动，即 u_0=0 时，其流量公式为

$$q'_\varepsilon = (1+1.5\varepsilon^2)\frac{\pi d h_0^3}{12\mu l}\Delta p \tag{4-55}$$

由式 (4-55) 可以看出，当 ε =0 时，它就是同心环形缝隙的流量公式；当 ε =1，即有最大偏心量时，其流量为同心环形缝隙流量的 2.5 倍。因此在液压与气动元件中，为了减小缝隙泄漏量，应采取措施，尽量使其配合件处于同心状态。

4.5　本 章 小 结

本章首先介绍了液阻悬置元件中油液的物理性质、化学性质；接着介绍油液液体在圆形管道和缝隙中流动的运动规律，包括层流状态下流速分布与压力、紊流的沿程损失、过流断面变化 (包括断面缩小和扩大) 与流动方向的变化引起的局部损失以及平行板、环形缝隙流动的流速分布与压力。本章内容为后续章节中液阻悬置振动模型建立时分析液体流经惯性通道与解耦盘时的运动状态提供了必要的概念和理论基础。

5　液阻悬置集总参数模型

液阻悬置振动力学模型的建立是对其减振机理进行分析的基础。本章首先介绍液阻悬置的结构与工作过程；接着采用动刚度和阻尼系数作为评价液阻悬置减振性能的指标，建立液阻悬置在低频、大振幅和高频、小振幅激励下的集总参数模型，分析得出液阻悬置动态特性特征点和液阻悬置集总参数之间的关系；最后研究悬置内部液体流经惯性通道和解耦器的非线性，建立考虑惯性通道和解耦器内液体流动非线性的液阻悬置非线性振动模型。

5.1　液阻悬置结构与工作过程

惯性通道活动解耦盘式液阻悬置是一种现阶段应用比较普遍的液阻悬置，其结构剖面图和部分组件的示意图如图 5-1 所示。

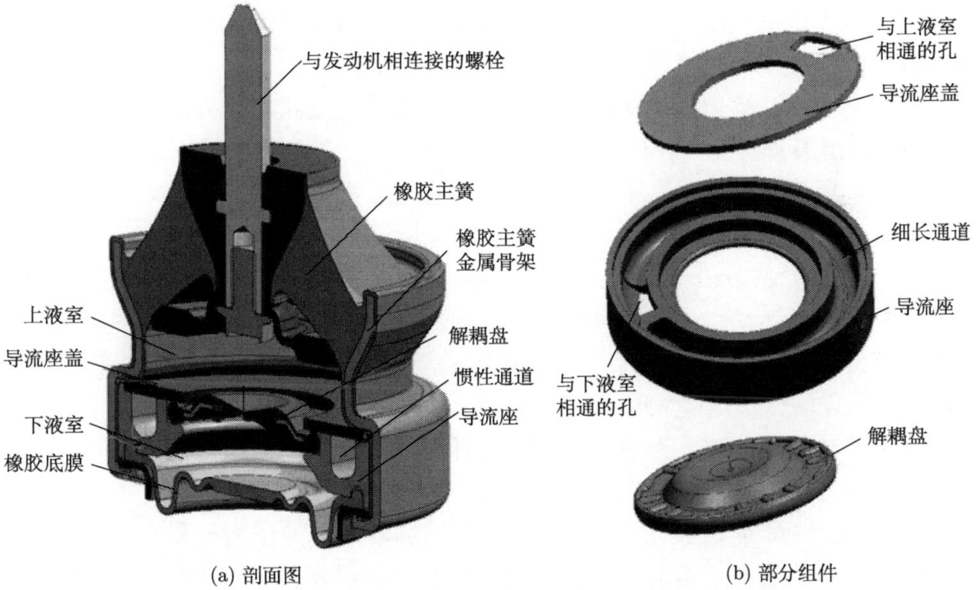

图 5-1　惯性通道活动解耦盘式液阻悬置剖面图与部分组件示意图

液阻悬置内的结构组件包括：橡胶主簧是一个圆锥体形的橡胶块，橡胶块内部含有起支撑作用的金属骨架，橡胶主簧可用于支撑发动机静载荷，并且对于发动机的激励起着弹性阻尼的作用，同时起着推动悬置内的液体流动的活塞作用；橡胶底膜是一层橡胶膜，主要用于容纳液阻悬置内流动的液体；导流座、导流座盖和解耦盘一起将整个悬置内部分为上、下两个液室，上液室由导流座盖、橡胶主簧以及解耦盘围成，下液室由导流座、橡胶底膜以及解耦盘围成，液体完全充满液阻悬置内部的上、下液室；导流座盖上有一个与上液室相通的孔，同时导流座下端也有一个与下液室相通的孔，导流座内部有一个细长的圆形槽，那么当导流座盖压在导流座上时，导流座盖就与导流座形成一细长的圆形通道称为“惯性通道”，当上、下液室的压力产生波动时，液体就可以通过惯性通道在上、下液室之间流动，从而利用液体流动时的惯性损失和摩擦损失来衰减振动能量；同时导流座盖和导流座之间还形成“解耦器”节流孔，解耦盘可以在解耦器节流孔内上下运动，液体也可以通过解耦盘和解耦器节流孔之间的间隙在上、下液室间流动。液阻悬置内部的惯性通道可看做一个可调的阻尼器，同时解耦器具有降低上、下液室之间的液体流动阻力的作用。低频、大振幅激励下，解耦盘抵住解耦器节流孔的下端，解耦器内液体流量降到最低限度，液体主要通过惯性通道在上、下液室之间流动；在高频、小振幅激励下，由于高频时惯性通道内的惯性系数和阻尼系数变大，液体在惯性通道中变得难于流动，液流的大部分通过解耦器的节流孔，因此有效地“短路”了惯性通道的液体流动。由此可知，在高频激励情况下解耦器内液体的惯性流动对液阻悬置的性能是很重要的。

惯性通道活动解耦膜式液阻悬置的工作过程按运动状态分为：

(1) 液阻悬置静止时，解耦膜处于平衡位置。由于解耦膜的材料密度接近液体的密度，所以它处于上、下限位板的中间位置。发动机的静载荷完全由橡胶主簧承担，上、下液室的压强均匀且相当。

(2) 悬置承受振动，橡胶主簧向下移动时，上液室的体积变小，压力增加，解耦膜同时向下运动；由于解耦膜处于自由状态，阻尼较惯性通道小的多，液体大部分流向解耦膜，上液室的压强略大于下液室的压强。

(3) 悬置的振幅足够大时，解耦膜的位移达到下限位位置而不能再移动，也不允许液体通过。这时，上液室的压强上升而大于下液室的压强，液体开始通过惯性通道流向下液室。惯性通道内的液柱产生振动。

(4) 橡胶主簧向上运动，上液室的体积增加，其内的压力下降至负值，解耦膜离开下限位位置向上运动。下液室的体积流向解耦膜和惯性通道。此过程与运动状态(2)相似，方向相反，下液室的压强略大于上液室的压强。

(5) 解耦膜达到上限位位置，不再允许液体流过，惯性通道起主要作用。此过程与运动状态(3)相似，方向相反，下液室的压强大于上液室的压强。

液压悬置的工作过程和解耦膜的工作状态在运动状态 (2) ~ (5) 循环变化，但并不是所有 4 种状态都会出现，在高频、小阻尼时只有运动状态 (2)、(4) 两种。

5.2 液阻悬置减振性能的评价指标

液阻悬置减振性能评价指标包括静态和动态特性的评价指标。液阻悬置主要的动态特性评价指标包括动刚度、滞后角、阻尼系数、力的传递率及高频动态硬化的最低频率。另外，在仿真分析时会采用体积刚度作为一种间接评价参数。静态评价指标主要是静态刚度，悬置系统要求液阻悬置具有一定的静态刚度以使得悬置在发动机的重力作用下不产生过大的静态位移。

5.2.1 动刚度、滞后角和阻尼系数

获得动刚度、滞后角和阻尼系数的方法主要有以下两种。

5.2.1.1 基于传递函数方法计算的动刚度、滞后角和阻尼系数

由于液阻悬置及其橡胶主簧的非线性特性，记录的力信号 $F_T(t)$中，不仅包括与激振频率 ω_0 同阶的信号，而且包含高阶量。因此 $F_T(t)$可表示为

$$F_T(t) = F_{T_0} + \sum_{m=1}^{\infty} F_{T_m} \sin(m\omega_0 t + \phi_m) = \sum_{m=0}^{\infty} \bar{F}_{T_m} \mathrm{e}^{\mathrm{j}m\omega_0 t} \tag{5-1}$$

式中，$\bar{F}_{T_m}$ 、ϕ_m 分别为每阶正弦力响应的幅值和滞后角。

定义复刚度为

$$K(\mathrm{j}\omega) = \mathscr{F}(F_T(t)) / \mathscr{F}(x(t)) \tag{5-2}$$

式中，$\mathscr{F}$ 表示傅里叶变换。假定与激振频率 ω_0 同阶的力响应 $\bar{F}_{T_1}$ 远大于 $\bar{F}_{T_0}$ 及其高阶响应的幅值，则

$$F_T(t) \approx F_{T_1}(t) = \bar{F}_{T_1} \sin(\omega_0 t + \phi_1) \tag{5-3}$$

定义 $\omega = \omega_0$ 时的复刚度为

$$K^*(\mathrm{j}\omega_0) = \mathscr{F}(F_T(t)) / \mathscr{F}(x(t))\Big|\omega = \omega_0 = k + \mathrm{j}k' \tag{5-4}$$

式中，k 为储能动刚度；k' 为损失动刚度；动刚度模数 K 和滞后角 φ 定义为

$$K = \sqrt{k^2 + k'^2}\text{，}\ \varphi = \arctan(k / k') \tag{5-5}$$

动刚度反映在一定的激振频率下，响应力的幅值与激振位移的幅值比；而滞

后角反映位移滞后于力的角度，表征隔振元件阻尼的大小，工程上常用阻尼系数 b 表征元件的阻尼，定义为

$$b = K_{\mathrm{d}} \sin\varphi \,/\, \omega_0 \tag{5-6}$$

5.2.1.2　基于几何做图方法的动刚度、滞后角和阻尼系数

此方法假定系统为线性系统，即当激励位移为正弦时，其力响应亦为正弦，以位移为横坐标，力为纵坐标作图，即得到系统的迟滞回线[113, 114]，如图 5-2 所示。记 F、D 分别为力和位移的幅值，A 为迟滞回线的面积，则动刚度、滞后角和阻尼系数可以由以下公式计算得到。

动刚度：

$$K_{\mathrm{d}} = F \,/\, D \tag{5-7}$$

滞后角：

$$\varphi = \arcsin\left(\frac{A}{FD\pi}\right) \tag{5-8}$$

阻尼系数：

$$b = K_{\mathrm{d}} \sin\phi \,/\, \omega_0 \tag{5-9}$$

这两种计算动刚度、滞后角和阻尼系数的方法虽然不相同，但计算结果基本相同。

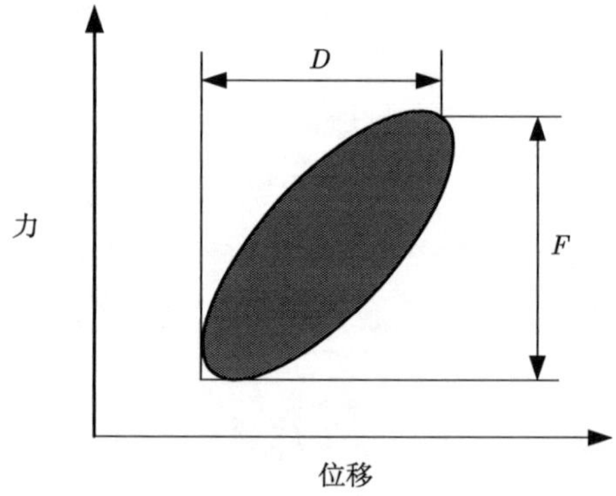

图 5-2　系统迟滞回线

5.2.2　力的传递率

液阻悬置动力学特性也可用力的传递率进行评价。力的传递率定义为隔振装

置传递给基础的传递力幅值 F_T 与激振力幅值 F_0 的比值。

$$T_F = \frac{\left|F_T\right|}{\left|F_0\right|} \tag{5-10}$$

工程上对液阻悬置的性能进行评价时，最常用的指标为动刚度、滞后角或阻尼系数，液阻悬置在复合激励下的动刚度和高频动态硬化时的最低频率一般作为参考。本书采用动刚度和阻尼系数作为液阻悬置动态特性的评价指标。

5.3 惯性通道活动解耦盘式液阻悬置的集总参数模型

惯性通道活动解耦盘式液阻悬置的物理模型如图 5-3 所示。M 为发动机质量，P_1 和 P_2 分别为上、下液室的压力，K_r 和 B_r 分别为橡胶主簧的刚度和阻尼系数，x 为发动机的位移，x_r 为橡胶主簧的位移。A_p 为橡胶主簧的等效活塞面积，即振动位移 x 所排开的液体体积等于面积为 A_p 的等效活塞运动所排开的液体体积。惯性通道是螺旋盘状的长孔通道，可看做一个可调的阻尼器，A_i 为惯性通道的横截面积，I_i 和 B_i 分别为惯性通道内液体的惯性系数和阻尼系数，流经惯性通道的液体流量为 Q_i。解耦器内液体流动的惯性系数为 I_d，流体在解耦器内流动时产生的剪切阻力被当作阻尼 B_d，通过解耦器的液体流量为 Q_d，液体在解耦器内的惯性流动与液体流过惯性通道类似。

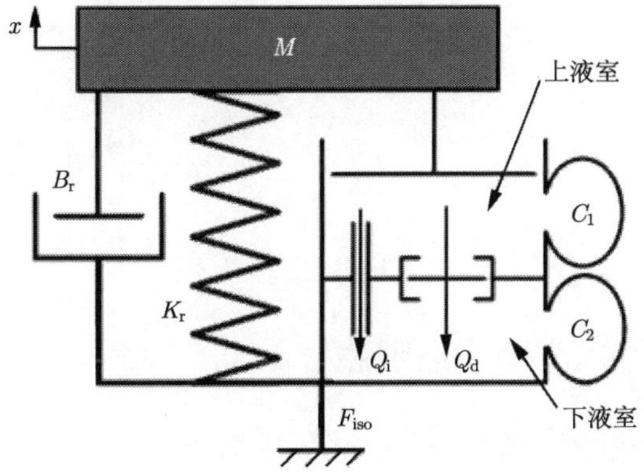

图 5-3 惯性通道活动解耦盘式液阻悬置物理模型

根据图 5-3 建立液体流动的连续性方程[139]：

$$C_1\dot{P}_1 = A_p\dot{x} - Q_i - Q_d \tag{5-11}$$

$$C_2\dot{P}_2 = Q_i + Q_d \tag{5-12}$$

式中，C_1、C_2分别为上、下液室的体积柔度，其定义为单位压力变化下容器体积的改变量，即$C = \partial V / \partial P$，其倒数$K_1 = 1/C_1$，$K_2 = 1/C_2$分别为上、下液室的体积刚度。

惯性通道中液体流动的动量方程为

$$P_1 - P_2 = I_i \dot{Q}_i + B_i Q_i \tag{5-13}$$

解耦器内液体流动的动量方程为

$$P_1 - P_2 = I_d \dot{Q}_d + B_d Q_d \tag{5-14}$$

取整个系统作为研究对象，可建立系统的平衡方程为

$$F_{iso} = K_r x_r + (A_p - A_i) K_1 V_1 + A_i B_d Q_d + B_r \dot{x} \tag{5-15}$$

以$u = \dot{x}$为输入变量，$y = F_{iso}$为输出变量，$x = \begin{bmatrix} x_r \\ V_1 \\ Q_i \\ Q_d \end{bmatrix}$为状态变量可建立系统的状态方程为

$$\begin{bmatrix} \dot{x}_r \\ \dot{V}_1 \\ \dot{Q}_i \\ \dot{Q}_d \end{bmatrix} = \begin{bmatrix} 0 & 0 & 0 & 0 \\ 0 & 0 & -1 & -1 \\ 0 & K_1 / I_i & -B_i / I_i & 0 \\ 0 & K_1 / I_d & 0 & -B_d / I_d \end{bmatrix} \begin{bmatrix} x_r \\ V_1 \\ Q_i \\ Q_d \end{bmatrix} + \begin{bmatrix} 1 \\ A_p \\ 0 \\ 0 \end{bmatrix} \dot{x} \tag{5-16}$$

系统输出方程为

$$y = F_{iso} = \begin{bmatrix} K_r & (A_p - A_i) K_1 & 0 & A_i B_d \end{bmatrix} \begin{bmatrix} x_r \\ V_1 \\ Q_i \\ Q_d \end{bmatrix} + \begin{bmatrix} B_r \end{bmatrix} \dot{x} \tag{5-17}$$

5.3.1　低频、大振幅激励下液阻悬置的动态特性

低频、大振幅激励下，液阻悬置解耦器内的解耦盘一直处于解耦器的最下端，解耦器相当处于短路状态，流经解耦器的液体流量$Q_d = 0$。由式 (5-16) 和式(5-17)可得到低频、大振幅激励下液阻悬置的状态方程组为

$$\begin{bmatrix} \dot{x}_r \\ \dot{V}_1 \\ \dot{Q}_i \end{bmatrix} = \begin{bmatrix} 0 & 0 & 0 \\ 0 & 0 & -1 \\ 0 & K_1 / I_i & -B_i / I_i \end{bmatrix} \begin{bmatrix} x_r \\ V_1 \\ Q_i \end{bmatrix} + \begin{bmatrix} 1 \\ A_p \\ 0 \end{bmatrix} \dot{x} \tag{5-18}$$

$$y = F_{\text{iso}} = \begin{bmatrix} K_{\text{r}} & A_{\text{p}}K_1 & 0 \end{bmatrix} \begin{bmatrix} x_{\text{r}} \\ V_1 \\ Q_{\text{i}} \end{bmatrix} + \begin{bmatrix} B_{\text{r}} \end{bmatrix} \dot{x} \tag{5-19}$$

对系统的状态方程两端进行拉普拉斯变换，计算可得系统的输出方程为

$$F_{\text{iso}}(s) = K_{\text{r}}X(s) + sB_{\text{r}}X(s) + A_{\text{p}}{}^2K_1X(s)\frac{s^2I_{\text{i}} + sB_{\text{i}}}{s^2I_{\text{i}} + sB_{\text{i}} + (K_1 + K_2)} \tag{5-20}$$

由此可得低频、大振幅激励下液阻悬置系统的传递函数及复刚度：

$$K_{\text{dyn}}(s) = \frac{F_{\text{iso}}(s)}{X(s)} = K_{\text{r}} + sB_{\text{r}} + A_{\text{p}}{}^2K_1\frac{s^2I_{\text{i}} + sB_{\text{i}}}{s^2I_{\text{i}} + sB_{\text{i}} + (K_1 + K_2)} \tag{5-21}$$

低频、大振幅激励下液阻悬置系统的复刚度可变形为

$$K_{\text{dyn}}(s) = \frac{F_{\text{iso}}(s)}{X(s)} = K_{\text{r}} + sB_{\text{r}} + A_{\text{p}}{}^2\frac{s^2I_{\text{i}} + sB_{\text{i}}}{s^2I_{\text{i}}/K_1 + sB_{\text{i}}/K_1 + (1 + K_2/K_1)} \tag{5-22}$$

下液室的体积刚度 K_2 主要由橡胶底膜的尺寸决定，而一般液阻悬置的橡胶底膜很薄 (2mm 左右)，与上液室的体积刚度 K_1 相比较，K_2 要比 K_1 小很多，一般取 $K_1 = K_2 \times 10^3$ 或者 $K_2 = 0$。为简化分析，本书将 K_2 设为 0。因此低频、大振幅激励下液阻悬置系统的复刚度为

$$K_{\text{dyn}}(s) = \frac{F_{\text{iso}}(s)}{X(s)} = K_{\text{r}} + sB_{\text{r}} + A_{\text{p}}{}^2K_1\frac{s^2I_{\text{i}} + sB_{\text{i}}}{s^2I_{\text{i}} + sB_{\text{i}} + K_1} \tag{5-23}$$

定义惯性通道中液体振动的自然角频率 ω_{n} 和阻尼比 ς 分别为

$$\omega_{\text{n}} = \sqrt{K_1/I_{\text{i}}}\,, \qquad \varsigma = \frac{B_{\text{i}}}{2\sqrt{K_1I_{\text{i}}}} \tag{5-24}$$

将式 (5-24) 代入式 (5-23)，整理得到低频、大振幅激励下液阻悬置的复刚度为

$$\begin{aligned} K_{\text{dyn}}(s) = {} & K_{\text{r}} + A_{\text{p}}{}^2K_1\frac{\omega^2(\omega^2 - \omega_{\text{n}}{}^2) + 4\varsigma^2\omega_{\text{n}}{}^2\omega^2}{(\omega^2 - \omega_{\text{n}}{}^2)^2 + 4\varsigma^2\omega_{\text{n}}{}^2\omega^2} \\ & + \text{j}\omega\left[B_{\text{r}} + A_{\text{p}}{}^2K_1\frac{2\varsigma\omega_{\text{n}}{}^3}{(\omega^2 - \omega_{\text{n}}{}^2)^2 + 4\varsigma^2\omega_{\text{n}}{}^2\omega^2}\right] \end{aligned} \tag{5-25}$$

根据公式

$$K^* = K(\cos\varphi + \text{j}\sin\varphi) = k + \text{j}k' = k(1 + \text{j}\tan\varphi) = k + \text{j}\omega b \tag{5-26}$$

式中，K^* 为复刚度；K 为动态刚度模数；k 为储能动刚度；k'为损失动刚度；φ 为滞后角；b 为阻尼系数。可得系统的低频、大振幅激励下液阻悬置动刚度和阻

尼系数分别为

$$k = K_{\mathrm{r}} + A_{\mathrm{p}}^{2} K_{1} \frac{\omega^{2}(\omega^{2} - \omega_{\mathrm{n}}^{2}) + 4\varsigma^{2}\omega_{\mathrm{n}}^{2}\omega^{2}}{(\omega^{2} - \omega_{\mathrm{n}}^{2})^{2} + 4\varsigma^{2}\omega_{\mathrm{n}}^{2}\omega^{2}} \tag{5-27}$$

$$b = B_{\mathrm{r}} + A_{\mathrm{p}}^{2} K_{1} \frac{2\varsigma\omega_{\mathrm{n}}^{3}}{(\omega^{2} - \omega_{\mathrm{n}}^{2})^{2} + 4\varsigma^{2}\omega_{\mathrm{n}}^{2}\omega^{2}} \tag{5-28}$$

低频、大振幅激励下液阻悬置动刚度峰、谷值出现的角频率可由式 (5-29) 获得：

$$\frac{\partial k}{\partial \omega} = 0, \quad \omega_{1} = \omega_{\mathrm{n}}\sqrt{1 - 2\varsigma}, \quad \omega_{2} = \omega_{\mathrm{n}}\sqrt{1 + 2\varsigma} \tag{5-29}$$

低频、大振幅激励下液阻悬置阻尼系数的峰值角频率可由式 (5-30) 获得：

$$\frac{\partial b}{\partial \omega} = 0, \quad \omega_{3} = \omega_{\mathrm{n}}\sqrt{1 - 2\varsigma^{2}} \tag{5-30}$$

低频、大振幅激励下液阻悬置动态特性关键频率点如图 5-4 所示。

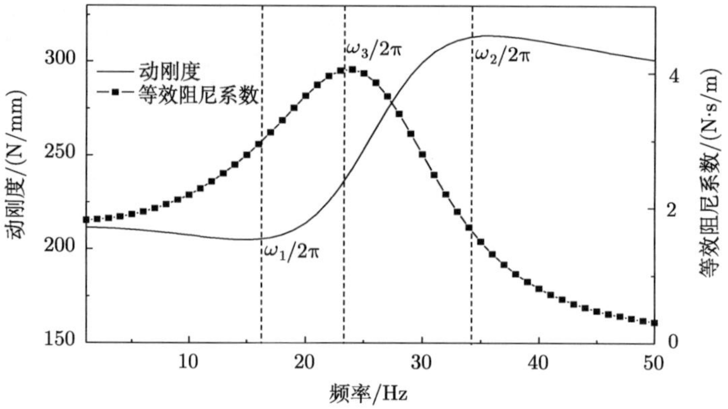

图 5-4　液阻悬置动态特性关键频率点

低频、大振幅激励下液阻悬置在关键频率点处的动刚度值为

$$k\big|_{\omega=0} = K_{\mathrm{r}} \tag{5-31}$$

$$k\Big|_{\omega=\omega_{1}=\omega_{\mathrm{n}}\sqrt{1-2\varsigma}} = K_{\mathrm{r}} - A_{\mathrm{p}}^{2} K_{1} \frac{(1-2\varsigma)^{2}}{4\varsigma(1-\varsigma)} \tag{5-32}$$

$$k_{\mathrm{peak}} = k\Big|_{\omega=\omega_{2}=\omega_{\mathrm{n}}\sqrt{1+2\varsigma}} = K_{\mathrm{r}} + A_{\mathrm{p}}^{2} K_{1} \frac{(1+2\varsigma)^{2}}{4\varsigma(1+\varsigma)} \tag{5-33}$$

$$k\big|_{\omega=\infty} = K_{\mathrm{r}} + A_{\mathrm{p}}^{2} K_{1} \tag{5-34}$$

式中，k_{peak} 为低频、大振幅激励下液阻悬置的动刚度峰值。低频、大振幅激励下液阻悬置在关键频率点处的动刚度如图 5-5 所示。

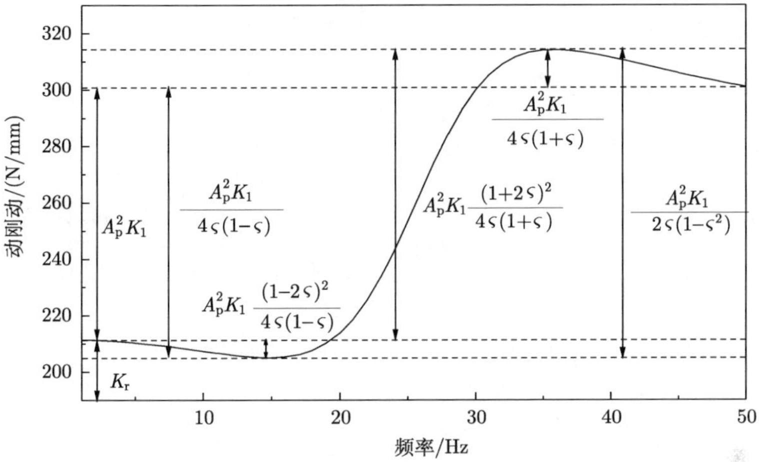

图 5-5　关键频率点处的动刚度值

低频、大振幅激励下液柱谐振频率处液阻悬置系统阻尼系数为

$$b\Big|_{\omega=0}=B_{\mathrm{r}}+A_{\mathrm{p}}{}^2K_1\frac{2\varsigma}{\omega_{\mathrm{n}}} \tag{5-35}$$

$$b_{\mathrm{peak}}=b\Big|_{\omega=\omega_3}=B_{\mathrm{r}}+A_{\mathrm{p}}{}^2K_1\frac{1}{2\omega_{\mathrm{n}}\varsigma(1-\varsigma^2)} \tag{5-36}$$

式中，b_{peak} 为低频、大振幅作用下液阻悬置的阻尼系数峰值。

低频、大振幅激励下液柱谐振频率处液阻悬置系统动刚度的斜率为

$$m_{\mathrm{r}}=\frac{\partial k}{\partial\omega}\Big|_{\omega=\omega_3}=\frac{A_{\mathrm{p}}{}^2K_1}{2\omega_3}\frac{1-2\varsigma^2}{\varsigma^2(1-\varsigma^2)} \tag{5-37}$$

低频、大振幅激励下液阻悬置系统在关键频率点处的阻尼系数如图 5-6 所示。

5.3.2　高频、小振幅激励下液阻悬置的动态特性

当液阻悬置处于高频、小振幅激励作用时，惯性通道的液体基本处于静止状态，因此可视液阻悬置振动时流经惯性通道的液体流量为 0($Q_{\mathrm{i}}=0$)。对描述液阻悬置的动态振动性能公式 (5-16) 两边进行拉普拉斯变换可得

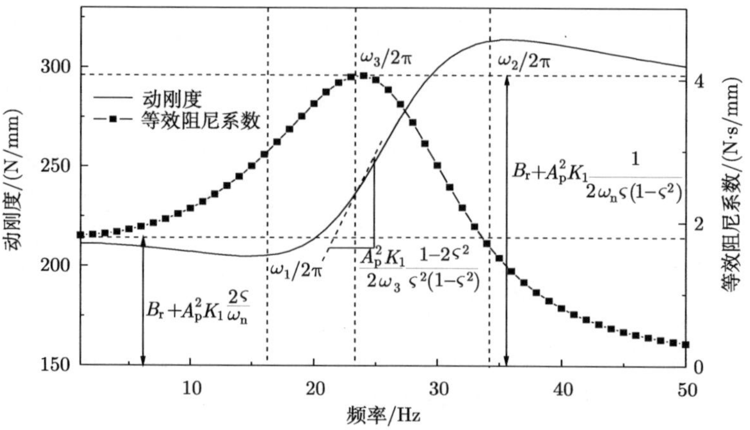

图 5-6　惯性通道内液柱谐振频率处的动刚度斜率和阻尼系数

$$\begin{cases}V_1 s = -Q_d + A_p X s\\ Q_d s = \dfrac{K_1}{I_d} - \dfrac{B_d}{I_d}Q_d\\ F_{iso} = K_r X + (A_p - A_i)K_1 V_1 + A_i B_d Q_d + B_r X s\end{cases} \tag{5-38}$$

假设所有的物理量均为线性，与时间无关，由式 (5-38) 消去 V_0和 Q_d得

$$\begin{aligned}F_{iso} = {} & K_r X + B_r X s + (A_p - A_i)K_1\frac{I_d A_p X s^2 + B_d A_p X s}{I_d s^2 + B_d s + K_1}\\ & + A_i B_d s\left(A_p X - \frac{I_d A_p X s^2 + B_d A_p X s}{I_d s^2 + B_d s + K_1}\right)\end{aligned} \tag{5-39}$$

设

$$\theta = \frac{A_i}{A_p} \tag{5-40}$$

由式 (5-39) 简化可得高频、小振幅激励下液阻悬置的传递函数为

$$K_{dyn}(s) = \frac{F_{iso}(s)}{X(s)} = K_r + sB_r + A_p{}^2 K_1\frac{(1-\theta)s^2 I_d + sB_d}{s^2 I_d + sB_d + K_1} \tag{5-41}$$

定义解耦器中液体振动的自然角频率 ω_n' 和阻尼比 ς' 分别为

$$\omega_n' = \sqrt{K_1 / I_d}\,,\qquad \varsigma' = \frac{B_d}{2\sqrt{K_1 I_d}} \tag{5-42}$$

令

$$\alpha = 1 - \theta \tag{5-43}$$

由式 (5-41)、式 (5-42) 与式 (5-43) 整理得高频、小振幅激励下液阻悬置的复刚度为

$$K_{\mathrm{dyn}}(\mathrm{j}\omega)=\left[K_{\mathrm{r}}+A_{\mathrm{p}}{}^{2}K_{1}\frac{\alpha\omega^{4}+(4\varsigma'^{2}-\alpha)\omega_{\mathrm{n}}'^{2}\omega^{2}}{(\omega^{2}-\omega_{\mathrm{n}}'^{2})^{2}+4\varsigma'^{2}\omega_{\mathrm{n}}'^{2}\omega^{2}}\right] +\mathrm{j}\omega\left[B_{\mathrm{r}}+2A_{\mathrm{p}}{}^{2}K_{1}\varsigma'\omega_{\mathrm{n}}'\frac{2\zeta\omega_{\mathrm{n}}'^{2}-(1-\alpha)\omega^{2}}{(\omega^{2}-\omega_{\mathrm{n}}'^{2})^{2}+4\varsigma'^{2}\omega_{\mathrm{n}}'^{2}\omega^{2}}\right] \tag{5-44}$$

由式 (5-44) 可得高频、小振幅激励下液阻悬置的动刚度、阻尼系数分别为

$$k=K_{\mathrm{r}}+A_{\mathrm{p}}{}^{2}K_{1}\frac{\alpha\omega^{4}+(4\varsigma'^{2}-\alpha)\omega_{\mathrm{n}}'^{2}\omega^{2}}{(\omega^{2}-\omega_{\mathrm{n}}'^{2})^{2}+4\varsigma'^{2}\omega_{\mathrm{n}}'^{2}\omega^{2}} \tag{5-45}$$

$$b=B_{\mathrm{r}}+2A_{\mathrm{p}}{}^{2}K_{1}\varsigma'\omega_{\mathrm{n}}'\frac{2\varsigma'\omega_{\mathrm{n}}'^{2}-(1-\alpha)\omega^{2}}{(\omega^{2}-\omega_{\mathrm{n}}'^{2})^{2}+4\varsigma'^{2}\omega_{\mathrm{n}}'^{2}\omega^{2}} \tag{5-46}$$

高频、小振幅激励下液阻悬置动刚度峰、谷值出现的角频率可由式 (5-47) 获得：

$$\frac{\partial k}{\partial\omega}=0$$
$$\omega_{1}'^{2}=\omega_{\mathrm{n}}'^{2}\frac{\alpha-2\varsigma'\sqrt{\alpha^{2}+4\varsigma'^{2}-4\alpha\varsigma'^{2}}}{\alpha+4\varsigma'^{2}(1-\alpha)}$$
$$\omega_{2}'^{2}=\omega_{\mathrm{n}}'^{2}\frac{\alpha+2\varsigma'\sqrt{\alpha^{2}+4\varsigma'^{2}(1-\alpha)}}{\alpha+4\varsigma'^{2}(1-\alpha)} \tag{5-47}$$

由于 ω_1' 远小于高频、小振幅激励情况下的最低频率，所以一般不考虑极值点 ω_1'，而只取极大值点 ω_2'。

高频、小振幅激励下液阻悬置阻尼系数峰值的峰值角频率可由式 (5-48) 获得：

$$\frac{\partial b}{\partial\omega}=0,\qquad \omega_{3}'^{2}=\omega_{\mathrm{n}}'^{2}\left[1-\sqrt{4(1-\alpha)\varsigma'^{2}+\alpha^{2}}\right]/(1-\alpha) \tag{5-48}$$

高频、小振幅激励下液阻悬置动态特性关键频率点如图 5-7 所示。

令

$$\lambda=\frac{\alpha+2\varsigma'\sqrt{\alpha^{2}+4\varsigma'^{2}(1-\alpha)}}{\alpha+4\varsigma'^{2}(1-\alpha)} \tag{5-49}$$

高频、小振幅激励下液阻悬置动刚度在关键频率点的值为

$$k_{\mathrm{peak}}'=k\Big|_{\omega=\omega_{2}'}=K_{\mathrm{r}}+A_{\mathrm{p}}{}^{2}K_{1}\frac{\alpha\lambda^{2}+\lambda(4\varsigma'^{2}-\alpha)}{(\lambda-1)^{2}+4\lambda\varsigma'^{2}} \tag{5-50}$$

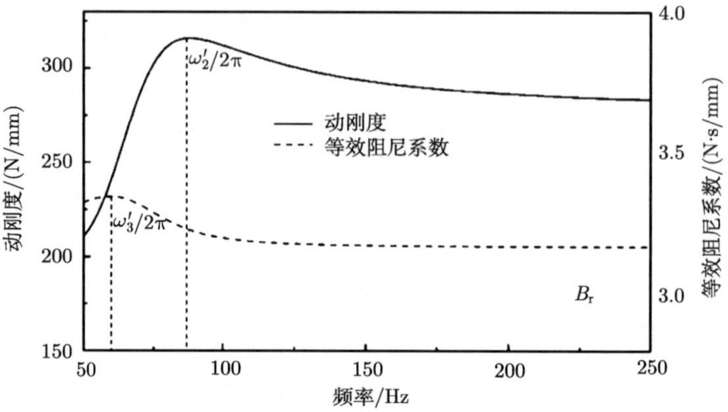

图 5-7　高频、小振幅激励下液阻悬置动态特性关键频率点

$$k_{\infty} = k\Big|_{\omega=\infty} = K_r + \alpha A_p{}^2 K_1 \tag{5-51}$$

式中，k'_{peak} 为高频、小振幅激励下液阻悬置的动刚度峰值；k_{∞} 为频率 f 趋近于无穷大($f \to \infty$)时高频、小振幅激励下液阻悬置的动刚度稳定值。

高频、小振幅激励下液阻悬置系统在关键频率点处的动刚度如图 5-8 所示。

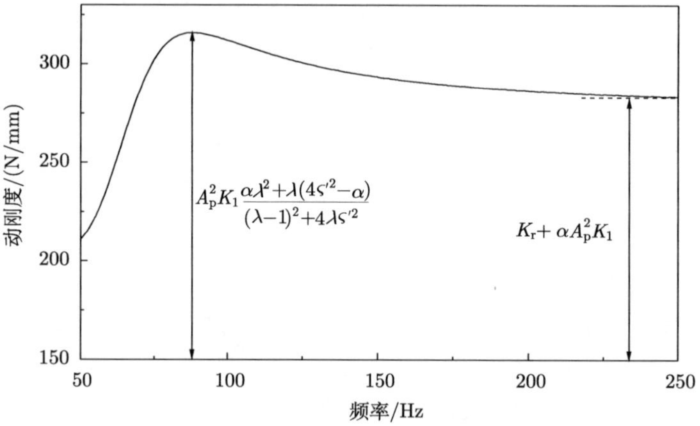

图 5-8　关键频率点处的动刚度值

令

$$\beta = [1-\sqrt{4(1-\alpha)\varsigma^2+\alpha^2}\,]\,/\,(1-\alpha) \tag{5-52}$$

高频、小振幅激励下解耦器谐振频率处液阻悬置系统阻尼系数为

$$b'_{\text{peak}} = b\Big|_{\omega=\omega'_3} = B_{\text{r}} + \frac{{A_{\text{p}}}^2 K_1}{\omega'_{\text{n}}} \frac{4\varsigma'^2 - 2(1-\alpha)\beta\varsigma'}{(\beta-1)^2 + 4\beta\varsigma'^2} \tag{5-53}$$

$$b_{\infty} = b\Big|_{\omega=\infty} = B_{\text{r}} \tag{5-54}$$

式中，b'_{peak} 为高频、小振幅激励下液阻悬置的峰值阻尼系数；b_{∞} 为频率 f 趋近于无穷大($f \to \infty$)时高频、小振幅激励下液阻悬置的阻尼系数稳定值

高频、小振幅激励下解耦器谐振频率处液阻悬置系统动刚度的斜率为

$$m'_{\text{r}} = \frac{\partial k}{\partial \omega}\Big|_{\omega=\omega'_3} = \frac{2{A_{\text{p}}}^2 K_1}{\omega'_3} \times \left\{ \frac{[2\alpha\beta^2 + \beta(4\varsigma'^2 - \alpha)][(1-\beta)^2 + 4\varsigma'^2\beta] - 2[\beta^2 - \beta(2\varsigma'^2 - 1)][\alpha\beta^2 + \beta(4\varsigma'^2 - \alpha)]}{[(1-\beta)^2 + 4\varsigma'^2\beta]^2} \right\} \tag{5-55}$$

高频、小振幅激励下液阻悬置系统在关键频率点处的阻尼系数如图 5-9 所示。

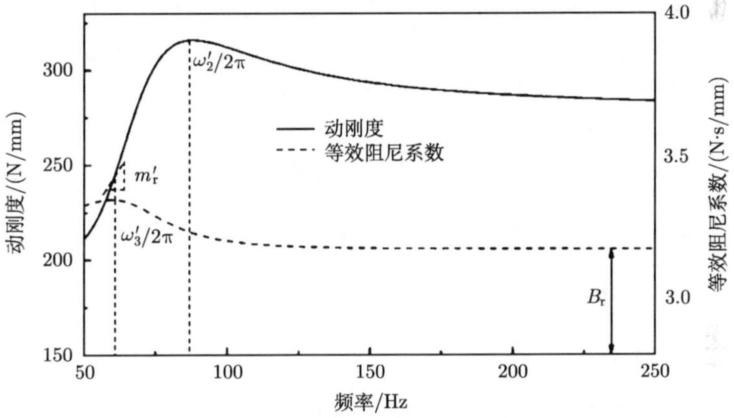

图 5-9 解耦器谐振频率处的动刚度斜率和阻尼系数

5.4 惯性通道活动解耦盘式液阻悬置的非线性模型

5.3 节得到的液阻悬置集总参数模型是建立在液阻悬置系统是线性系统的假设上的，这样的假设在一定前提条件下能够反映系统的状态，但实际的液阻悬置系统并不是线性假设所描述的那样。液阻悬置中橡胶主簧的动刚度和阻尼、上液室的体积刚度、液体流经惯性通道和解耦器的惯性力和阻尼力等都存在非线性，但以惯性通道和解耦器中液体流动的非线性最为突出[22,42]。本节主要对惯性通道

和解耦器中液体流动的非线性以及考虑惯性通道和解耦器非线性的液阻悬置集总参数模型进行探讨。

5.4.1 惯性通道内液体流动的非线性

液阻悬置惯性通道液体流动的动态特性可由流体的连续性方程和动量守恒方程描述。由流体的不可压缩性假设，可建立液阻悬置橡胶主簧振动速度和惯性通道内液体流动速度之间的关系：

$$A_p \dot{x}_r = A_i \dot{x}_i \tag{5-56}$$

惯性通道内液体流动的动量方程为

$$\rho \frac{d\dot{x}_i}{dt} = -\frac{\partial P}{\partial l} - \frac{f_r}{D_h}\frac{\rho}{2}\left|\dot{x}_i\right|\dot{x}_i \tag{5-57}$$

式中，ρ 为惯性通道中液体的密度；$\dot{x}_i$ 为惯性通道内液体的平均流动速度；P 为惯性通道中的压强；f_r 为摩擦系数；D_h 惯性通道的水力直径。假设环形通道中液体的压强变化是连续的，即 $\partial P / \partial l \approx (P_1 - P_2)/l_i$，$l_i$ 为惯性通道的长度。上、下液室的压强差可由式 (5-58) 确定[142]：

$$\Delta P = P_1 - P_2 = \rho l_i \ddot{x}_i + f_r \frac{l_i}{D_h}\frac{\rho}{2}\left|\dot{x}_i\right|\dot{x}_i \tag{5-58}$$

考虑惯性通道出口和入口处的局部流量损失，式 (5-58) 可改写为

$$\Delta P = \rho l_i \ddot{x}_i + \left(f_r \frac{l_i}{D_h} + K\right)\frac{\rho}{2}\left|\dot{x}_i\right|\dot{x}_i \tag{5-59}$$

式中，K 为二阶局部流量损失系数。将连续性方程 (5-56) 代入式 (5-59) 中可得到由主簧位移表示的压强变化引起的压力变化：

$$\Delta F = A_p \Delta P = \rho l_i A_i \left(\frac{A_p}{A_i}\right)^2 \ddot{x}_r + \left(f_r \frac{l_i}{D_h} + K\right)\frac{\rho}{2} A_p \left(\frac{A_p}{A_i}\right)^2 \left|\dot{x}_r\right|\dot{x}_r \tag{5-60}$$

摩擦系数 f_r 是雷诺数 Re 的函数，其在层流和紊流状态下的方程可表述为[115,116]如下形式。

当 $Re < 2300$ 时

$$f_r = \frac{64}{Re} \tag{5-61}$$

当 $4000 < Re < 10^5$ 时

$$f_{\mathrm{r}} = \frac{0.3164}{Re^{1/4}} \tag{5-62}$$

当 $2300 \leqslant Re \leqslant 4000$ 时

$$f_{\mathrm{r}} = \frac{f_2 - f_1}{Re_2 - Re_1}(Re - Re_1) + f_1 \tag{5-63}$$

式中

$$Re = \frac{D_{\mathrm{eff}}\overline{u}}{\mu} \tag{5-64}$$

μ 为液体的黏性系数；$f_1(=64/Re_1)$ 与 $f_2(=0.3164/Re_2{}^{1/4})$ 分别为 $Re_1(=2300)$ 以及 $\mathrm{Re}_2(=4000)$ 时的摩擦系数；有效直径 D_{eff} 与水力直径之间的关系为

$$D_{\mathrm{eff}} / D_{\mathrm{h}} = 1/\xi \tag{5-65}$$

式中，ξ 为由层流理论得到的水力直径的校正系数，校正系数会使得紊流状态下的计算结果更加准确。谐振激励下环形通道的平均流速可由式 (5-66) 表示：

$$u = \frac{\omega}{2\pi}\int_0^{2\pi/\omega}\left|\frac{A_{\mathrm{p}}}{A_{\mathrm{i}}}X_{\mathrm{r}}\omega\cos\omega t\right|\mathrm{d}t = \frac{2}{\pi}\frac{A_{\mathrm{p}}}{A_{\mathrm{i}}}X_{\mathrm{r}}\omega \tag{5-66}$$

式 (5-58) 中的 $\left|\dot{x}_{\mathrm{r}}\right|\dot{x}_{\mathrm{r}}$ 为主簧振动速度的二次函数，该函数可采用式(5-67)来进行线性化[142]：

$$\begin{aligned}\left|\dot{x}_{\mathrm{r}}\right|\dot{x}_{\mathrm{r}} &= (X_{\mathrm{r}}\omega)^2\left|\cos\omega t\right|\cos\omega t \\ &\approx \left(\frac{\omega}{\pi}\int_0^{2\pi/\omega}\left|\cos\omega t\right|\cos^2\omega t\mathrm{d}t\right)\left(X_{\mathrm{r}}\omega\right)^2\cos\omega t \\ &= \frac{8}{3\pi}X_{\mathrm{r}}\omega\dot{x}_{\mathrm{r}}\end{aligned} \tag{5-67}$$

因此由压强差产生的压力变化可由式 (5-60) 变为式 (5-68)

$$\Delta F \approx \rho L_{\mathrm{i}}A_{\mathrm{i}}\left(\frac{A_{\mathrm{p}}}{A_{\mathrm{i}}}\right)^2\ddot{x}_{\mathrm{r}} + \left(f_{\mathrm{r}}\frac{L_{\mathrm{i}}}{D_{\mathrm{h}}} + K\right)\frac{\rho}{2}A_{\mathrm{p}}\left(\frac{A_{\mathrm{p}}}{A_{\mathrm{i}}}\right)^2\frac{8}{3\pi}X_{\mathrm{r}}\omega\dot{x}_{\mathrm{r}} \tag{5-68}$$

式 (5-68) 可通过引入等效质量与等效阻尼系数进行简化为

$$\Delta F = (P_1 - P_2)A_{\mathrm{p}} = m_{\mathrm{e}}\ddot{x}_{\mathrm{r}} + c_{\mathrm{e}}(X_{\mathrm{r}},\omega)\dot{x}_{\mathrm{r}} \tag{5-69}$$

式中，等效质量 m_{e} 以及等效阻尼系数 c_{e} 定义为

$$m_{\mathrm{e}} = \rho L_{\mathrm{i}}A_{\mathrm{i}}\left(\frac{A_{\mathrm{p}}}{A_{\mathrm{i}}}\right)^2 = m_{\mathrm{i}}\left(\frac{A_{\mathrm{p}}}{A_{\mathrm{i}}}\right)^2 \tag{5-70}$$

$$c_e(X_r,\omega)=\left(f_r\frac{L_i}{D_h}+K\right)\frac{\rho}{2}A_p\left(\frac{A_p}{A_i}\right)^2\frac{8}{3\pi}X_r\omega \tag{5-71}$$

式中，m_i为惯性环形通道中液体的质量。因此等效阻尼系数 c_e 为橡胶主簧振动幅值 X_p 和振动频率 ω 的函数，而等效质量 m_i 为一常量，它由液体的密度和环形通道内液体的体积决定。

根据液阻悬置的物理模型，液阻悬置系统的作反力 F_{iso} 为

$$F_{iso}=k_rX+K_1(X-X_r) \tag{5-72}$$

$$K_1(X-X_r)=-m_e\omega^2X_p+\mathrm{j}\,c_e(X_r,\omega)\omega X_r \tag{5-73}$$

因此液阻悬置系统的复刚度可由式 (5-74) 获得：

$$K_{dyn}(\mathrm{j}\omega)=\frac{F_{iso}}{X}(\mathrm{j}\omega)=k_r+K_1\frac{-m_e\omega^2+\mathrm{j}\omega c_e(X_r,\omega)}{K_1-m_e\omega^2+\mathrm{j}\omega c_e(X_r,\omega)} \tag{5-74}$$

5.4.2　解耦器内液体流动的非线性

液阻悬置在大振幅、低频激励作用时只有惯性通道打开，解耦器不起作用；在小振幅、高频激励作用时下惯性通道关闭，只有解耦器起作用。当前计算解耦器及其附黏液体振动时的阻尼力主要有两种方式，分别是分段线性模型和等效线性模型。下面对它们分别进行介绍。

5.4.2.1　分段线性模型

图 5-10 为解耦器结构示意图。根据解耦器的工作原理，可得解耦盘在节流孔中振动的示意图如图 5-11 所示。$x_d(t)$代表解耦器位置，δ 为解耦器节流孔间隙半宽，文献[143]和[144]采用以下数值分析方法进行计算。

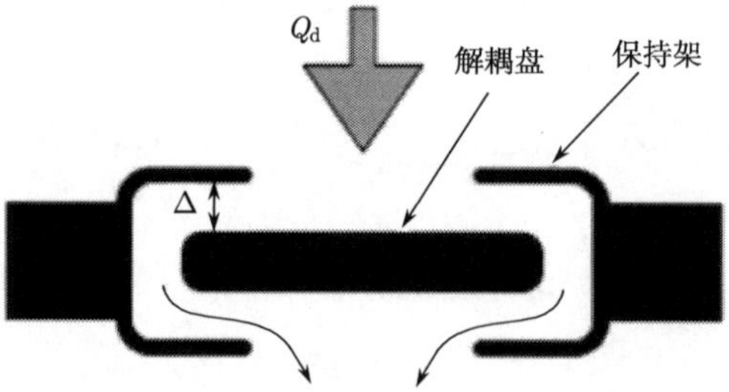

图 5-10　解耦器结构示意图

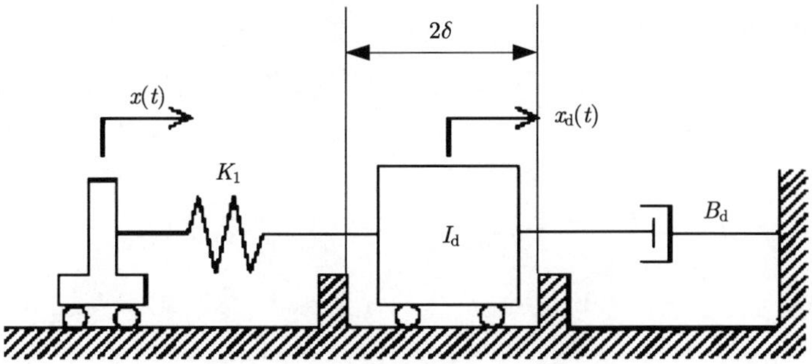

图 5-11 解耦盘在节流孔中振动的示意图

在时域内考虑解耦盘的位置：若$\left|x_{\rm d}\right|<\delta$，按高频、小振幅状态方程进行计算；若$\left|x_{\rm d}\right|\geqslant\delta$且$\mathrm{sign}(\dot{V}_1)=\mathrm{sign}(x_{\rm d})$，设置$Q_{\rm d}=0$，$x_{\rm d}=\mathrm{sign}(x_{\rm d})\delta$，按低频、大振幅状态方程进行计算；若$\left|x_{\rm d}\right|\geqslant\delta$且$\mathrm{sign}(\dot{V}_1)\neq\mathrm{sign}(x_{\rm d})$，按高频、小振幅状态方程进行计算。

分段线性模型的特点：线性连续性方程直接反映到不同状态方程，因此可以实施有效的仿真。然而，分段线性模型一个较明显的缺点是产生大量的频域频率数据必须具有大量的时域仿真数据。例如，假设有一个ω为角频率，X_0为振幅的正弦激励模型，采用时间增量为$(2\pi/\omega)/64$，计算出时域记录点近似为 1150 点，记录数包括位置输入和力的输出信息，用汉宁窗处理并采用快速傅里叶变换，计算出不同频率激励下系统的传递函数。

5.4.2.2 等效线性模型

为减少分段线性模型的计算量，使用等效线性模型能够提供相对粗略的结果(与分段线性模型相比)。等效线性化[145, 146]技术在解决类似的问题上取得很大的成功。等效线性的基本思想为：给定激励$x(t)=X_0\sin(\omega t)$，解耦盘振动响应为$\left|H(\mathrm{j}\omega)\right|X_0\sin(\omega t+\phi)$ (图 5-12)，解耦盘“浸”在“笼”中，“笼”中充满运动着的液体，挤压膜会产生阻尼力$F_{\rm sq}$，该力的大小与间隙的三次方成反比。

$$F_{\rm sq}=\gamma(\dot{h}/h^3) \tag{5-75}$$

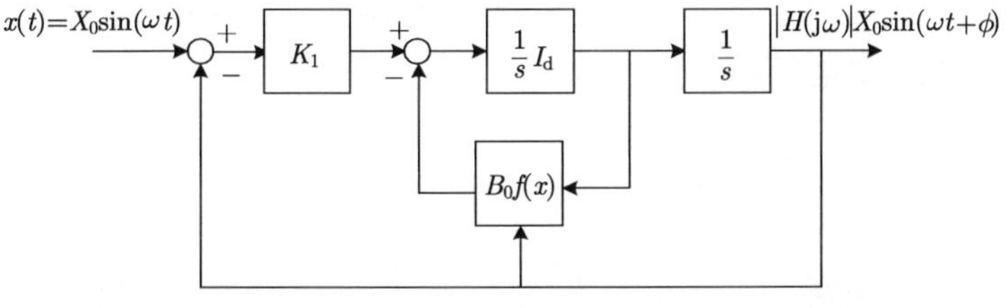

图 5-12 将解耦器处理为依振幅而变化的耗能器的数学模型

式中，h 为间隙厚度；γ为一个几何形状相关的参数，对于简单的几何模型，式可用黏性流体雷诺方程得出。如图 5-12 所示，“笼”有两个挡边，因此式 (5-75) 变为

$$F_{\mathrm{sq}}=\gamma\left[\frac{1}{(\delta-x_{\mathrm{d}})^3}+\frac{1}{(\delta+x_{\mathrm{d}})^3}\right]\dot{x}_{\mathrm{d}} \tag{5-76}$$

$$F_{\mathrm{sq}}(\overline{x},\dot{\overline{x}})=\beta\delta\left[\frac{1+3\overline{x}^2}{(1+\overline{x}^2)^3}\right]\dot{\overline{x}} \tag{5-77}$$

式中，β为与阻尼有相同单位的几何常量

$$\overline{x}=x_{\mathrm{d}}\,/\,\delta \tag{5-78}$$

式 (5-77) 表示的非线性阻尼模型可通过 Gibson 变换转变为等效线性模型[45]。首先，假设

$$\overline{x}=a\sin(\omega t) \tag{5-79}$$

则式 (5-77) 的傅里叶表达式为

$$F_{\mathrm{sq}}(a\sin(\omega t),a\omega\cos(\omega t))=F_0+K_{\mathrm{eq}}\delta a\sin(\omega t)+B_{\mathrm{eq}}\delta a\omega\cos(\omega t)+\text{高阶谐振} \tag{5-80}$$

式中，F_0为常力。忽略高阶谐振，与振幅有关的黏性阻尼等效系数为

$$B_{\mathrm{eq}}(a)=\frac{\beta}{\pi}\int_0^{2\pi}\frac{\cos^2 u(1+3a^2\sin^2 u)}{(1-a^2\sin^2 u)^3}\mathrm{d}u \tag{5-81}$$

式中，$u=\omega t$。

如果用 B_{eq} 代替图 5-12 中的 $B_0 f(x)$，就可得到 $X(\mathrm{j}\omega)$ 与 $X_0(\mathrm{j}\omega)$ 之间的传递函数，该传递函数的幅值可以表示为对应于激励、阻尼、频率的解耦器幅值：

$$a(B_{\mathrm{eq}},X_0,\omega)=\frac{X}{\delta}=\frac{K_1}{\sqrt{(K_1-I_{\mathrm{d}}\omega^2)^2+(B_{\mathrm{eq}}\omega)^2}}\frac{X_0}{\delta} \tag{5-82}$$

对于给定具体的 X_0 与 ω，式 (5-81) 与式 (5-82) 可联立，用于求解 a 和 B_{eq}。

用 B_{eq} 代替 B_0，代入式 (5-80) 可以得到高频、小振幅下的惯性通道活动解耦盘式液阻悬置的动态特性。

5.5 本章小结

本章分别对液阻悬置动态特性的评价指标、液阻悬置的集总参数模型以及液

阻悬置的非线性模型进行了研究，主要内容和结论如下。

(1) 在分析液阻悬置结构和工作原理的基础上，以动刚度和阻尼系数作为液阻悬置动态特性的评价指标，分别建立液阻悬置在低频、大振幅与高频、小振幅激励下的集总参数模型。

(2) 基于建立的液阻悬置集总参数模型，分析得出低频、大振幅与高频、小振幅两种激励情况下，液阻悬置动态特性的关键频率点以及在这些关键频率点处的动刚度和阻尼系数值。建立液阻悬置动刚度和阻尼系数的峰值、动刚度和阻尼系数的峰值频率以及频率趋近于无限大时液阻悬置的动刚度和阻尼系数稳定值与集总参数之间的关系。

(3) 分析液阻悬置惯性通道和解耦器内液体流动的非线性，对考虑惯性通道和解耦器内液体流动非线性的液阻悬置非线性模型进行阐述。

6　基于有限元的液阻悬置集总参数辨识

第 5 章建立了惯性通道活动解耦盘式液阻悬置的集总参数模型，集总参数模型中的部分参数可从产品的设计图纸中获得，但仍有一些参数需要通过参数辨识的方法来获得。参数辨识不仅是后续分析计算的必要工作，而且可为产品将来性能优化和结构改进提供理论依据。

目前液阻悬置集总参数模型的参数辨识方法主要有三种：经验公式法、试验法和有限元法。经验公式法主要根据相关理论和经验，对模型中的参数进行简化后采用公式来对参数进行计算，其形式相对简单，辨识结果的误差相对较大。试验法通过对液阻悬置各部件进行力学性能的测试，计算得到集总参数模型中的相关参数，辨识的结果比较准确。但试验法需要对悬置各个部件分开进行动态性能的测试，需设计和制造出对各部件进行测试的工装，测试计算过程相对复杂。计算机技术的发展及有限元法的广泛应用为参数辨识提供一种方便的途径，有限元法可在设计阶段就对液阻悬置的集总参数进行辨识，从而对液阻悬置的动态特性进行预测，当预测的液阻悬置动态特性不能满足发动机悬置系统的要求时，还可方便地对设计进行修改以提高液阻悬置的减振特性。但由于有限元分析存在模型简化误差、模型参数定性定量误差和计算误差等，有限元法辨识得到的结果往往存在一定的误差，但只要采取合理的模型并对模型参数进行合理的调整，在一定情况下有限元法辨识得到的结果也是可以接受的。

本章主要介绍基于有限元的液阻悬置集总参数的辨识方法。

6.1　液固耦合有限元分析方法

在液阻悬置中，存在很多液体和橡胶相互接触的面，如橡胶主簧内壁与上液室内的液体、惯性通道与惯性通道中的液体以及解耦盘与解耦器中的液体。液体与固体接触时，液体给予固体的表面力形成固体的力边界，并引起固体的变形，同时固体的变形又引起液体的边界和内部的运动。在对这类问题进行分析时需重点分析耦合边界对节点运动的影响，下面就对基于液固耦合的有限元分析方法进行介绍。

液固耦合分析的难点在于描述液体运动的 N-S 方程的非线性以及液体与固体

动力学方程描述形式的不同[147, 148]。随着新型液体有限元格式 (如 SUPG、GLS、Taylor-Galerkin 等) 的不断出现及计算机硬件的快速发展，自 20 世纪 90 年代初期以来，Nomura、Hughes 及 Bathe 等在 N-S 方程中采用任意拉格朗日欧拉 (arbitrary Lagrangian Eulerian) 描述来处理液体与固体之间的大位移运动，从而使得对非线性液固耦合动力学问题的计算分析成为可能，并且在航空航天、核工业和生物力学等领域得到了广泛的应用[149, 150]。

如图 6-1 所示，液固耦合模型包括三部分[151]：流体域 V_{f}、固体域 V_{s} 和液固交界面 S_{i}。液固耦合边界上的运动学和动力学条件分别为

$$\underline{d}_{\mathrm{f}} = \underline{d}_{\mathrm{s}} \tag{6-1}$$

$$\mathrm{n} \cdot t_{\mathrm{f}} = \mathrm{n} \cdot t_{\mathrm{s}} \tag{6-2}$$

式 (6-1) 和式 (6-2) 中，$\underline{d}_{\mathrm{f}}$ 和 $\underline{d}_{\mathrm{s}}$ 分别为液体和固体的边界位移；t_{f} 和 t_{s} 分别为液体和固体的边界应力；下标 f 和 s 分别代表液体 (fluid) 和固体 (structure)；n 为耦合边界上的法线；符号“·”表示矢量点乘。耦合边界上液体的速度可由运动学条件得到。

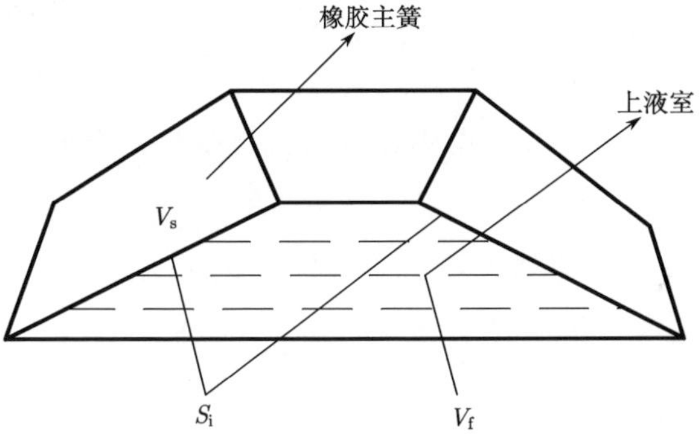

图 6-1 橡胶主簧等效活塞面积求解模型

对于非滑移边界：

$$\underline{V}_{\mathrm{f}} = \underline{d}_{\mathrm{s}} \tag{6-3}$$

对于滑移边界：

$$\mathrm{n} \cdot \underline{V}_{\mathrm{f}} = \mathrm{n} \cdot \underline{d}_{\mathrm{s}} \tag{6-4}$$

在液固耦合边界上，液体对固体的作用力为

$$F(t) = \int h^{\mathrm{d}} \underline{t}_{\mathrm{f}} \mathrm{d}\, s \tag{6-5}$$

式中，h^{d} 为耦合边界上固体的位移。

在描述弹性结构的运动时，通常采用 Lagrangian 坐标 x 和时间 t 作为独立坐标来描述物体的运动和变形。在描述液体的运动时，通常以 Eulerian 坐标 x 和时间 t 作为独立坐标来描述物质的运动和变形，即采用 Eulerian 描述。若取与实际构形无关的运动网格坐标 x_m 和时间 t 作为独立变量来描述物质的运动和变形，称为 ALE 描述。不可压缩液体的 ALE 形式的 N-S 方程[152~154]如下。

连续型方程：

$$\frac{\partial u_i}{\partial x_i}=0 \tag{6-6}$$

动量方程：

$$\rho\frac{\partial u_i}{\partial t}+\rho(u_j-u_{mj})\frac{\partial u_i}{\partial x_j}=\frac{\partial \tau_{ij}}{\partial x_j}+f_i \tag{6-7}$$

式中，u_i 为速度分量；f_i 为体力分量；ρ 为液体的密度；u_{mj} 为“任意”指定的液体网格点的速度；τ_{ij} 为流体的应力张量，其计算公式为

$$\tau_{ij}=-p\delta_{ij}+\nu\left(\frac{\partial u_i}{\partial x_j}+\frac{\partial u_j}{\partial x_i}\right) \tag{6-8}$$

式中，p 为压强；ν 为动力黏性系数。

橡胶结构属于弹性体，其运动由标准的拉格朗日方程描述，其动力学方程为

$$\tau_{ij,j}+f_i^B=\rho_{\mathrm{s}}\ddot{u}_i \tag{6-9}$$

式中，τ_{ij} 为 Cauchy 应力张量的第 ij 阶分量；ρ_{s} 和 $\ddot{u}_i$ 分别为固体的密度和固体质点在 i 方向的加速度分量；f_i^B 为体力的分量。

对于不可压缩橡胶材料，与应变能函数 U 对应的工程应力计算式如下。

对于单轴拉伸：

$$\widehat{\sigma}_{i\text{单}}=\frac{\partial U}{\partial \lambda_U}=\frac{\partial U}{\partial I_1}\frac{\partial I_1}{\partial \lambda_U}+\frac{\partial U}{\partial I_2}\frac{\partial I_2}{\partial \lambda_U} \tag{6-10}$$

对于等双轴拉伸：

$$\widehat{\sigma}_{i\text{双}}=\frac{1}{2}\frac{\partial U}{\partial \lambda_B}=\frac{1}{2}\left(\frac{\partial U}{\partial I_1}\frac{\partial I_1}{\partial \lambda_B}+\frac{\partial U}{\partial I_2}\frac{\partial I_2}{\partial \lambda_B}\right) \tag{6-11}$$

对于平面剪切：

$$\widehat{\sigma}_{i\text{平}}=\frac{\partial U}{\partial \lambda_P}=\frac{\partial U}{\partial I_1}\frac{\partial I_1}{\partial \lambda_P}+\frac{\partial U}{\partial I_2}\frac{\partial I_2}{\partial \lambda_P} \tag{6-12}$$

式中，λ_U、λ_B 和 λ_P 分别为测量的单轴向拉伸、等双轴向拉伸和平面剪切的拉伸比。

将式 (6-9) ~式 (6-12) 在空间上离散化，并引入液固耦合边界上的运动学和动力学条件，即可得到液固耦合系统有限元分析的方程：

$$F(X)=\begin{bmatrix}F_{\mathrm{f}}(X_{\mathrm{f}}),\underline{d}_{\mathrm{s}}(X_{\mathrm{s}})\\F_{\mathrm{s}}(X_{\mathrm{s}}),\underline{t}_{\mathrm{f}}(X_{\mathrm{f}})\end{bmatrix}=0 \tag{6-13}$$

式中，$X=(X_{\mathrm{f}}, X_{\mathrm{s}})^{\mathrm{T}}$；$X_{\mathrm{f}}$ 为由液体有限元模型中节点的速度矢量和单元的压力矢量组成的矢量；X_{s} 为由固体有限元模型中节点的位移矢量组成的矢量；F_{f} 和 F_{s} 分别为液体和固体运动方程对应的有限元方程。

6.2　液阻悬置集总参数辨识

6.2.1　橡胶主簧刚度与阻尼的辨识

图 6-2 为橡胶主簧结构的剖面图。橡胶主簧由三种材料组成：橡胶、纲环和铸铝。橡胶部分具有阻尼特性和支撑发动机的功能；钢环能够环绕橡胶部分并且使橡胶结构保持刚性；铸铝提供一个连接发动机和悬置的连接界面。为了防止铝结构由于橡胶变形而嵌入橡胶内，设置铝结构和橡胶部分的接触边界条件。根据工作条件和橡胶主簧硫化时各部件的连接情况，进行载荷和约束的设置。

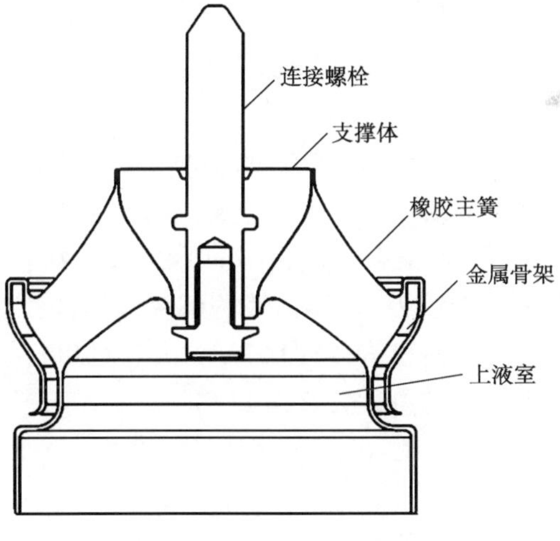

图 6-2　橡胶主簧结构剖面图

图 6-3 为采用有限元分析软件 Marc 划分的橡胶主簧网格模型以及施加的边界条件[155, 156]。由于橡胶主簧结构和所受外部作用力的对称性，橡胶主簧模型可

被简化为平面模型。虽然三维问题可简化为二维模型，但模型中为橡胶主簧设定一定的厚度，这样得到的二维模型也可以反映橡胶主簧实际的几何属性。该模型包括三个不同的材料区域：第一个是起支撑引擎作用的橡胶材料区；第二个是包含橡胶件与提供主簧刚度的钢环；第三个是连接引擎和发动机悬置的铸铝区。选用三节点的三角形网格模型和 Advanced Front TriTools 网格划分工具来自动生成橡胶主簧的有限元网格模型。由于橡胶主簧的下端固定在车架上，所以在设置边界条件时，将橡胶主簧下端 X 和 Y 方向的位移均设定为 0。在橡胶主簧的上端面上端加载均布载荷来模拟发动机对悬置的作用力。

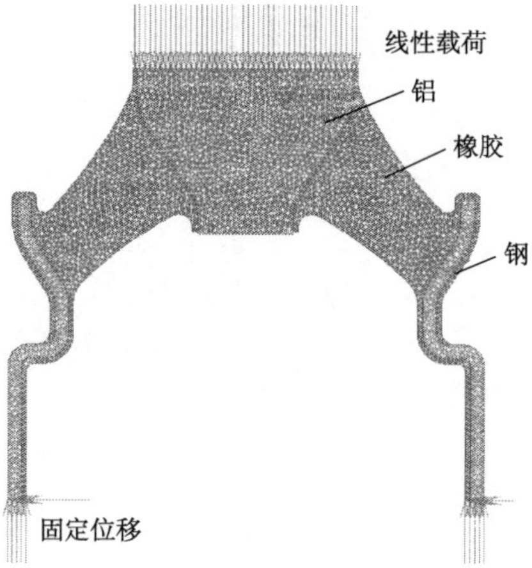

图 6-3　橡胶主簧有限元网格划分

图 6-4 为橡胶主簧在边界载荷作用下的法向位移云图。记录不同载荷作用下上端面节点的法向位移就可以计算出橡胶主簧的静态刚度。图 6-5 为通过有限元法得到的橡胶主簧压力-位移曲线。从图中可以看出，橡胶主簧的压力-位移曲线基本为一直线，因而可认为压力-位移曲线的斜率即为橡胶主簧得静态刚度，由图 6-5 可得橡胶主簧的静态刚度为 151.02N/mm。取校正系数 f 为 1.4，根据式 (6-14) 计算得到橡胶主簧的动刚度为 211.43N/mm。

橡胶主簧的阻尼系数可由式 (6-14) 求得[157, 158]

$$B_r = 2\xi_r\sqrt{MK_r} \tag{6-14}$$

式中，M 为橡胶主簧质量；ξ_r 为橡胶材料的阻尼比。本书中橡胶主簧的质量为 0.25kg，试验测得邵氏硬度为 50 的天然橡胶的阻尼比为 0.069，则计算得橡胶主簧的阻尼系数为 3.17N • s/mm。

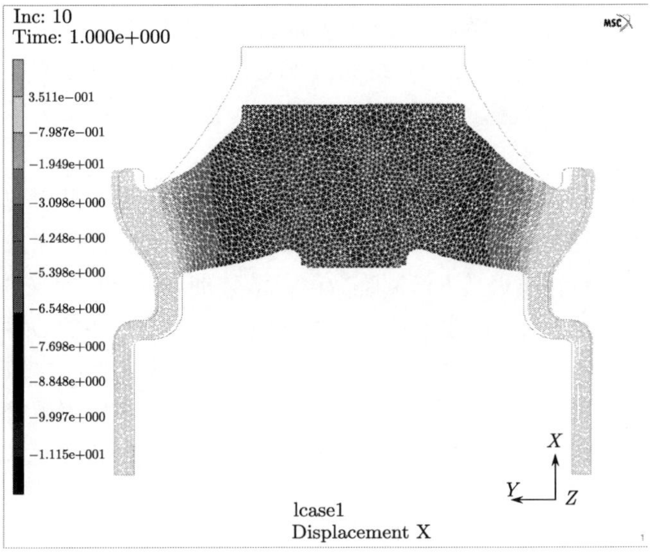

图 6-4 橡胶主簧法向位移云图

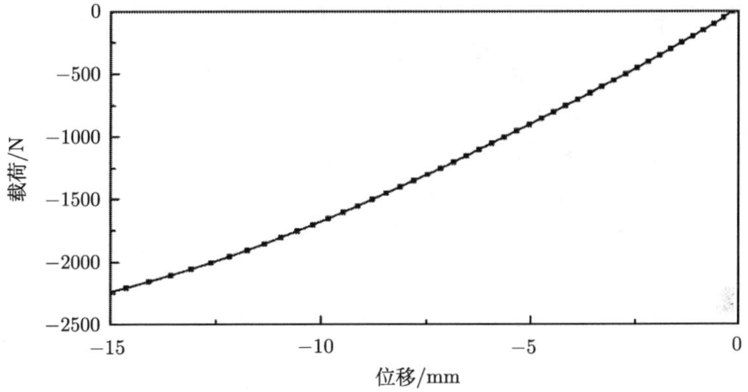

图 6-5 橡胶主簧压力-位移曲线

6.2.2 橡胶主簧等效活塞面积的辨识

橡胶主簧等效活塞面积定义为当橡胶主簧上端向下的振动位移为 x 时，橡胶主簧所排开的液体体积等于面积为 A_p 的等效活塞运动所排开的液体体积。即

$$A_\mathrm{p}x = Q \tag{6-15}$$

橡胶主簧在发动机重量的初始载荷作用下产生变形，初始载荷会对橡胶主簧的等效活塞面积产生影响。试验数据与计算结果表明，当预载作用下橡胶主簧的

位移大于 5mm 时，橡胶主簧的等效活塞面积基本保持不变[55, 79]。通常情况下，预载作用下橡胶主簧的位移都大于 5mm。等效活塞面积为一定值，其大小与激励的振幅和频率无关。多数研究中都将其处理为常量，其大小可采用有限元法进行计算[79]。

图 6-6 为对橡胶主簧等效活塞面积进行计算的有限元模型及边界条件。橡胶主簧内骨架、橡胶材料区、上液室液体分别被赋予不同的材料属性。橡胶主簧的内腔与液体相接触的表面定义为液固耦合面，液体的其他表面定义为刚性不可滑移壁面。橡胶主簧下端与汽车底盘连接，因而设定橡胶主簧下端的边界条件为其在 X 和 Y 方向上位移为 0，液体下表面定义为 Outlet。在橡胶主簧与汽车发动机相连接的上端面施加一沿 X 方向的位移边界载荷，记录不同位移载荷作用下流经上液室下端面的液体流量，利用式 (6-15) 可求得橡胶主簧等效活塞面积如图 6-7 所示。

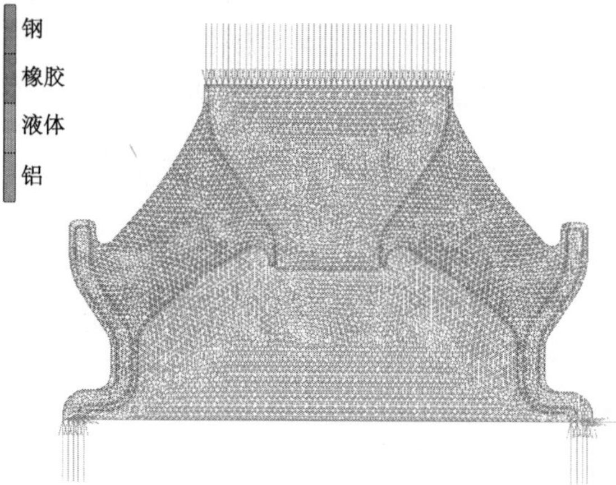

图 6-6　计算橡胶主簧等效活塞面积的有限元模型

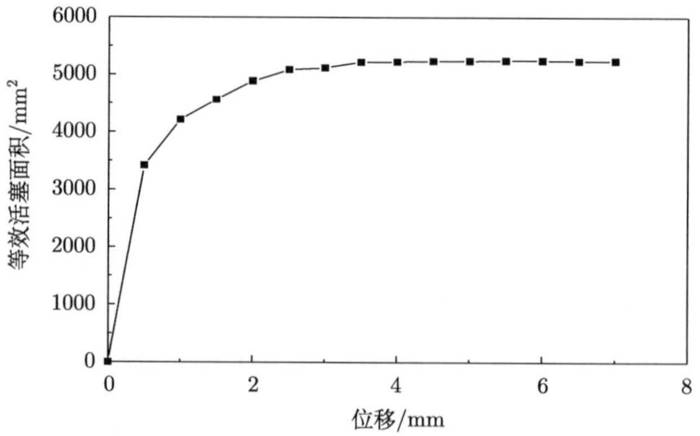

图 6-7　不同位移下橡胶主簧等效活塞面积

从图 6-7 中可以看出，该型液阻悬置当橡胶主簧的位移大于 3mm 后，上液室的体积刚度基本不变，可得橡胶主簧的等效活塞面积为 5.227×10^3mm^2。

6.2.3 上液室体积刚度的辨识

液阻悬置上液室体积刚度为上液室压力的变化与其体积变化的比值。计算上液室体积刚度的网格模型与计算橡胶主簧等效活塞面积的网格模型相同，只是边界条件有所区别。计算上液室体积刚度的液阻悬置液固耦合有限元模型如图 6-8 所示。

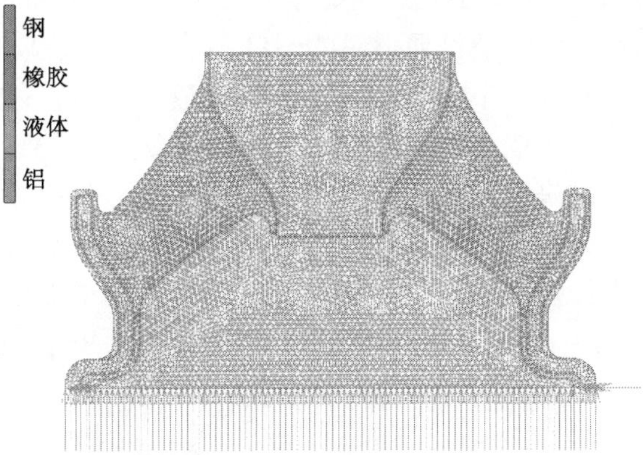

图 6-8 计算上液室体积刚度的有限元模型

在上液室的下端面上添加一个沿 Y 轴负方向的压力载荷，记录不同压力作用下、上液室的体积变化。仿真得到的上液室的压力和体积变化曲线如图 6-9 所示。计算可得上液室的体积刚度为 2.423×10^9N/m^5。

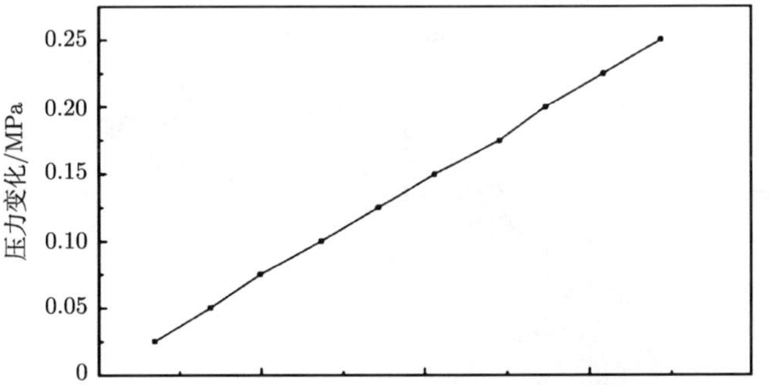

图 6-9 上液室压力-体积变化曲线

6.2.4 液体流经惯性通道的惯性系数和阻尼系数的辨识

液体流经惯性通道的动量方程为

$$\Delta P = P_1 - P_2 = I_{\mathrm{i}}\dot{Q}_{\mathrm{i}} + B_{\mathrm{i}}Q_{\mathrm{i}} \tag{6-16}$$

将其转换到频域可得

$$\frac{\Delta P_{\mathrm{s}}}{Q_{\mathrm{s}}} = -\mathrm{j}\omega I_{\mathrm{i}} + B_{\mathrm{i}} \tag{6-17}$$

因而只需知道惯性通道两端压力差与流经惯性通道的液体流量之间的幅频特性，就可以求出流体流经惯性通道时的惯性系数和阻尼系数。

图 6-10 为在 Gambit[159]软件中建立的惯性通道内液体的有限元模型。惯性通道中液体外表面和通道内壁相接触，定义为液固耦合面。惯性通道入口端为压力载荷的加载面，对模型进行液固耦合求解分析时，在入口端加载一大小随时间正弦变化的压力载荷，记录出口端流量的变化，采用 Fluent 软件中的 FFT 工具对入口端压力和出口端流量的频谱进行计算[160]，惯性通道中液体流速如图 6-11 所示，就可根据式 (6-17) 计算得到液体流经惯性通道时的惯性系数和阻尼系数，如图 6-12 所示。

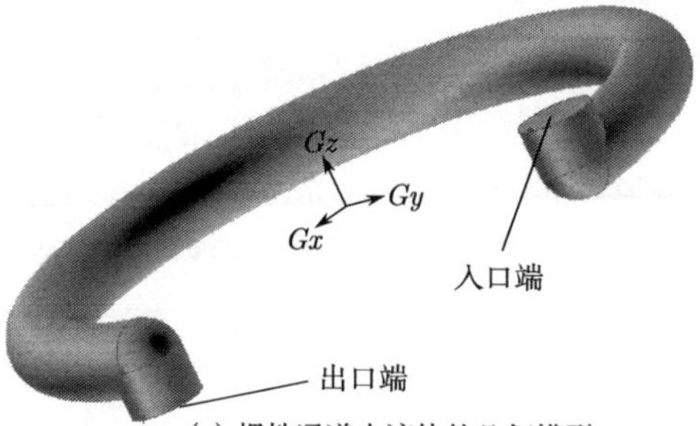

(a) 惯性通道内液体的几何模型

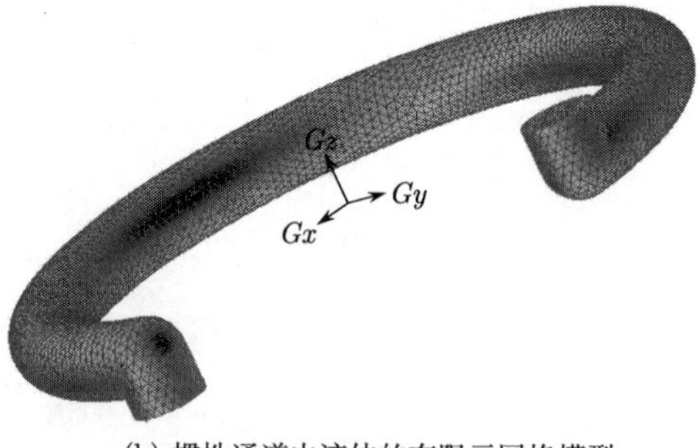

(b) 惯性通道内液体的有限元网格模型

图 6-10　惯性通道中液体有限元分析模型

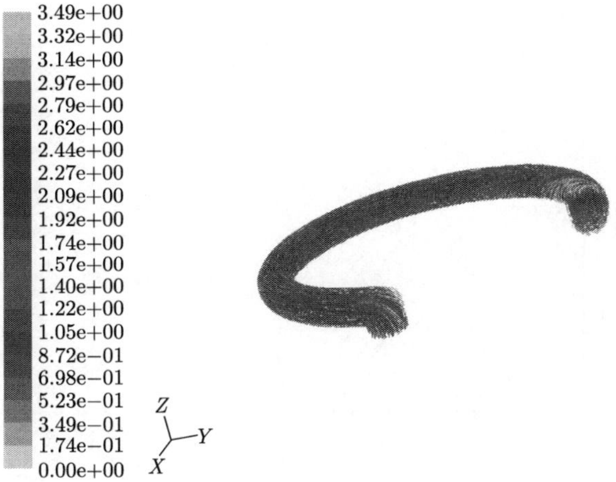

图 6-11　惯性通道中液体流速流线

从图 6-12 中可以看出，当惯性通道两端压力差的变化频率较低时，液体流经惯性通道时的阻尼系数和阻尼系数基本保持不变，当惯性通道两端压力差变化频率大于 40Hz 时，液体流经惯性通道时的惯性系数和阻尼系数随惯性通道两端压力差变化频率的增大而迅速增大，说明此时液体通过惯性通道变得困难。这也说明，前面对液阻悬置工作机理进行分析时认为高频、小振幅激励时，惯性通道中的液体处于静止状态，液体主要通过解耦器在上、下液室之间流动是正确的。低频时，液体流经惯性通道的惯性系数和阻尼系数变化不大，取惯性通道两端压力差的波动频率为 20Hz 时液体流经惯性通道的惯性系数和阻尼系数作为辨识的结果，因而可得液体流经惯性通道的惯性系数和阻尼系数分别为 $3.154\times10^6\text{kg/m}^4$ 和 $6.366\times10^7\text{N}\cdot\text{s/m}^5$。

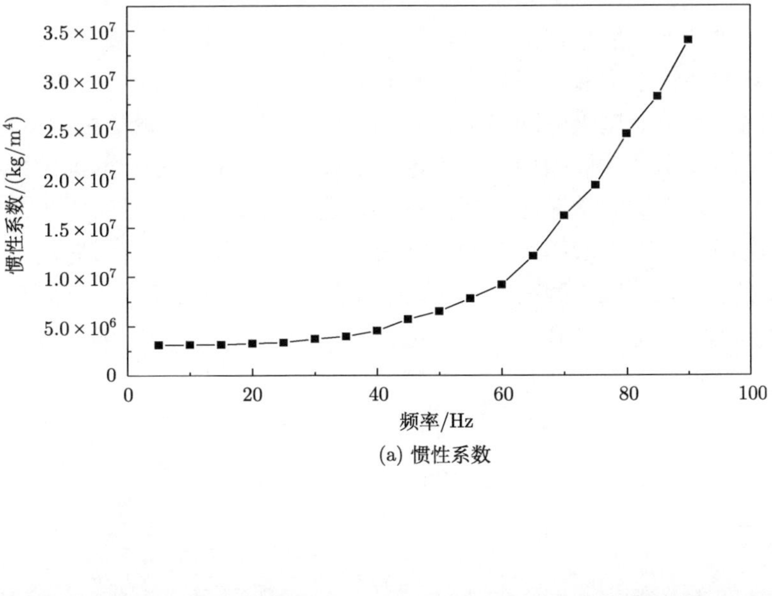

(a) 惯性系数

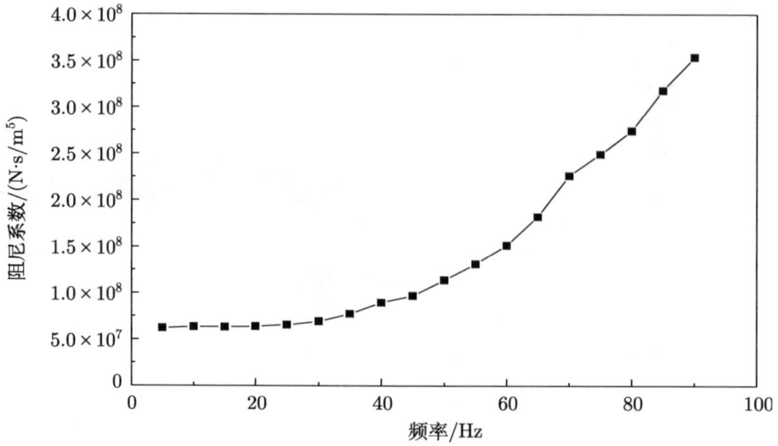

(b) 阻尼系数

图 6-12 不同频率下惯性通道惯性系数和阻尼系数

6.2.5 液体流经解耦器的惯性系数和阻尼系数的辨识

液体流经解耦器的惯性系数和阻尼系数的辨识方法与液体通过惯性通道的惯性系数与阻尼系数的辨识方法相类似。流体流经解耦器的动量方程为

$$\Delta P = P_1 - P_2 = I_{\mathrm{d}}\dot{Q}_{\mathrm{d}} + B_{\mathrm{d}}Q_{\mathrm{d}} \tag{6-18}$$

将其转换到频域可得

$$\frac{\Delta P_{\mathrm{s}}}{Q_{\mathrm{s}}} = -\mathrm{j}\omega I_{\mathrm{d}} + B_{\mathrm{d}} \tag{6-19}$$

由式 (6-19) 可得，液体流经解耦器的惯性系数和阻尼系数可以由解耦器两端的压力变化与流经解耦器的液体流量的幅频特性计算得到。图 6-13 为计算液体流经解耦器的惯性系数和阻尼系数的有限元模型。为显示直观性，图 6-13 中将解耦板固体网格和下液室液体网格向下移动一定的距离。固体模型由解耦盘以及上、下液室内壁组成。液体模型由上、下液室以及解耦盘和节流孔的间隙中的液体组成，上液室与解耦板的接触面、下液室与解耦板的接触面以及液室内液体与液室内壁的接触面均定义为液固耦合面，其余的为刚性壁面。在上液室的上端面上加载随时间正弦变化的压力载荷，记录流经下液室下端的液体流量，解耦盘中液体流速见图 6-14，采用式 (6-19) 计算可得解耦器及其附黏液体的惯性系数和阻尼系数如图 6-15 所示。

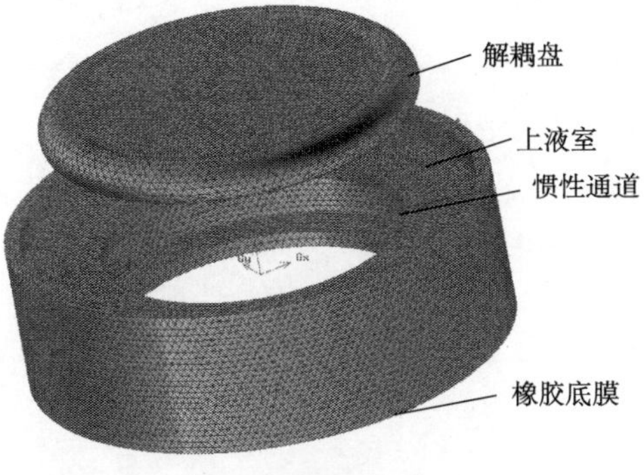

(a) 固体模型

(b) 液体模型

图 6-13 计算液体流经解耦器的惯性系数和阻尼系数的有限元模型

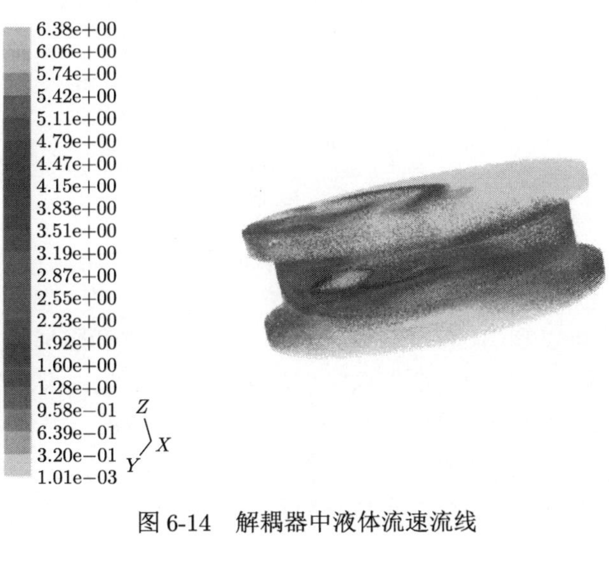

图 6-14 解耦器中液体流速流线

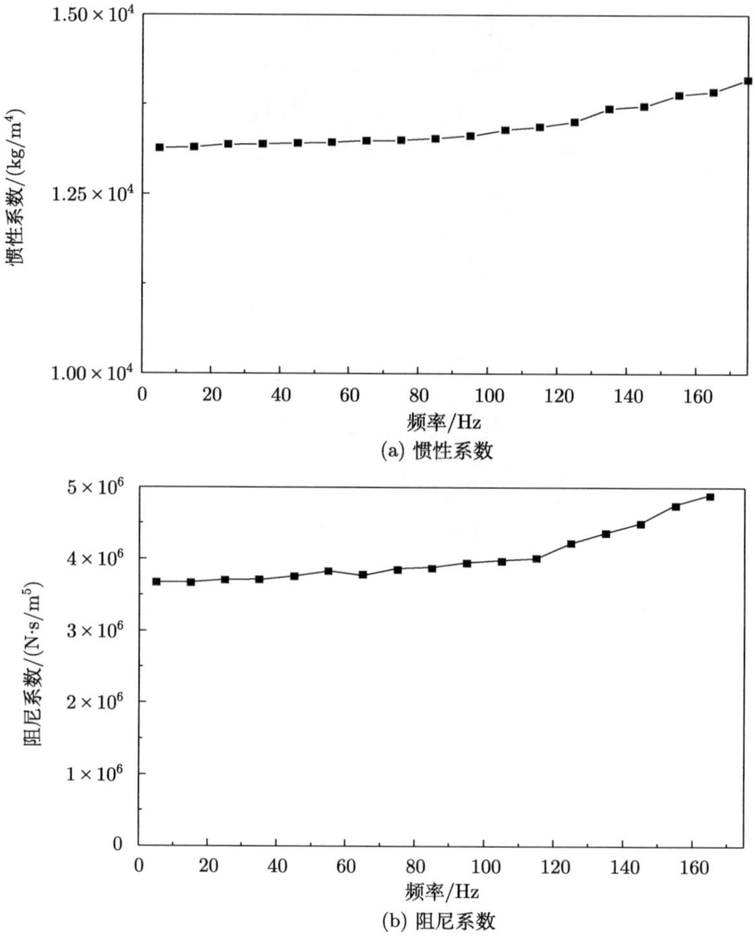

图 6-15　不同频率下液体流经解耦器的惯性系数和阻尼系数

从图 6-15 中可以看出，液体流经解耦器的惯性系数和阻尼系数随上、下液室压力差的变化频率的增大而有所增大，但增大的幅度不是太大。液阻悬置线性模型中认为液体流经解耦器的惯性系数和阻尼系数是不变的，可取上、下液室压力差波动频率为 80Hz 时液体流经解耦器的惯性系数和阻尼系数作为辨识的结果，因而可得液体流经解耦器的惯性系数和阻尼系数分别为 1.320×10^4kg/m^4、3.811×10^4N·s/m^5。

6.2.6　惯性通道横截面积的辨识

当惯性通道的尺寸确定后，就可以计算得出惯性通道的横截面积，本书原始设计的惯性通道横截面积为 $4.546\times10^{-5}\mathrm{m}^2$。

6.3　参数辨识结果的分析

基于液固耦合的有限元辨识方法得到的液阻悬置集总参数见表 6-1。

表 6-1　液阻悬置集总参数辨识结果

K_r / (N/mm)	B_r / (N/mm·s)	A_p / m^2	K_1 / ($\mathrm{N/m}^5$)	I_i / ($\mathrm{kg/m}^4$)	B_i / ($\mathrm{N\cdot s/m}^5$)	A_i / m^2	I_d / ($\mathrm{kg/m}^4$)	B_d / ($\mathrm{N\cdot s/m}^5$)
211.43	3.17	5.278×10^{-3}	2.423×10^{9}	3.154×10^{6}	6.366×10^{7}	4.546×10^{-5}	1.320×10^{4}	3.811×10^{6}

图 6-16 和图 6-17 分别为低频、大振幅激励和高频、小振幅激励下液阻悬置动态特性的试验结果和仿真结果。从图 6-16 与图 6-17 中可以看出，利用辨识结果得到的液阻悬置动态特性仿真结果均能较好地吻合动态特性实测曲线，表明建立的集总参数模型和辨识的参数都可较精确地描述惯性通道活动解耦盘式液阻悬置的动态特性。

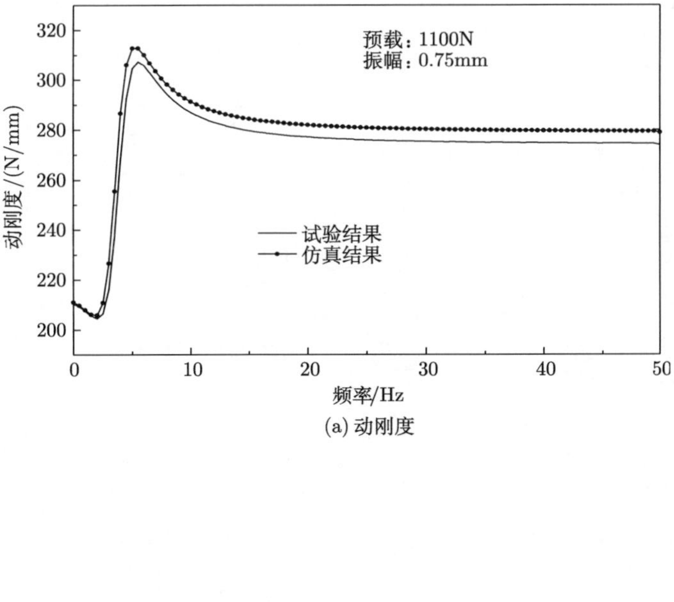

(a) 动刚度

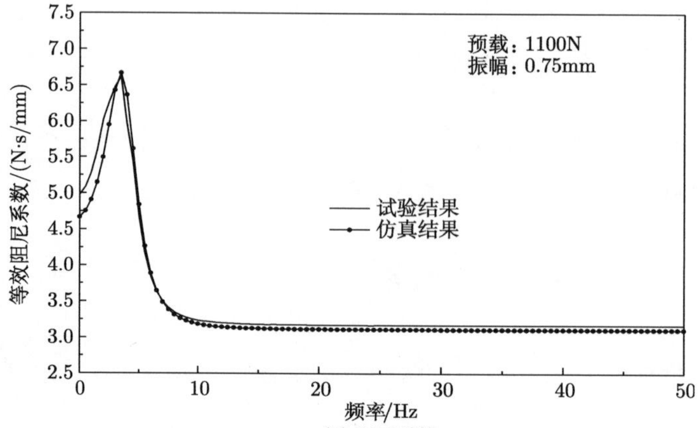

(b) 阻尼系数

图 6-16　低频、大振幅激励下液阻悬置的动态特性试验结果与仿真结果

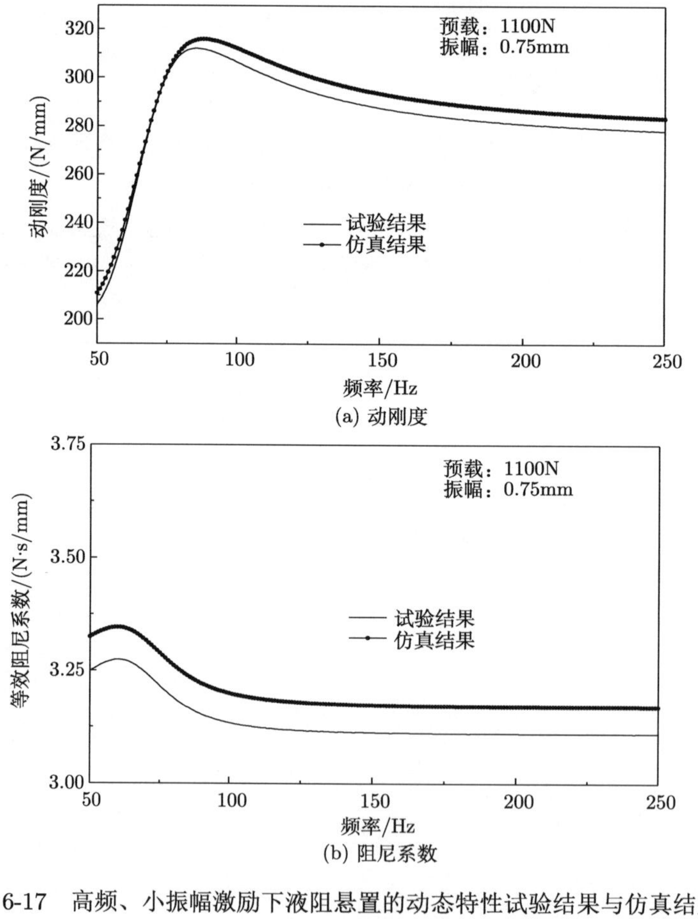

(b) 阻尼系数

图 6-17　高频、小振幅激励下液阻悬置的动态特性试验结果与仿真结果

6.4 本 章 小 结

本章建立了基于液固耦合的液阻悬置集总参数辨识方法，并采用该方法对液阻悬置集总参数进行辨识。基于液固耦合的液阻悬置集总参数有限元辨识方法能在设计阶段就对液阻悬置集总参数进行辨识，从而对液阻悬置动态特性进行分析计算，能有效地提高设计的效率和降低试制和试验的成本。

利用辨识得到的集总参数，仿真得到液阻悬置的动态特性曲线，以及得到的液阻悬置动态特性仿真曲线均能较好地吻合实测的液阻悬置动态特性曲线，表明建立的集总参数模型以及辨识的参数都可较精确地描述惯性通道活动解耦盘式液阻悬置的动态特性。

7 液阻悬置动力学特性分析

液阻悬置自 20 世纪 80 年代诞生以来，已经历经 40 多年的发展，其动态特性较橡胶悬置有了很大提高，结构也越来越复杂。但液阻悬置中关键元器件 (如惯性通道、解耦器) 及其相关参数对液阻悬置的动力学特性和隔振性能的影响规律，一直是困扰研究人员的难题。液阻悬置动刚度和阻尼系数的峰值、动刚度和阻尼系数的峰值频率以及频率趋近于无限大时动刚度和阻尼系数的稳定值，是研发人员最为关心的液阻悬置动态特性指标。研究与建立液阻悬置物理参数、结构参数和材料性能对这些指标的影响规律，有助于增强研发人员对液阻悬置减振机理的认识，也可在研发人员对液阻悬置结构改进和材料选用时进行有效的指导。

本章首先简要比较液阻悬置和橡胶悬置的动态特性，总结出液阻悬置和橡胶悬置动态特性的特点，指出液阻悬置相较于橡胶悬置的优越性；然后基于第 5 章建立的液阻悬置集总参数模型和第 6 章介绍的液阻悬置集总参数辨识方法，从理论和试验两方面系统地分析液阻悬置各物理参数、结构参数和材料性能对其动力学特性的影响规律，以期对研究设计人员研究和开发液阻悬置有一定的指导。

7.1 液阻悬置与橡胶悬置动态力学性能的比较

为了对液阻悬置和橡胶悬置的动态力学性能进行比较，从生产线上的同一批产品中随机抽取两件液阻悬置，其中一件不充入液体，另一件充满液体，不充入液体的悬置就相当于橡胶悬置，而充入液体的悬置为液阻悬置。分别对其进行动态特性的测试，测得的动刚度和阻尼系数如图 7-1 所示。

从图 7-1 中可以看出，橡胶悬置的动刚度和阻尼系数均随着激振频率的升高而逐渐增大，导致发生高频硬化现象，橡胶悬置低频时过小的阻尼也不足为悬置系统提供足够的阻尼；而液阻悬置的动刚度开始时随着频率的升高而迅速增大，在 6Hz 左右达到第一个峰值，随后其刚度随频率的升高而减少，达到谷值之后动刚度又慢慢变大，在 100Hz 左右形成第二个波峰，随后动刚度逐渐减小，慢慢达到一稳定值；液阻悬置的阻尼系数开始时也随着频率的升高而迅速增大，达到峰值后逐渐减小，而后达到一稳定值。可见橡胶悬置的动刚度和阻尼特性完全不能满足汽车发动机悬置系统要求的悬置理想动力学性能 (低频时高刚度和大阻尼与高频时低刚度和小阻尼)，而液阻悬置虽然不能完全满足悬置的理想动力学性能，但相较于橡胶悬置，液阻悬置的动力学性能有了较大的提升。

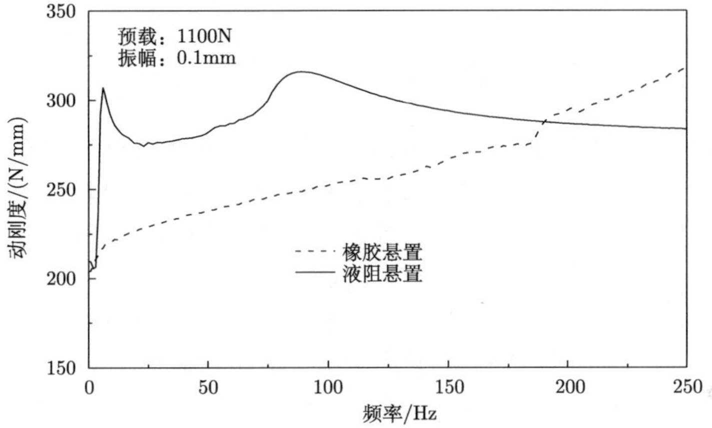

(a) 动刚度

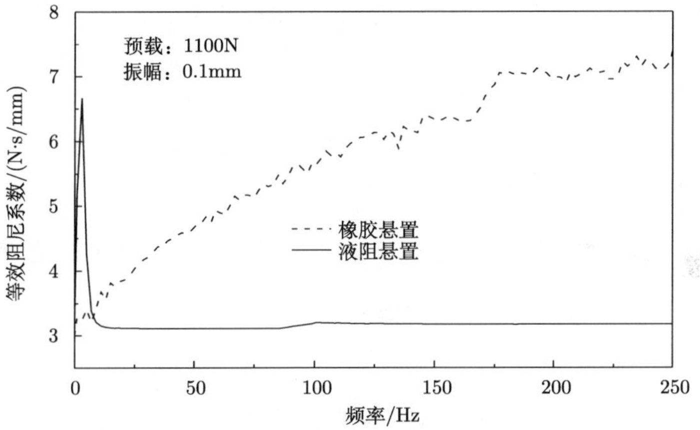

(b) 阻尼系数

图 7-1 液阻悬置与橡胶悬置的动态特性

7.2 液阻悬置参数对其动态特性影响规律的分析

影响液阻悬置动态特性的参数较多，考虑到试验与分析的可行性，本章主要分析橡胶主簧动刚度 K_{r}、橡胶主簧阻尼 B_{r}、橡胶主簧等效活塞面积 A_{p}、上液室体积刚度 K_1、惯性通道长度 l_{i}、惯性通道横截面积 A_{i}、液体流经惯性通道的惯

性系数 I_i 和阻尼系数 B_i、橡胶主簧橡胶材料的硬度、液体流经解耦器的惯性系数 I_d 和阻尼系数 B_d、解耦器节流孔间隙半宽 δ 等参数对液阻悬置动态特性的影响规律。

下面分别分析液阻悬置参数对其低频和高频动态特性的影响。

7.2.1　液阻悬置参数对其低频动态特性的影响规律

为了抑制汽车发动机怠速运转时，波动扭矩主谐量激励引起的动力总成在共振频率附近较大振幅的振动，同时限制那些准静态载荷 (如起动、换挡、加速、制动、转弯以及不平路面冲击等载荷作用下) 引起动力总成位移，并且将其诱发的较大幅度自由振动尽快衰减，汽车发动机悬置系统通常要求悬置元件在低频时具有高刚度、大阻尼特性。通过对液阻悬置的动力学性能进行分析，低频、大振幅激励下，液阻悬置的动刚度和阻尼系数随着激振频率的增大而迅速增大，达到峰值后逐步减小，最后慢慢达到一稳定值。因而，低频、大振幅激励下，液阻悬置动刚度和阻尼的峰值以及动刚度和阻尼系数的峰值出现的频率对汽车发动机悬置系统的隔振性能有着重要的影响。研究者和设计人员通常要求低频时液阻悬置动刚度和阻尼系数的峰值频率落在主要激振源频率附近，并且悬置在主要激振频率处动刚度和阻尼系数的峰值要尽可能大。在分析液阻悬置参数对其低频动态特性的影响规律时，主要分析参数对液阻悬置动刚度和阻尼系数的峰值以及动刚度和阻尼系数的峰值频率的影响规律。

7.2.1.1　橡胶主簧刚度 $\boldsymbol{K}_\mathrm{r}$ 和阻尼 $\boldsymbol{B}_\mathrm{r}$ 对液阻悬置低频动态特性的影响规律

由式 (5-24) 以及式 (5-29) 可得低频、大振幅激励下，液阻悬置动刚度和阻尼系数的峰值角频率为

$$\omega_2 = \omega_\mathrm{n}\sqrt{1+2\varsigma} = \sqrt{K_1 / I_\mathrm{i}}\sqrt{1+B_\mathrm{i} / \sqrt{K_1 I_\mathrm{i}}} \tag{7-1}$$

$$\omega_3 = \omega_\mathrm{n}\sqrt{1-2\varsigma^2} = \sqrt{K_1 / I_\mathrm{i}}\sqrt{1-{B_\mathrm{i}}^2 / (2K_1 I_\mathrm{i})} \tag{7-2}$$

可以看出低频、大振幅激励下，液阻悬置动刚度和阻尼系数的峰值频率只与液阻悬置的上液室体积刚度 K_1、液体流经惯性通道的惯性系数 I_i 以及阻尼系数 B_i 有关，因此液阻悬置动刚度和阻尼系数的峰值频率则与橡胶主簧的刚度 K_r 和阻尼 B_r 无关。

低频、大振幅激励下，液阻悬置动刚度的峰值 k_peak 为

$$k_\mathrm{peak} = k\Big|_{\omega=\omega_2=\omega_\mathrm{n}\sqrt{1+2\varsigma}} = K_\mathrm{r} + {A_\mathrm{p}}^2 K_1 \frac{(1+2\varsigma)^2}{4\varsigma(1+\varsigma)} \tag{7-3}$$

由式 (7-3) 可见低频、大振幅激励下，液阻悬置动刚度的峰值 k_{peak} 随着橡胶主簧刚度 K_{r} 的增大而增大。

低频、大振幅激励下，液阻悬置阻尼系数的峰值为

$$b_{\mathrm{peak}}=b\Big|_{\omega=\omega_3}=B_{\mathrm{r}}+A_{\mathrm{p}}{}^2K_1\frac{1}{2\omega_{\mathrm{n}}\varsigma(1-\varsigma^2)} \tag{7-4}$$

由式 (7-4) 可见低频、大振幅激励下，液阻悬置阻尼系数的峰值 b_{peak} 也随着橡胶主簧阻尼 B_{r} 的增大而增大。

由此可得，低频、大振幅激励下，当橡胶主簧的刚度增大时，液阻悬置动刚度的峰值增大，而动刚度峰值频率不变；当橡胶主簧的阻尼增大时，阻尼系数的峰值增大，而阻尼系数峰值频率不变。图 7-2 为仿真得到的低频、大振幅激励下橡胶主簧刚度和阻尼对液阻悬置动态特性的影响规律。

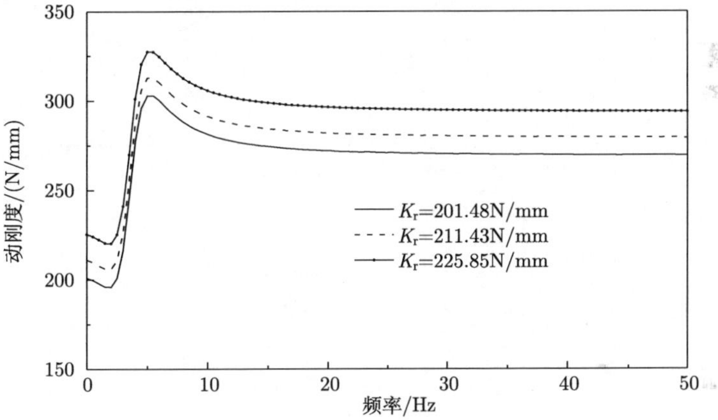

(a) 动刚度

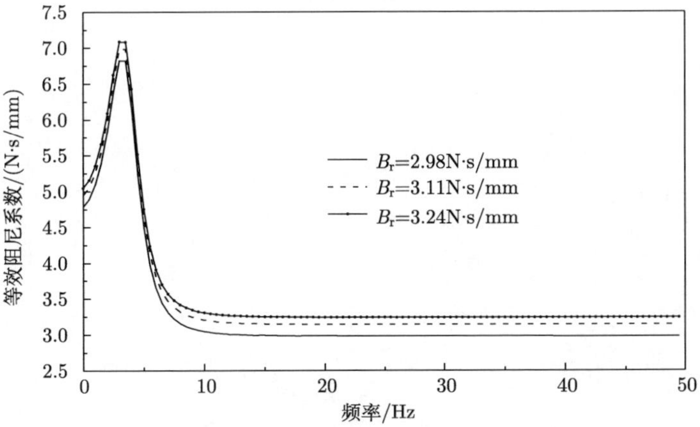

(b) 阻尼系数

图 7-2　低频、大振幅激励下橡胶主簧刚度和阻尼对液阻悬置动态特性的影响

7.2.1.2　橡胶主簧等效活塞面积 A_p 对液阻悬置低频动态特性的影响规律

由式 (7-1) 和式 (7-2) 可以得出低频、大振幅激励下，液阻悬置动刚度和阻尼系数的峰值频率与橡胶主簧等效活塞面积 A_p 无关。

从式 (7-3) 可以得出低频、大振幅激励下，液阻悬置动刚度的峰值 k_{peak} 随着橡胶主簧等效活塞面积 A_p 的增大而增大。从式 (7-4) 可以得出低频、大振幅激励下，液阻悬置阻尼系数的峰值 b_{peak} 也随着橡胶主簧等效活塞面积 A_p 的增大而增大。

由此可得，低频、大振幅激励下，当橡胶主簧等效活塞面积增大时，液阻悬置动刚度和阻尼系数的峰值增大，而动刚度和阻尼系数的峰值频率不变。图 7-3 为仿真得到的低频、大振幅激励下橡胶主簧等效活塞面积对液阻悬置的动态特性的影响规律。

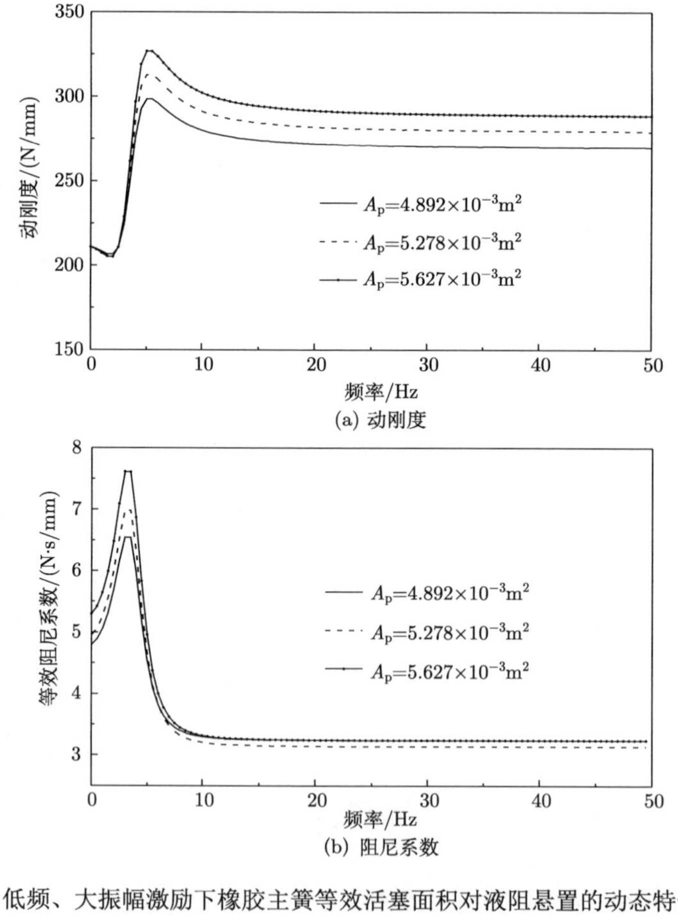

图 7-3　低频、大振幅激励下橡胶主簧等效活塞面积对液阻悬置的动态特性的影响

7.2.1.3　上液室体积刚度 K_1 对液阻悬置低频动态特性的影响规律

由式 (7-1)可以得出低频、大振幅激励下液阻悬置动刚度的峰值角频率可变形为

$$\omega_2^{\,2}=\omega_{\rm n}^{\,2}(1+2\varsigma)=\frac{K_1}{I_{\rm i}}(1+B_{\rm i}\,/\,\sqrt{K_1I_{\rm i}})=\frac{K_1}{I_{\rm i}}+\frac{B_{\rm i}\sqrt{K_1}}{\sqrt{I_{\rm i}^{\,3}}}\tag{7-5}$$

由式 (7-5) 可以得出低频、大振幅激励下，液阻悬置动刚度的峰值频率随着上液室体积刚度 K_1 的增大而升高。

由式 (7-2) 可以得到低频、大振幅激励下液阻悬置阻尼系数的峰值角频率可变形为

$$\omega_3^{\,2}=\omega_{\rm n}^{\,2}(1-2\varsigma^2)=\frac{K_1}{I_{\rm i}}\left(1-\frac{B_{\rm i}^2}{2K_1I_{\rm i}}\right)=\frac{K_1}{I_{\rm i}}-\frac{B_{\rm i}^2}{2I_{\rm i}^2}\tag{7-6}$$

由式 (7-6) 可以得出低频、大振幅激励下，液阻悬置阻尼系数的峰值频率也随着上液室体积刚度 K_1 的增大而升高。

低频、大振幅激励下，液阻悬置动刚度的峰值 $k_{\rm peak}$ 可由式 (7-3) 变形为

$$k_{\rm peak}=k\Big|_{\omega=\omega_2=\omega_{\rm n}\sqrt{1+2\varsigma}}=K_{\rm r}+A_{\rm p}^{\,2}K_1\frac{(1+2\varsigma)^2}{4\varsigma(1+\varsigma)}=K_{\rm r}+A_{\rm p}^{\,2}K_1\left(1+\frac{1}{4(\varsigma^2+\varsigma)}\right)\tag{7-7}$$

由式 (5-24) 可得 ς 随上液室体积刚度 K_1 的增大而减小，由此可得 $\left(1+\dfrac{1}{4(\varsigma^2+\varsigma)}\right)$ 的值随上液室体积刚度 K_1 的增大而增大，因此，由式 (7-7) 可以得出低频、大振幅激励下液阻悬置动刚度的峰值 $k_{\rm peak}$ 随上液室体积刚度 K_1 的增大而增大。

由式 (7-4) 和式 (5-24) 可得低频、大振幅激励下，液阻悬置阻尼系数的峰值 $b_{\rm peak}$ 为

$$b_{\rm peak}=b\Big|_{\omega=\omega_3}=B_{\rm r}+A_{\rm p}^{\,2}K_1\frac{1}{2\omega_{\rm n}\varsigma(1-\varsigma^2)}=B_{\rm r}+\frac{(2A_{\rm p}I_{\rm i})^2}{\dfrac{4I_{\rm i}B_{\rm i}}{K_1}-\dfrac{B_{\rm i}}{K_1^2}}\tag{7-8}$$

由式 (7-8) 可以看出低频、大振幅激励下，上液室体积刚度 K_1 对液阻悬置阻尼系数的峰值 $b_{\rm peak}$ 的影响是不定的。

由此可得，低频、大振幅激励下，当上液室体积刚度增大时，液阻悬置动刚

度的峰值、动刚度和阻尼系数的峰值频率均增大。图 7-4 为仿真得到的在低频、大振幅激励下、上液室体积刚度对液阻悬置动态特性的影响规律。

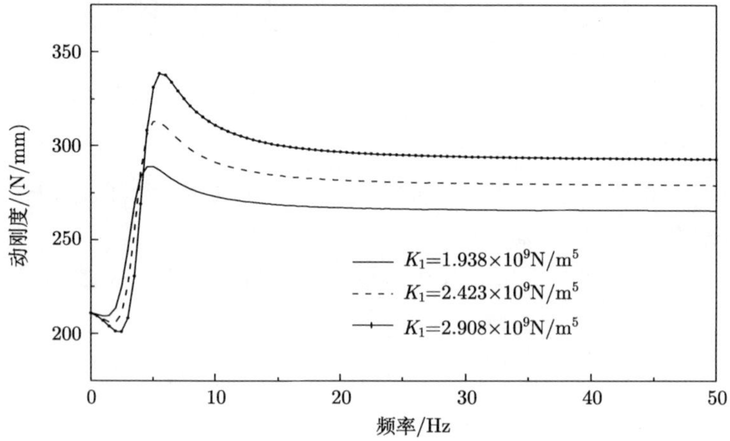

(a) 动刚度

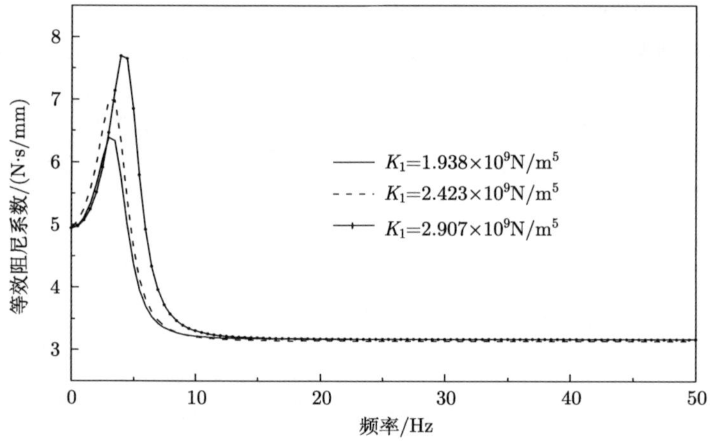

(b) 阻尼系数

图 7-4　低频、大振幅激励下、上液室体积刚度对液阻悬置动态特性的影响

7.2.1.4　惯性通道长度 l_i 对液阻悬置低频动态特性的影响规律

根据流体力学理论，分别计算流体流经细长圆形管道的惯性系数和阻尼系数[29, 67, 70]的公式为

$$I_i = m_i / A_i^2 = \rho l_i / A_i \tag{7-9}$$

$$B_{\mathrm{i}}=\frac{128\mu l_{\mathrm{i}}}{\pi d_{\mathrm{i}}^{4}} \tag{7-10}$$

式中，ρ为流经管道液体的密度；μ为管道中液体的黏性系数；l_{i}、d_{i} 和 A_{i}分别为圆形细长管道的长度、直径和横截面积。在理论分析惯性通道长度l_{i}与惯性通道横截面积A_{i}对液阻悬置动态特性的影响规律时，可采用式 (7-9) 和式 (7-10) 对液体流经惯性通道的惯性系数和阻尼系数进行计算。

惯性通道中液体振动的自然角频率和阻尼比的计算公式可变形为

$$\omega_{\mathrm{n}}=\sqrt{K_1/I_{\mathrm{i}}}=\sqrt{\frac{K_1}{\rho l_{\mathrm{i}}/a_{\mathrm{i}}}}=\sqrt{\frac{\pi K_1 d_{\mathrm{i}}^2}{4\rho l_{\mathrm{i}}}} \tag{7-11}$$

$$\varsigma=B_{\mathrm{i}}/(2\sqrt{K_1 I_{\mathrm{i}}})=\frac{128\mu l_{\mathrm{i}}/(\pi d_{\mathrm{i}}^4)}{2\sqrt{K_1\rho l_{\mathrm{i}}/a_{\mathrm{i}}}}=\frac{32\mu\sqrt{l_{\mathrm{i}}}}{d_{\mathrm{i}}^3\sqrt{\pi\rho K_1}} \tag{7-12}$$

令

$$\gamma_1=\sqrt{\frac{\pi K_1 d_{\mathrm{i}}^2}{4\rho}},\qquad \gamma_2=\frac{32\mu}{d_{\mathrm{i}}^3\sqrt{\pi\rho K_1}} \tag{7-13}$$

其他参数不变，而只改变液阻悬置惯性通道的长度时，γ_1与γ_2均为常量。则

$$\omega_{\mathrm{n}}=\frac{\gamma_1}{\sqrt{l_{\mathrm{i}}}},\qquad \varsigma=\gamma_2\sqrt{l_{\mathrm{i}}} \tag{7-14}$$

低频、大振幅激励下，液阻悬置动刚度的峰值角频率可写为

$$\omega_2^{\,2}=\omega_{\mathrm{n}}^{\,2}(1+2\varsigma)=\frac{\gamma_1^{\,2}}{l_{\mathrm{i}}}(1+2\gamma_2\sqrt{l_{\mathrm{i}}})=\frac{\gamma_1^{\,2}}{l_{\mathrm{i}}}+\frac{2\gamma_1^{\,2}\gamma_2}{\sqrt{l_{\mathrm{i}}}} \tag{7-15}$$

由式 (7-15) 可以得出低频、大振幅激励下，液阻悬置动刚度的峰值频率随惯性通道长度l_{i}的增大而减小。

低频、大振幅激励下，液阻悬置阻尼系数的峰值角频率可写为

$$\omega_3^{\,2}=\omega_{\mathrm{n}}^{\,2}(1-2\varsigma^2)=\frac{\gamma_1^{\,2}}{l_{\mathrm{i}}}(1-2\gamma_2^{\,2}l_{\mathrm{i}})=\frac{\gamma_1^{\,2}}{l_{\mathrm{i}}}+2\gamma_1^{\,2}\gamma_2^{\,2} \tag{7-16}$$

由式 (7-16) 可以得出低频、大振幅激励下，液阻悬置阻尼系数的峰值频率也随惯性通道长度l_{i}的增大而减小。

由式 (7-12) 可以得出系统阻尼比ς随着惯性通道长度l_{i}的增大而增大，由此可得$1+\dfrac{1}{4(\varsigma^2+\varsigma)}$的值随惯性通道长度$l_{\mathrm{i}}$的增大而减小，所以由式 (7-7) 可以得出低频、大振幅激励下液阻悬置动刚度峰值k_{peak}随着惯性通道长度l_{i}的增大而减小。

由式 (7-4) 和式 (7-14) 可得低频、大振幅激励下液阻悬置阻尼系数峰值 b_{peak} 公式可变形为

$$b_{\mathrm{peak}}=b\Big|_{\omega=\omega_3}=B_{\mathrm{r}}+A_{\mathrm{p}}{}^2K_1\frac{1}{2\omega_{\mathrm{n}}\varsigma(1-\varsigma^2)}=B_{\mathrm{r}}+A_{\mathrm{p}}{}^2K_1\frac{1}{2\gamma_1\gamma_2(1-\gamma_2{}^2l_{\mathrm{i}})}\tag{7-17}$$

由式 (7-17) 可以得出低频、大振幅激励下液阻悬置阻尼系数峰值 b_{peak} 随着惯性通道长度 l_{i} 的增大而变大。

由此可得，低频、大振幅激励下，当惯性通道的长度增大时，液阻悬置阻尼系数的峰值增大，而动刚度峰值、动刚度和阻尼系数的峰值频率减小。

图 7-5 为仿真得到的在低频、大振幅激励下惯性通道长度对液阻悬置动态特性的影响。

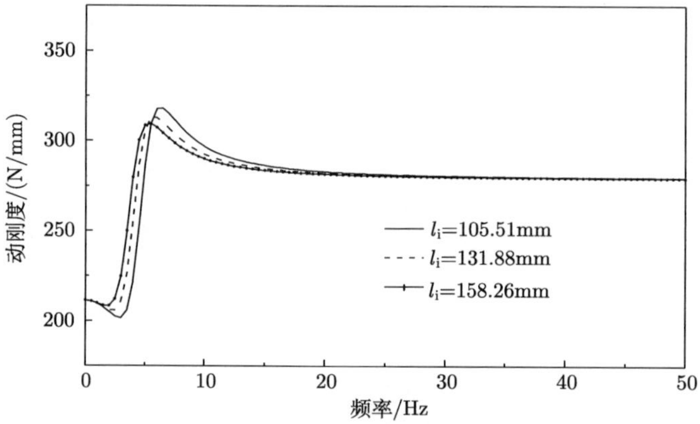

(a) 动刚度

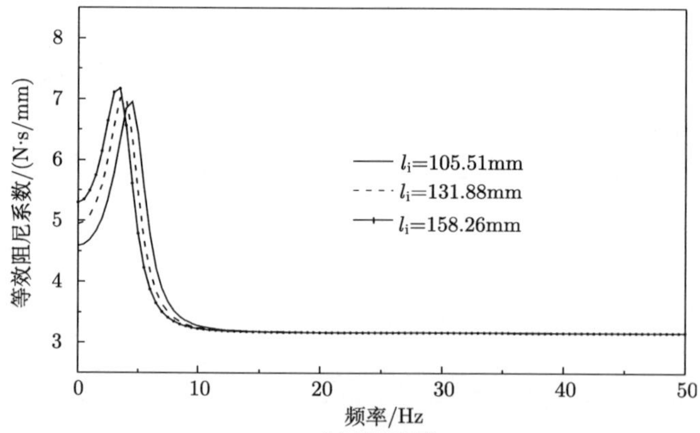

(b) 阻尼系数

图 7-5　低频、大振幅激励下惯性通道长度对液阻悬置动态特性的影响

7.2.1.5　惯性通道横截面积 A_i 对液阻悬置低频动态特性的影响规律

由于惯性通道横截面积 $A_{\rm i}=\pi d_{\rm i}^2/4$，圆形惯性通道横截面积 $A_{\rm i}$ 对液阻悬置动态特性的影响规律与圆形惯性通道直径 $d_{\rm i}$ 对液阻悬置动态特性的影响规律类似，可采用惯性通道直径 $d_{\rm i}$ 作为参数来分析惯性通道横截面积 $A_{\rm i}$ 对液阻悬置动态特性的影响规律。

令

$$\gamma_3=\sqrt{\frac{\pi K_1}{4\rho l_{\rm i}}},\qquad \gamma_4=\frac{32\mu\sqrt{l_{\rm i}}}{\sqrt{\pi\rho K_1}} \tag{7-18}$$

当只改变液阻悬置的惯性通道横截面积，其他参数不变时，γ_3 与 γ_4 均为常量。

根据式 (7-11) 和式 (7-12)，液阻悬置系统的自然频率和阻尼比可写成

$$\omega_{\rm n}=\sqrt{\frac{\pi K_1 d_{\rm i}^2}{4\rho l_{\rm i}}}=\gamma_3 d_{\rm i} \tag{7-19}$$

$$\varsigma=\frac{32\mu\sqrt{l_{\rm i}}}{d_{\rm i}^3\sqrt{\pi\rho K_1}}=\frac{\gamma_4}{d_{\rm i}^3} \tag{7-20}$$

因此，低频、大振幅激励下液阻悬置动刚度的峰值角频率可写成

$$\omega_2^2=\omega_{\rm n}^2(1+2\varsigma)=(\gamma_3 d_{\rm i})^2+\frac{2\gamma_4\gamma_3^2}{d_{\rm i}} \tag{7-21}$$

从式 (7-21) 可以看出，惯性通道横截面积 $A_{\rm i}$ 对低频、大振幅激励下液阻悬置动刚度峰值频率的影响是不定的。

低频、大振幅激励下，液阻悬置阻尼系数的峰值角频率为

$$\omega_3^2=\omega_{\rm n}^2(1-2\varsigma^2)=(\gamma_3 d_{\rm i})^2\left[1-2\left(\frac{\gamma_4}{d_{\rm i}^3}\right)^2\right]=\gamma_3^2 d_{\rm i}^2-\frac{2\gamma_3^2\gamma_4^2}{d_{\rm i}^4} \tag{7-22}$$

由式 (7-22) 可以得出低频、大振幅激励下，液阻悬置阻尼系数的峰值频率随惯性通道横截面积 $A_{\rm i}$ 的增大而升高。

由式 (7-20) 可以得出系统阻尼比 ς 随着惯性通道横截面积 $A_{\rm i}$ 的增大而减小，由式 (7-7) 可以得出低频、大振幅激励下液阻悬置动刚度的峰值随阻尼比 ς 的增大而减小，因而低频、大振幅激励下液阻悬置动刚度的峰值 $k_{\rm peak}$ 随着惯性通道横截面积 $A_{\rm i}$ 的增大而增大。

由式 (7-4) 、式 (7-19) 和式 (7-20) 可得低频、大振幅激励下，液阻悬置阻尼系数的峰值 $b_{\rm peak}$ 为

$$b_{\text{peak}} = b\Big|_{\omega=\omega_3} = B_{\text{r}} + A_{\text{p}}^2 K_1 \frac{1}{2\omega_{\text{n}}\varsigma(1-\varsigma^2)} = B_{\text{r}} + A_{\text{p}}^2 K_1 \frac{1}{\dfrac{2\gamma_3\gamma_4}{d_{\text{i}}^2} - \dfrac{2\gamma_3\gamma_4^2}{d_{\text{i}}^6}} \quad (7\text{-}23)$$

由式 (7-23) 可以看出惯性通道横截面积 A_{i} 对低频、大振幅激励下液阻悬置阻尼系数峰值 b_{peak} 的影响是不定的。

由此可得，低频、大振幅激励下，当惯性通道的横截面积增大时，液阻悬置动刚度的峰值、阻尼系数的峰值频率增大。图 7-6 为仿真得到的低频、大振幅激励下惯性通道横截面积对液阻悬置动态特性的影响规律。

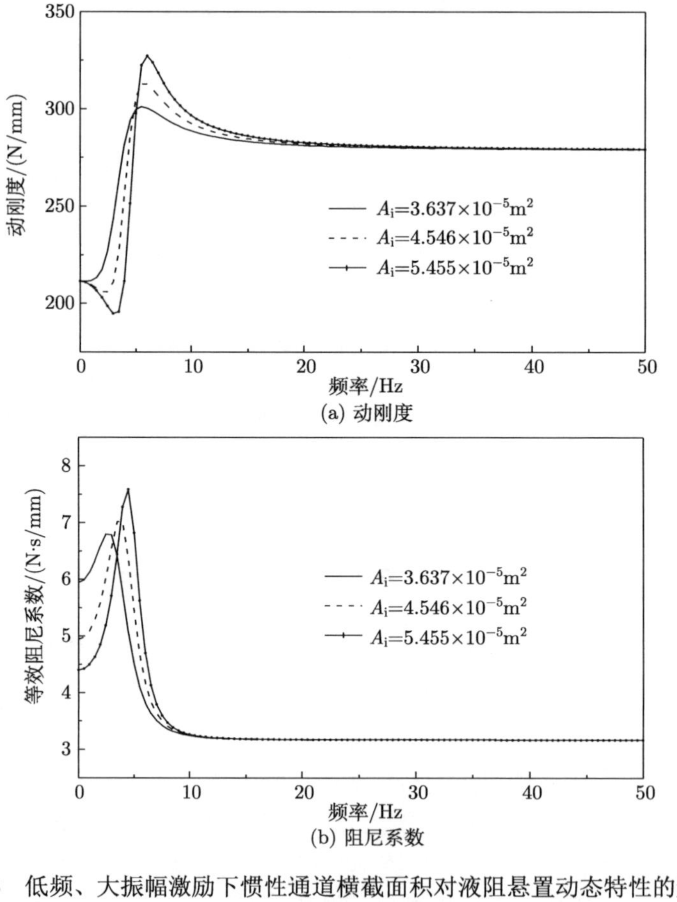

图 7-6　低频、大振幅激励下惯性通道横截面积对液阻悬置动态特性的影响

7.2.1.6　惯性通道惯性系数 I_{i} 对液阻悬置低频动态特性的影响规律

由式 (7-5) 可以看出低频、大振幅激励下液阻悬置动刚度的峰值频率随惯性

通道惯性系数 I_i 的增大而减小。

由式 (7-6) 可以看出惯性通道惯性系数 $I_{\rm i}$ 对低频、大振幅激励下液阻悬置阻尼系数峰值频率的影响是不定的。

由式 (5-24) 可得 ς 惯性通道惯性系数 $I_{\rm i}$ 的增大而减小，由此可得 $1+\dfrac{1}{4(\varsigma^2+\varsigma)}$ 的值随惯性通道惯性系数 $I_{\rm i}$ 的增大而增大，因此由式 (7-7) 可以得出低频、大振幅激励下液阻悬置的动刚度峰值 $k_{\rm peak}$ 随惯性通道惯性系数 $I_{\rm i}$ 的增大而增大。

由式 (7-8) 可得惯性通道惯性系数 $I_{\rm i}$ 对低频、大振幅激励下液阻悬置阻尼系数峰值的影响是不定的。

由此可得，低频、大振幅激励下，当液体流经惯性通道的惯性系数增大时，液阻悬置动刚度的峰值增大，而动刚度的峰值频率减小。图 7-7 为仿真得到的低频、大振幅激励下惯性通道惯性系数对液阻悬置动态特性的影响规律。

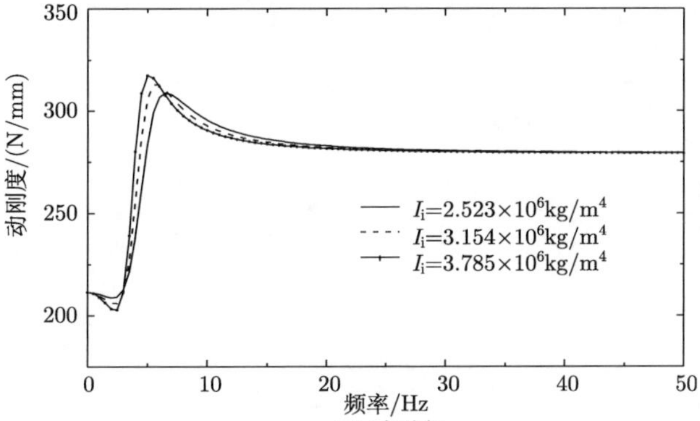

(a) 动刚度

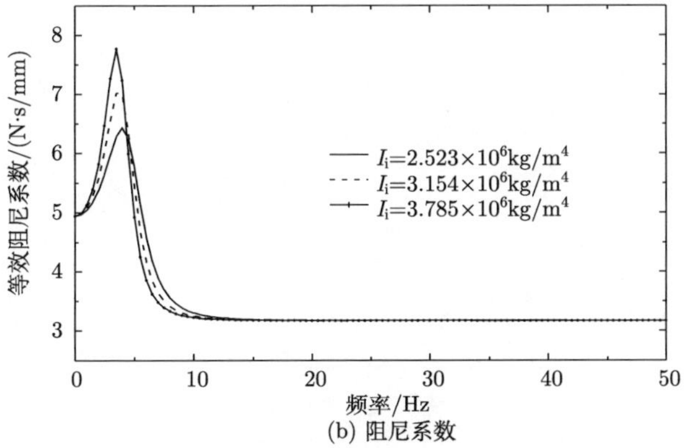

(b) 阻尼系数

图 7-7　低频、大振幅激励下惯性通道惯性系数对液阻悬置动态特性的影响

7.2.1.7　惯性通道阻尼系数 B_{i} 对液阻悬置低频动态特性的影响规律

由式 (7-5) 可以看出低频、大振幅激励下液阻悬置动刚度的峰值频率随惯性通道阻尼系数 B_{i} 的增大而增大。

由式 (7-6) 可以看出低频、大振幅激励下液阻悬置阻尼系数的峰值频率随惯性通道阻尼系数 B_{i} 的增大而减小。

由式 (5-24) 可得 ς 惯性通道阻尼系数 B_{i} 的增大而增大，由此可得 $1+\dfrac{1}{4(\varsigma^2+\varsigma)}$ 的值随惯性通道阻尼系数 B_{i} 的增大而减小，因此由式 (7-7) 可以得出低频、大振幅激励下，液阻悬置动刚度的峰值 k_{peak} 随惯性通道阻尼系数 B_{i} 的增大而减小。

由式 (7-8) 可得低频、大振幅激励下，惯性通道阻尼系数 B_{i} 对液阻悬置阻尼系数峰值的影响是不定的。

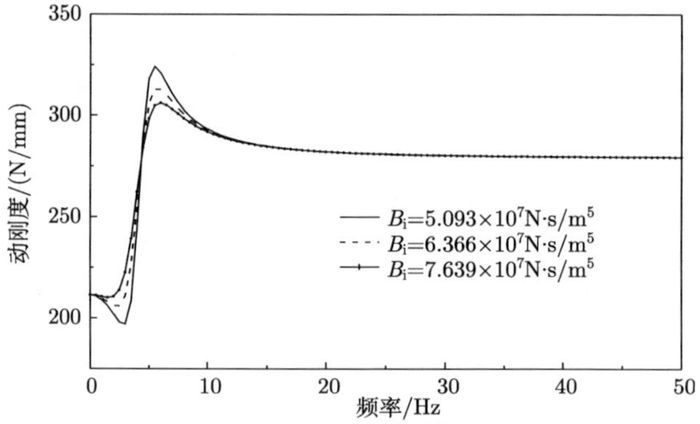

(a) 动刚度

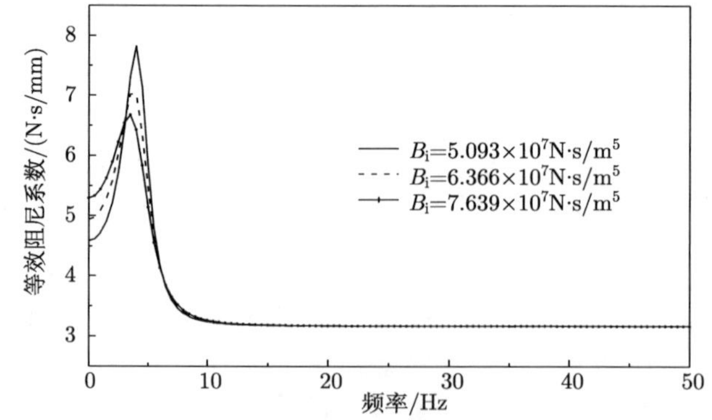

(b) 阻尼系数

图 7-8　低频、大振幅激励下惯性通道阻尼系数对液阻悬置动态特性的影响

由此可得，低频、大振幅激励下，当液体流经惯性通道的阻尼系数增大时，液阻悬置动刚度的峰值频率增大，而动刚度和阻尼系数的峰值频率减小。

图 7-8 为仿真得到的低频、大振幅激励下液体流经惯性通道的阻尼系数对液阻悬置动态特性的影响规律。

7.2.2　液阻悬置参数对其高频动态特性的影响规律

汽车动力总成悬置系统要求理想悬置元件高频时具有低刚度和小阻尼特性。高频小振幅激励下，液阻悬置动刚度和阻尼系数的峰值、动刚度和阻尼系数的峰值频率以及频率趋近于无穷大（$f \to \infty$）时，动刚度和阻尼系数的稳定值通常是研发人员关心的焦点，因而本节主要分析液阻悬置参数对这些指标的影响规律。

7.2.2.1　橡胶主簧刚度 K_r 和阻尼 B_r 对液阻悬置高频动态特性的影响规律

由式 (5-42)、式 (5-47) 以及式 (5-48) 可以得出高频、小振幅激励下液阻悬置动刚度和阻尼系数的峰值频率只与上液室体积刚度 K_1、液体流经解耦器时的惯性系数 I_d、阻尼系数 B_d 以及惯性通道的横截面积 A_i 有关，因此高频、小振幅激励下，液阻悬置动刚度和阻尼系数的峰值频率与橡胶主簧刚度 K_r 和阻尼 B_r 无关。

高频、小振幅激励下液阻悬置的动刚度峰值 k'_{peak} 为

$$k'_{\text{peak}} = k\Big|_{\omega=\omega'_2} = K_r + {A_p}^2 K_1 \frac{\alpha\lambda^2 + \lambda(4\varsigma'^2 - \alpha)}{(\lambda-1)^2 + 4\lambda\varsigma'^2} \tag{7-24}$$

由式 (7-24) 可以得出高频、小振幅激励下液阻悬置的动刚度峰值随橡胶主簧动刚度 K_r 的增大而增大。

高频、小振幅激励下液阻悬置在频率趋近于无穷大($f \to \infty$)时的动刚度稳定值 k_∞ 为

$$k_\infty = k\Big|_{\omega=\infty} = K_r + \alpha {A_p}^2 K_1 \tag{7-25}$$

因此可以得出液阻悬置在频率趋近于无穷大($f \to \infty$)时的动刚度稳定值 k_∞ 随橡胶主簧动刚度 K_r 的增大而增大。

高频、小振幅激励下液阻悬置的阻尼系数峰值 b'_{peak} 为

$$b'_{\text{peak}} = b\Big|_{\omega=\omega'_3} = B_r + \frac{{A_p}^2 K_1}{\omega'_n} \frac{4\varsigma'^2 - 2(1-\alpha)\beta\varsigma'}{(\beta-1)^2 + 4\beta\varsigma'^2} \tag{7-26}$$

由式 (7-26) 可以得出高频、小振幅激励下液阻悬置的阻尼系数峰值 b'_{peak} 随橡胶主簧的阻尼 B_r 的增大而增大。

高频、小振幅激励下，液阻悬置在频率趋近于无穷大($f \to \infty$)时的阻尼系数

稳定值 b_∞ 为

$$b_\infty = b\Big|_{\omega=\infty} = B_{\mathrm{r}} \tag{7-27}$$

由式 (7-27) 可以得出液阻悬置在频率趋近于无穷大 ($f \to \infty$) 时的阻尼系数稳定值 b_∞ 随橡胶主簧阻尼 B_{r} 的增大而增大。

由此可得，高频、小振幅激励下，当橡胶主簧刚度增大时，液阻悬置动刚度和阻尼系数的峰值、频率趋近于无穷大（$f \to \infty$）时动刚度和阻尼系数的稳定值增大，而动刚度和阻尼系数的峰值频率不变。图 7-9 为高频、小振幅激励下橡胶主簧刚度与阻尼对液阻悬置动态特性的影响规律。

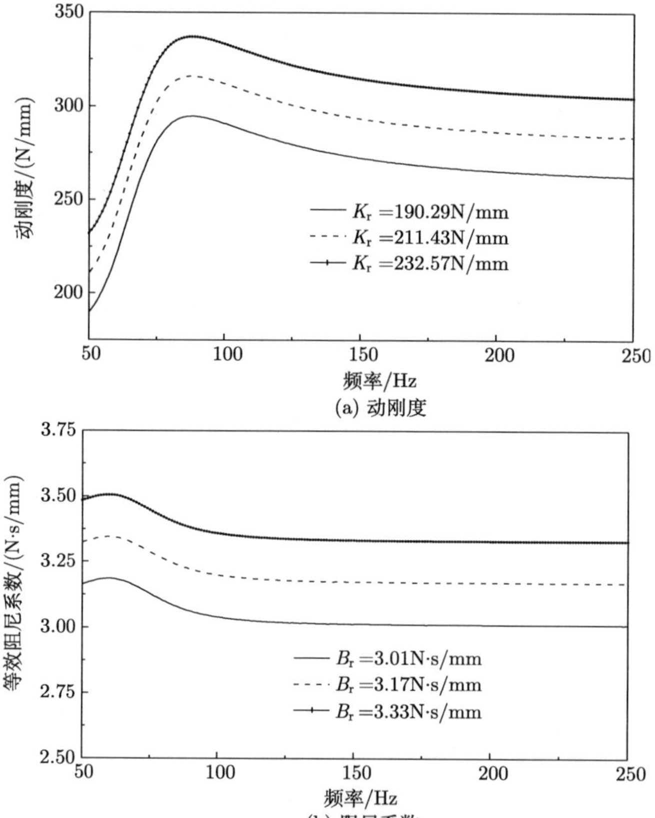

(b) 阻尼系数

图 7-9 高频、小振幅激励下橡胶主簧刚度与阻尼对液阻悬置动态特性的影响

7.2.2.2 橡胶主簧等效活塞面积 A_{p} 对液阻悬置高频动态特性的影响规律

由式 (5-42)、式 (5-47) 以及式 (5-48) 可以得出高频、小振幅激励下，液阻

悬置的动刚度和阻尼的峰值频率与橡胶主簧等效活塞面积 A_p 无关。

由式 (7-24) 可以得出高频、小振幅激励下液阻悬置的动刚度峰值随着橡胶主簧等效活塞面积 A_p 的增大而增大；由式 (7-26) 可以得出高频、小振幅激励下液阻悬置的阻尼峰值也随着橡胶主簧等效活塞面积 A_p 的增大而增大。

由式 (7-25) 可以得出高频、小振幅激励下，频率趋近于无穷大($f\to\infty$)时液阻悬置的动刚度稳定值随橡胶主簧等效活塞面积 A_p 的增大而增大。由式 (7-27) 可以得出频率趋近于无穷大($f\to\infty$)时，液阻悬置的阻尼系数稳定值与橡胶主簧等效活塞面积 A_p 无关。

由此可得，高频、小振幅激励下，当橡胶主簧等效活塞面积增大时，液阻悬置动刚度和阻尼系数的峰值、频率趋近于无穷大($f\to\infty$)时动刚度的稳定值增大，而动刚度和阻尼系数的峰值频率不变。图 7-10 为仿真得到的高频、小振幅激励下橡胶主簧等效活塞面积对液阻悬置动态特性的影响规律。

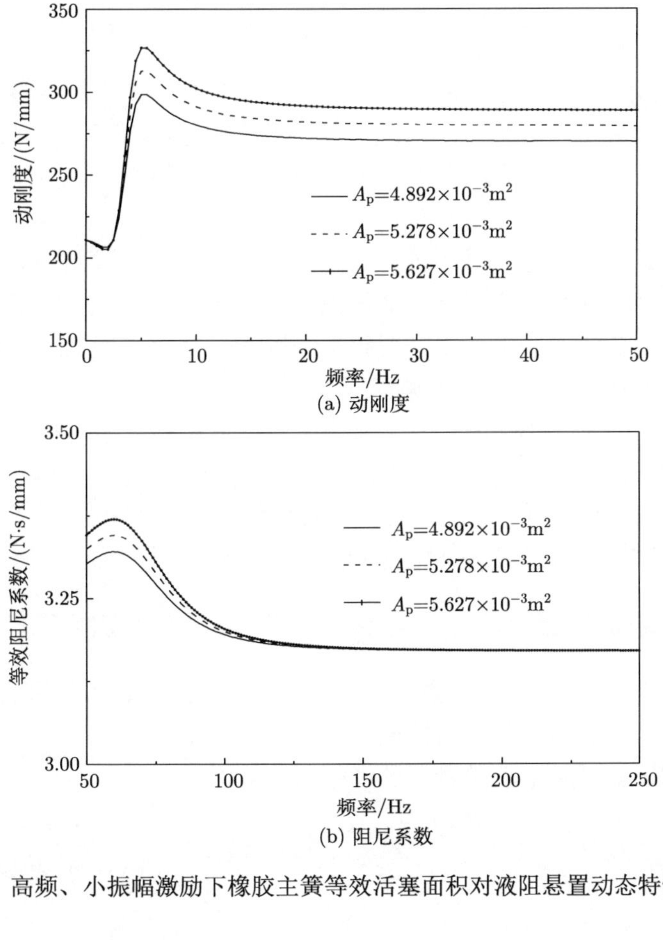

图 7-10 高频、小振幅激励下橡胶主簧等效活塞面积对液阻悬置动态特性的影响

7.2.2.3 上液室体积刚度 K_1 对液阻悬置高频动态特性的影响规律

由式 (5-42) 与式 (5-47) 可得高频、小振幅激励下液阻悬置的动刚度峰值角频率为

$$\omega_2'^2 = \omega_n'^2 \frac{\alpha + 2\varsigma'\sqrt{\alpha^2 + 4\varsigma'^2(1-\alpha)}}{\alpha + 4\varsigma'^2(1-\alpha)} = \frac{\alpha K_1 + \sqrt{K_1(\alpha B_d)^2 / I_d + B_d{}^4(1-\alpha) / I_d{}^2}}{\alpha I_d + \dfrac{B_d{}^2}{K_1}(1-\alpha)} \tag{7-28}$$

式 (7-28) 中，分式分子随上液室体积刚度 K_1 的增大而增大，而分式分母随上液室体积刚度 K_1 的增大而减小，因而高频、小振幅激励下液阻悬置的动刚度的峰值频率随上液室体积刚度 K_1 的增大而升高。

高频、小振幅激励下液阻悬置阻尼系数的峰值角频率为

$$\omega_3'^2 = \omega_n'^2 \left[1 - \sqrt{4(1-\alpha)\varsigma'^2 + \alpha^2}\right] / (1-\alpha) \tag{7-29}$$

由式 (5-42) 可得解耦器中液体振动的自然角频率 ω_n' 随上液室体积刚度 K_1 增大而增大，而液阻悬置系统阻尼比 ς' 随上液室体积刚度 K_1 的增大而减小，因此高频、小振幅激励下液阻悬置的阻尼系数的峰值频率随上液室体积刚度 K_1 的增大而增大。

由式 (7-25) 可以得出高频、小振幅激励下液阻悬置频率趋近于无穷大 $(f \to \infty)$ 时的动刚度稳定值随上液室体积刚度 K_1 的增大而变大。由式 (7-27) 可以得出高频、小振幅激励下液阻悬置频率趋近于无穷大 $(f \to \infty)$ 时的阻尼系数稳定值不受上液室体积刚度 K_1 的影响。

由此可得，高频、小振幅激励下，当上液室体积刚度增大时，液阻悬置动刚度和阻尼系数的峰值、动刚度和阻尼系数的峰值频率以及频率趋近于无穷大 $(f \to \infty)$ 时的动刚度的稳定值均增大。图 7-11 为仿真得到的高频、小振幅激励下上液室体积刚度对液阻悬置动态特性的影响规律。

7.2.2.4 惯性通道横截面积 A_i 对液阻悬置高频动态特性的影响规律

由式 (5-42)、式 (5-47) 以及式 (5-48) 可以得出，高频、小振幅激励下液阻悬置动刚度和阻尼的峰值频率与惯性通道横截面积 A_i 无关。

高频、小振幅激励下液阻悬置的动刚度峰值为

$$k\Big|_{\omega=\omega_2'} = K_r + A_p{}^2 K_1 \frac{\alpha\lambda^2 + \lambda(4\varsigma'^2 - \alpha)}{(\lambda-1)^2 + 4\lambda\varsigma'^2} = K_r + A_p{}^2 K_1 \frac{(\lambda^2 - \lambda)\alpha + 4\lambda\varsigma'^2}{(\lambda-1)^2 + 4\lambda\varsigma'^2} \tag{7-30}$$

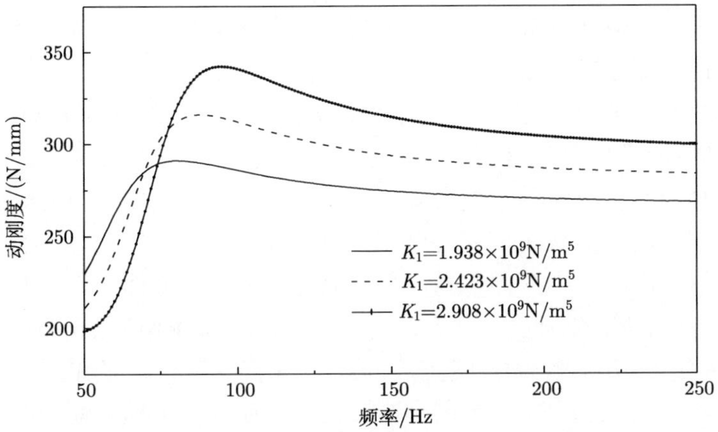

(a) 动刚度

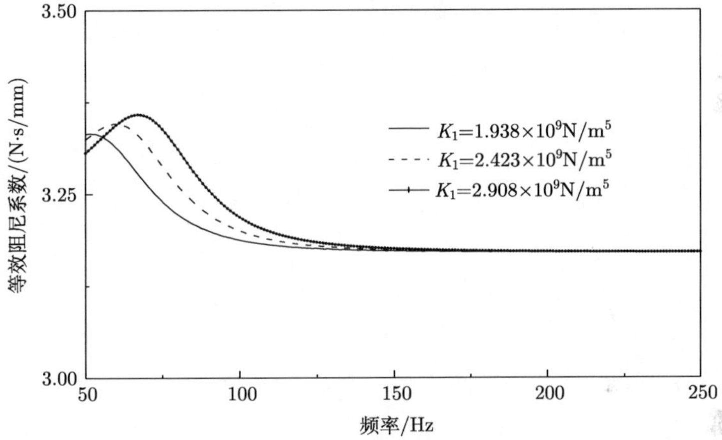

(b) 阻尼系数

图 7-11 高频、小振幅激励下上液室体积刚度对液阻悬置动态特性的影响

式中，

$$\lambda=\frac{\alpha+2\varsigma'\sqrt{\alpha^2+4\varsigma'^2(1-\alpha)}}{\alpha+4\varsigma'^2(1-\alpha)}=\frac{\alpha+2\varsigma'\sqrt{\alpha^2+4\varsigma'^2(1-\alpha)}}{\alpha+2\varsigma'\sqrt{4\varsigma'^2(1-\alpha)^2}} \tag{7-31}$$

其中

$$1-\alpha=\frac{A_{\mathrm{i}}}{A_{\mathrm{p}}} \tag{7-32}$$

而惯性通道的横截面积一般远小于橡胶主簧等效活塞面积，$0<1-\alpha<1$，因而，$4\varsigma'^2(1-\alpha)>4\varsigma'^2(1-\alpha)^2$，于是$\lambda>1$，由式 (7-32) 可以得出参数$\alpha$随惯性通道横截面积$A_{\mathrm{i}}$的增大而减小，由式 (7-30) 可以得出高频、小振幅激励下液

阻悬置的动刚度峰值随参数 α 的增大而增大，因此高频、小振幅激励下液阻悬置动刚度的峰值随惯性通道横截面积 A_i 的增大而减小。

由式 (7-25) 可以得出高频、小振幅激励下液阻悬置频率趋近于无穷大 ($f \to \infty$) 时的动刚度稳定值随惯性通道横截面积 A_i 的增大而减小。由式 (7-27) 可以得出高频、小振幅激励下液阻悬置频率趋近于无穷大 ($f \to \infty$) 时的阻尼系数稳定值不随惯性通道横截面积 A_i 的变化而变化。

由此可得，高频、小振幅激励下，当惯性通道的横截面积增大时，动刚度和阻尼系数的峰值、频率趋近于无穷大（$f \to \infty$）时的动刚度稳定值减小，而动刚度和阻尼系数的峰值频率、频率趋近于无穷大（$f \to \infty$）时的阻尼系数的稳定值不变。图 7-12 为仿真得到的高频、小振幅激励下惯性通道横截面积对液阻悬置动态特性的影响规律。

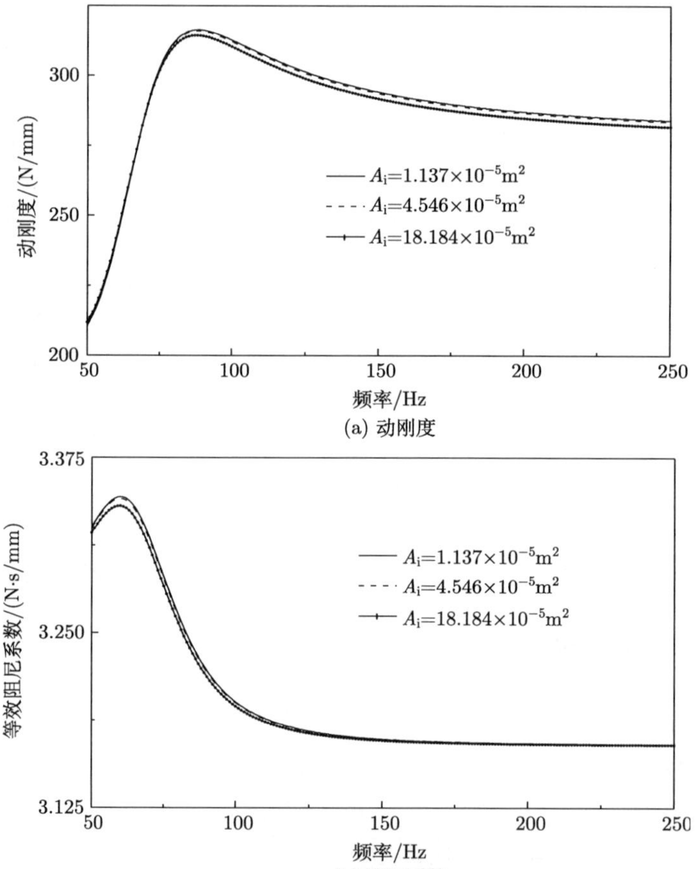

图 7-12　高频、小振幅激励下惯性通道横截面积对液阻悬置动态特性的影响

7.2.2.5 液体流经解耦器的惯性系数 I_d 对液阻悬置高频动态特性的影响规律

由式 (7-28) 可以得出高频、小振幅激励下液阻悬置动刚度的峰值频率随着液体流经解耦器惯性系数 I_d 的增大而降低。

由式 (7-29) 可以得出高频、小振幅激励下液阻悬置动刚度的峰值角频率为

$$\omega_3'^2 = \omega_n'^2\left[1-\sqrt{4(1-\alpha)\varsigma'^2+\alpha^2}\right]/(1-\alpha) = \frac{K_1}{(1-\alpha)}\left[\frac{1}{I_d}-\sqrt{\frac{(1-\alpha)B_d{}^2}{K_1 I_d{}^3}+\frac{\alpha^2}{I_d{}^2}}\right] \tag{7-33}$$

由式 (7-33) 可以得出液体流经解耦器的惯性系数 I_d 对高频、小振幅激励下阻尼系数的峰值频率的影响是不定的。

由式 (7-25) 与式 (7-27) 可以得出高频、小振幅激励下液阻悬置频率趋近于无穷大($f \to \infty$)时的动刚度稳定值和阻尼系数稳定值不随液体流经解耦器的惯性系数 I_d 的变化而变化。

由此可得，高频、小振幅激励下，当液体流经解耦器的惯性系数增大时，液阻悬置动刚度的峰值频率减小，而频率趋近于无穷大（$f \to \infty$）时的动刚度和阻尼系数的稳定值不变。图 7-13 为仿真得到的高频、小振幅激励下液体流经解耦器的惯性系数对液阻悬置动态特性的影响规律。

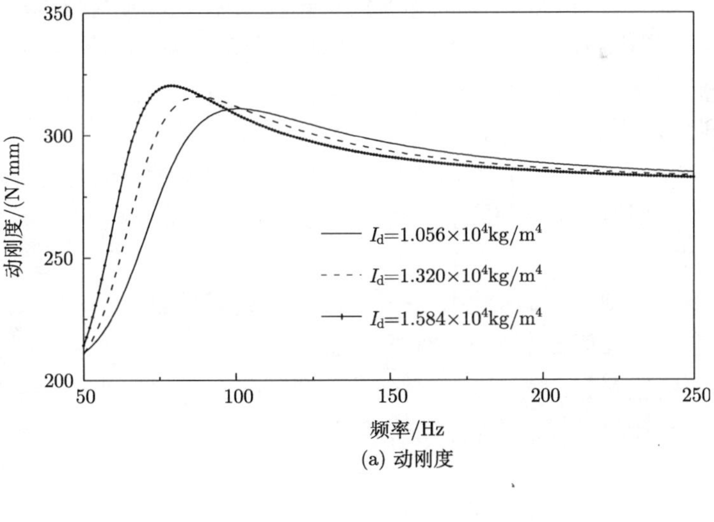

(a) 动刚度

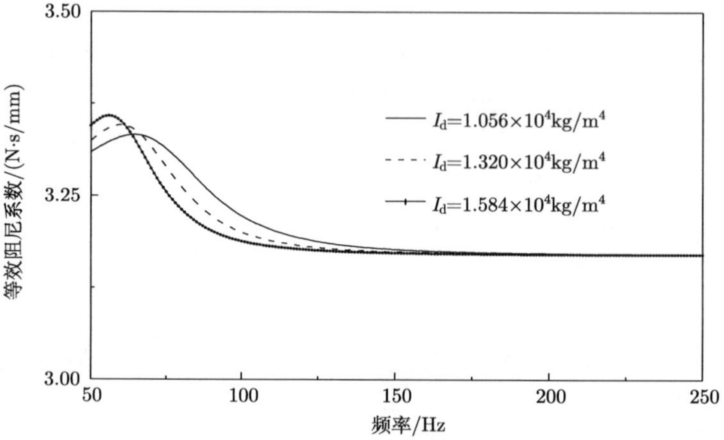

(b) 阻尼系数

图 7-13 高频、小振幅激励下液体流经解耦器的惯性系数对液阻悬置动态特性的影响

7.2.2.6 液体流经解耦器的阻尼系数 B_d 对液阻悬置高频动态特性的影响规律

由式 (7-26) 可以得出液体流经解耦器的阻尼系数 B_d 对高频、小振幅激励下液阻悬置动刚度的峰值频率的影响是不定的。

由式 (5-42) 可以得出 ς' 随液体流经解耦器的阻尼系数 B_d 的增大而增大，由式 (7-27) 可以得出高频、小振幅激励下液阻悬置阻尼系数的峰值频率随 ς' 增大而减小，因此高频、小振幅激励下液阻悬置阻尼系数的峰值频率随液体流经解耦器的阻尼系数 B_d 的增大而减小。

由式 (7-25) 与式 (7-27) 可以得出高频、小振幅激励下液阻悬置频率趋近于无穷大 $(f\to\infty)$ 时的动刚度和阻尼系数的稳定值不随液体流经解耦器阻尼系数 B_d 的变化而变化。

由此可得，高频、小振幅激励下，当液体流经解耦器的阻尼系数增大时，液阻悬置阻尼系数的峰值频率减小，而频率趋近于无穷大 $(f\to\infty)$ 时的动刚度和阻尼系数的稳定值不变。图 7-14 为仿真得到的高频、小振幅激励下液体流经解耦器的阻尼系数对液阻悬置动态特性的影响规律。

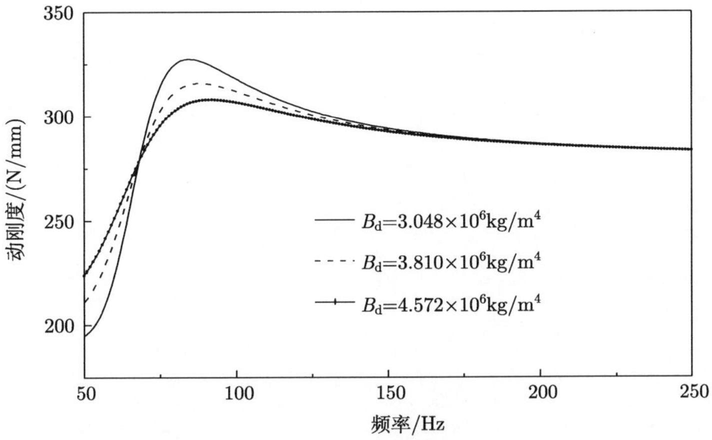

(a) 动刚度

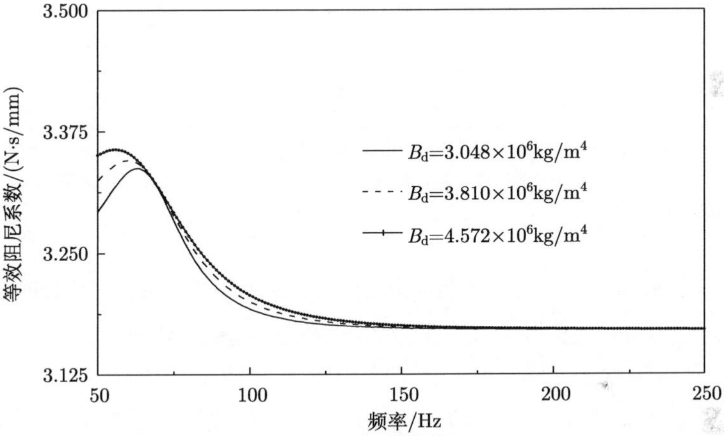

(b) 阻尼系数

图 7-14 高频、小振幅激励下液体流经解耦器的阻尼系数对液阻悬置动态特性的影响

7.3 本 章 小 结

本章分析了液阻悬置物理参数、结构参数和材料性能对液阻悬置动态特性的影响规律，主要研究内容和结果如下。

(1) 从理论方面系统分析并得出液阻悬置参数对液阻悬置动态特性指标的影响规律，液阻悬置参数对其动态特性的影响规律如表 7-1 所示。

表 7-1　动态特性和液阻悬置参数之间的关系

参数	k_{peak}	b_{peak}	ω_2	ω_3	k'_{peak}	b'_{peak}	ω'_2	ω'_3	k_∞	b_∞
K_r	↑	—	—	—	↑	—	—	—	↑	—
B_r	—	↑	—	—	—	↑	—	—	—	↑
A_p	↑	↑	—	—	↑	↑	—	—	↑	—
K_1	↑	不定	↑	↑	↑	↑	↑	↑	↑	—
l_i	↓	↑	↓	↓	—	—	—	—	—	—
A_i	↑	不定	不定	↑	↓	↓	—	—	↓	—
I_i	↑	不定	↓	不定	—	—	—	—	—	—
B_1	↓	不定	↑	↓	—	—	—	—	—	—
I_d	—	—	—	—	不定	不定	↓	不定	—	—
B_d	—	—	—	—	不定	不定	不定	↓	—	—

注：“↑”代表动态特性指标随液阻悬置参数的增大而变大；“↓”代表动态特性指标随液阻悬置参数的增大而减小；“—”代表动态特性指标不随液阻悬置参数的变化而变化；“不定”代表动态特性指标和液阻悬置参数之间没有确定的关系。

(2) 液阻悬置橡胶主簧的动刚度和阻尼系数决定了液阻悬置动刚度和阻尼系数的整体水平。当其他参数不变，而只改变橡胶主簧的动刚度和阻尼系数时，液阻悬置动刚度和阻尼系数随橡胶主簧的动刚度和阻尼系数的变化而产生整体平移。橡胶主簧橡胶材料的硬度越大，橡胶主簧的动刚度和阻尼系数越大，液阻悬置整体的动刚度和阻尼系数越大。

(3) 液体流经惯性通道的惯性系数和阻尼系数主要影响低频、大振幅激励下液阻悬置动刚度和阻尼系数的峰值以及峰值频率。低频、大振幅激励下，当液体流经惯性通道的惯性系数增大时，动刚度的峰值增大，而动刚度的峰值频率减小；当液体流经惯性通道的阻尼系数增大时，动刚度的峰值频率增大，而动刚度的峰值、阻尼系数的峰值频率减小。

(4) 液体流经解耦器的惯性系数和阻尼系数主要影响高频、小振幅激励下液阻悬置动刚度和阻尼系数的峰值频率。高频、小振幅激励下，当液体流经解耦器的惯性系数增大时，动刚度的峰值频率减小；当液体流经解耦器的阻尼系数增大时，阻尼系数的峰值频率减小。

8　悬置元件结构优化

汽车发动机悬置元件减振性能受其结构、材料物理及化学性能等的综合影响，其影响规律非常复杂。悬置元件使用的工况各不相同，因而实际使用中悬置系统对悬置元件的要求千差万别。如何设计合理的悬置元件结构，使其满足悬置系统的要求，一直是学者、工程师关注的热点问题。

悬置结构优化是一个单目标或多目标的参数优化问题，人们在实践过程中发展了许多有效的优化方法，本章首先介绍结构优化的各种算法，然后介绍悬置元件结构优化的实例。

8.1　结构优化算法

在生产和生活中，需要建造各式各样的结构物，设计这些结构时，除了要考虑这些结构有基本效能外，总是希望把它们设计得尽可能“优”，一个结构物的“优”和“差”，总是以某一指标来衡量的，这个指标就是结构的优化设计问题的“目标函数”。对于不同问题，目标函数是不相同的。影响目标函数取值的是一些设计参数，我们的目的是适当调整这些设计参数，使目标函数达到最大值或最小值，这些参数称为设计变量。虽然可以对设计变量进行修改和调整，但是这种修改和调整是受到各种各样限制的，这些设计变量的限制称为“约束条件”。因此，结构优化设计工作可以描述为在满足约束条件的前提下，调整设计参数，使相应目标函数达到最大值或最小值。

长期以来，人们在结构优化设计中发展了许多有效的算法，这些算法的一个主要特点是需要提供函数的导数信息，运用数学编程技术来实现优化解。然而，对于大规模结构优化问题，由敏度计算而导致的计算量剧增，使最优解的获得往往要耗费大量的人力与物力。因此，寻求更为简便有效的结构优化设计方法一直是人们关注的课题。

8.1.1　基于遗传神经网络的单目标结构优化方法

工程中很多参数优化问题均不存在设计变量和优化目标的显式函数关系式，解决此类优化问题可以先利用人工神经网络建立映射关系，然后利用遗传算法或者改进的遗传算法寻得最优解。神经网络对建立设计变量与优化目标的映射关系方面有着无可比拟的优势。遗传算法作为一种不需要具体函数形式就能够进行优化计算的优化方法，可以寻得全局最优解。将两者相结合，可以很好地解决这类问题。这种思路主要应用于如有限元分析以及结构设计等不能够列出具体函数表达式并且需要对多个目标参数进行优化的问题上。

8.1.1.1 遗传算法优化的基本思想

20 世纪 80 年代后期，基于生物进化论中自然遗传机制的优化方法——遗传算法 (genetic algorithm，GA) 被引入结构优化设计领域。利用遗传算法，结构优化问题可转化为生物进化过程，并通过杂交、突变等进化形式来获得结构优化问题的最优解[161, 162]。

遗传算法不需要导数信息，具有一定的并行性。因此，相对于其他优化算法，遗传算法更适用于各类复杂的结构优化问题。遗传算法能克服数学规划法用于结构优化问题的局限,因此国内外许多学者先后利用遗传算法解决了结构优化问题。Jenkins[163]利用遗传算法求解了桁架等的结构优化问题；Hajela[164]利用遗传算法解决了非连续设计空间的结构优化设计问题；Rao[165]利用遗传算法解决了有关主动控制结构的优化问题；Deb[166]利用遗传算法解决了焊接梁的结构优化问题。

遗传算法是一种概率搜索方法，它需要用相当数量的染色体组成集团，进行大量的目标函数值计算，就结构优化分析而言，每个函数值的获取需要进行一次有限元分析，世代繁殖搜索优化解，因而有限元分析的工作量相当大，对于小规模优化问题，这些计算量并不构成严重障碍，然而对于大规模的结构优化问题，大量的有限元分析计算将是一个沉重的负担。这些问题影响着遗传算法在结构优化设计中的深入应用。

1975 年，Holland 系统地提出了遗传算法的概念，借鉴于达尔文的“物竞天择、优胜劣汰、适者生存”的自然选择的自然遗传机理，其本质是一种求解问题的高效、并行、全局的搜索方法。Holland 创建的遗传算法是一种概率搜索算法，它是利用某种编码技术作用于称为染色体的二进制数串，其基本思想是模拟这些串组成的群体的进化过程[167]。

遗传算法通过有组织又是随机的信息交换来重新结合那些适应性好的串，在每一代中，利用上一代串结构中适应性好的位和串，来生成一个新的串的群体。在遗传学中，这些特定的位或串被称为基因。作为额外的增加，偶尔也要在串结构中尝试用新的位和段来替代原来的部分，这正类似于自然界中的基因变异。

8.1.1.2 遗传算法的基本过程

遗传算法的基本过程如下。

首先，根据优化问题的特点随机地产生一定数量的初始解构成初始群体，每一个初始个体都由一个确定长度的特征串组成，这些特征串是按照一定的编码规则形成的。初始群体中有的个体素质较好，但多数个体的素质较差。通过遗传操作与选择保留，群体的总体素质得以不断提高，经过一定代数的进化后，群体中素质最好的个体，即对应于问题的最优解。

图 8-1 为遗传算法优化的基本过程。

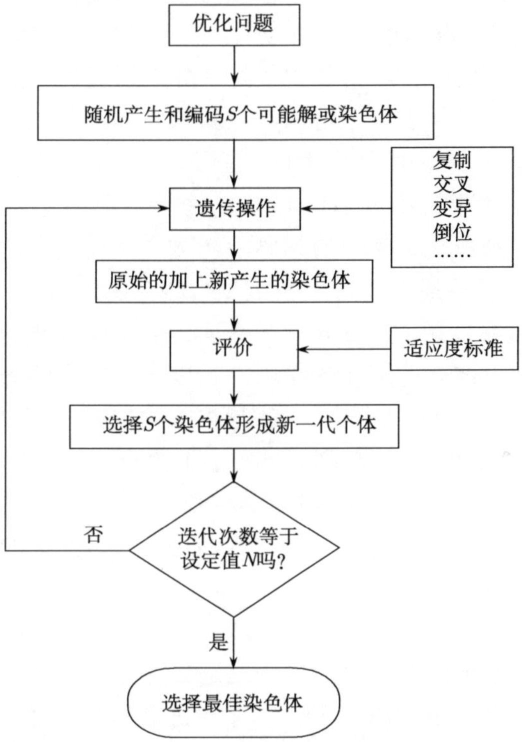

图 8-1 遗传算法优化流程图

根据图 8-1，遗传算法的基本过程和概念如下。

1) 染色体编码

遗传算法不能直接处理问题空间的参数，必须把它们转换成由一定结构组成的染色体或个体。针对一个代优化的问题，将要优化的变量按照顺序排列成一个变量串，则构成一个染色体。常用的染色体编码规则有二进制编码、直接编码等。遗传算法最早提出时就是采用的二进制编码，染色体通过译码与实际的参数对应。

2) 群体的初始化

编码的规则确定后，就可以通过编码随机产生一定数量的初始解作为原始群体。而在编码前，考虑算法的效率和可操作性，首先必须确定参数的范围。确定好参数的搜索范围，不但可以有效地减小搜索空间，而且可以控制染色体编码的长度，减少计算的存储量。

3) 遗传操作

遗传操作就是指对染色体进行的运算。常用的遗传操作算子有复制、杂交和变异等。复制算子是把当前群体中的个体按与适应值成比例的概率复制到新的群体中。其作用效果是提高群体的平均适应值，但是以损失群体的多样性为代价的。复制算子并没有产生新的个体，群体中最好个体的适应值自然不会改进。杂交算子是遗传操作中最重要的算子。它可以产生新的个体，从而检测搜索空间中新的点。杂交算子按概率 P_c 产生两个子代串，它们一般与其父代串不同，而且彼此也不相同，每个子代串都包含两个父代串的遗传物质。其中 P_c 是一个系统参数，即交叉概率。此参数控制着交叉操作的频率，P_c 太大，会使高适应值的结构很快破坏掉，P_c 太小，搜索会停滞不前。一般 P_c 取 0.25~0.75。

相比复制算子和杂交算子，变异算子是遗传算子中次要的算子，但它在恢复群体中失去的多样性方面具有潜在的作用。它以一个很小的概率 P_m 随机地改变染色体串上的某些位，对于二进制串，就是相应的位由 1 变为 0 或 0 变为 1。P_m 也是一个系统参数，即变异概率。P_m 太小不会产生新的基因块，P_m 太大则会使遗传算法变成随机搜索。一般 P_m 取 0.01~0.20。

在实际的应用中，针对不同的优化问题，还有许多其他的遗传算子，如移位算子和贪婪杂交算子等。

4) 适应度评价

群体中个体的适应值也称为适应度，是遗传算法运行中用到的唯一信息。在遗传算法中，每一代群体中的每一个个体都要在未知的环境中进行检测以得到它们的适应度，它是个体素质优劣的评价标准，也是整个优化过程的指导方向。适应度的计算是遗传算法中关键的环节。

5) 选择操作

选择操作的作用就是从规模扩大的群体中选出一定数量的个体构成新的群体，这里的“一定数量”指的即为群体规模。选择操作使素质优良的个体在进化过程中存活的概率增加，进入下一代的概率也就越大。这样群体的整体素质就会不断地得到提高。

常用的选择算法有赌轮选择、竞争选择和排序选择等。

遗传算法与传统的优化设计方法相比，有以下几个明显的特点：

(1) 不受搜索空间的限制，如导数的连续性或存在性，事实上，它不需要任何导数信息。

(2) 同时搜索解空间内的许多点，并在优良点附近繁殖，而且寻优过程仍不断注意搜索解空间中的最优点，因而可弥补传统优化方法仅收敛于局部最优解的不足，并求得全局最优解。

(3) 寻优过程虽然具有随机性，但并不是在解空间中盲目地进行穷举式的搜索，而是一种启发式的搜索，其最优的搜索轨迹，仅占解空间的很小部分，因而可避免过大的工作量。

将遗传算法用于结构优化问题求解的最大不足是每次世代更迭都需要进行大量的有限元分析计算 (每世代有限元分析次数与该世代的染色体个数相同)，因此，如何有效地减少有限元分析计算工作量则是遗传算法成功应用于大型结构优化设计的关键。在实际优化问题中遗传算法常与神经网络结合进行使用。

8.1.1.3 神经网络

1) 神经网络基本原理

人工神经网络是模拟大脑中数以百万计的生物神经元的特点，相互连接而形成的巨型复杂网络系统。由于生物神经元由细胞体、树突和轴突组成，细胞体的伸延部分产生的分枝称为树突，当突触接收外部信号后，把信号引导到细胞体内累积，该累积值与阈值比较来决定神经网络处于兴奋或抑制状态。当累积超过阈值时，神经元被激活，沿轴突发送信号给其他神经元。

神经网络是一个非线性动力学系统，其特色在于信息的分布式存储和并行协同处理。虽然单个神经元的结构极其简单，且功能有限，但大量神经元构成的网络系统所能实现的行为却是极其丰富多彩的。和数字计算机相比，神经网络系统具有集体运算的能力和自适应的学习能力。此外，它还具有很强的容错性和鲁棒性，善于联想、综合和推广。

神经网络模型各种各样，能从不同的角度对生物神经系统进行不同层次的描述和模拟。代表性的网络模型有感知器、多层映射 BP (back- propagation) 算法网络、径向基函数网络、双向联想记忆、Hopfield 模型等。

运用这些网络模型可实现函数逼近、数据聚类、模式分类、优化计算等功能。因此，神经网络广泛应用于人工智能、自动控制、机器人、统计学等领域的信息处理。

2) 神经网络的结构近似分析方法

1957 年，苏联数学家 Kolmogorov 提出了任意连续函数表示定理，在此基础上，1987 年，Nielsen 提出了 Kolmogorov 多层神经网络映射存在定理[168]，其内容为：对于任意的连续函数 $\varphi : I^n \to R^m, Y = \varphi\left(x\right)$ （I 是单位闭区域[0，1]），都存在着一个输入层有 n 个神经元、隐层有$(2n+1)$个神经元、输出层有 m 个神经元的三层神经网络，该神经网络能用于精确表达连续函数 $Y = \varphi\left(x\right)$。Kolmogorov 多层神经网络映射存在定理证明了一个任意的连续函数都能与一个三层神经网络建立映射关系。

将该定理应用于结构分析问题，有如下定理。

设 X 是任一弹性结构的 n 个设计变量集，Y 是该结构的 m 个应力、位移等量集，则必存在一个输入层 (输入量为 X) 有 n 个神经元、隐含层有$(2n+1)$个神经元，输出层 (输出量为 Y) 有 m 个神经元的三层神经网络，该神经网络可用来精确表达结构的 Y 与 X 间的映射关系，并从理论上给出证明。

该方法适用于建立弹性结构中的设计变量集和结构的有限元计算结果，如位移、应力等之间的全局性映射关系，使优化过程中的结构分析结果可以用神经网络的输出近似代替，这样大大节省了计算时间。

一个具有输入层、隐含层和输出层的三层 BP 神经网络，如图 8-2 所示，通过对不同的输入 $x_i(i = 1,2,\cdots,m)$与输出 $y_k(k = 1,2,\cdots,n)$样本的训练，得出连接各神经元的权系数 w_{ij}与 w_{jk}，从而对任意的非样本输入可计算出相应的输出。

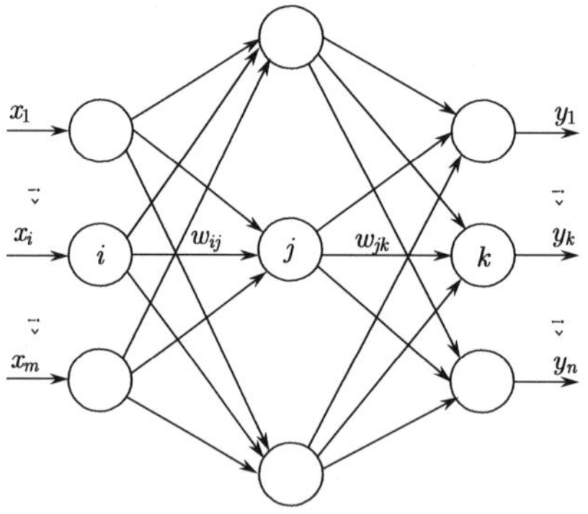

图 8-2　三层 BP 神经网络

BP 神经网络具有建立输入与输出之间全局非线性映射关系的能力，使得利用遗传算法进行结构优化设计时有了强大的计算手段，即目标函数值的获得不必再依靠大量的有限元分析计算，而是利用训练好的权系数 w_{ij}与 w_{jk}，即可很快得到，从而大大减少结构优化中有限元计算所需的时间。

8.1.1.4　基于遗传神经网络的单目标结构优化过程

一般结构优化问题求解变量与目标值之间均不具有显式关系，可以利用遗传算法和神经网络相结合的结构优化策略求解不具有显式关系的优化问题，单目标遗传神经网络优化算法见图 8-3，包括如下过程[169]：

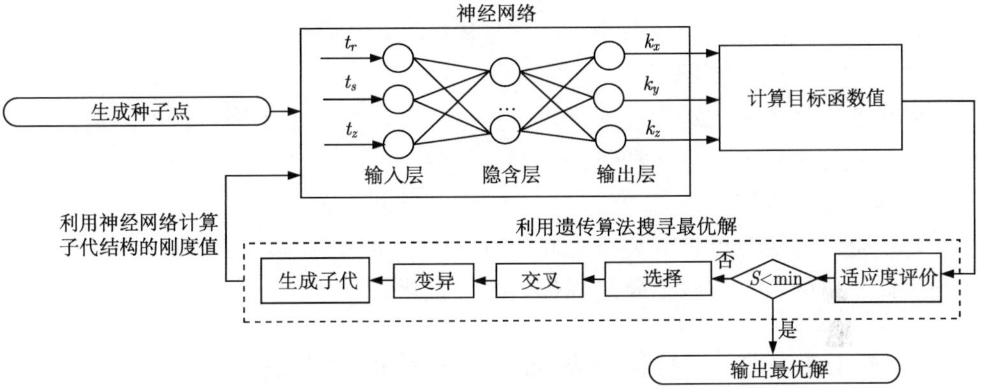

图 8-3　遗传神经网络单目标优化算法

1) 采用神经网络建立优化目标和结构设计变量间的映射模型

(1) 按一定的概率密度遍历结构设计变量的整个空间，选择一定数量的样本点，并对上述样本点中的输出值按一定的比例因子进行归一化。

(2) 输入样本集，设置神经网络初始参数。

(3) 采用多层神经网络学习算法进行样本的学习。

2) 建立设计变量的映射关系

设计变量与二进制位串间对应关系如下：

$$x_j = a_j + M\frac{\left(b_j - a_j\right)}{\left(2^I - 1\right)} \tag{8-1}$$

式中，I 为二进制位串位数；M 是二进制位串码对应的十进制数值。

3) 群体初始化

(1) 选择合适的原始群体规模，随机选取个体。

(2) 采用神经网络近似分析技术计算个体的约束函数值；如属非可行个体，重新选择新个体，直到所有个体都为可行个体。

4) 繁殖产生后代个体

(1) 进行映射变换，使得父代个体的适应度对应于实数线段中的某一连续区间段。

(2) 在上述实数线段区域内产生一随机数，随机选出相对应的个体作为父代个体。

(3) 产生一概率数，随机选择杂交、突变等繁殖方式，繁殖后代个体。

(4) 采用神经网络近似分析技术计算后代个体约束函数；如属非可行个体，放弃步骤(3)产生的新个体，转向步骤(2)。

(5) 如产生的后代个体数小于群体规模数，则转向步骤(2)。

5) 群体繁殖结束判别

如果各代群体平均适应度和最优个体适应度变化率小于许可精度，则认为群体繁殖过程处于稳定状态，群体进化进程结束。

6) 输出优化解

将所得到的适应度最大的染色体所对应的二进制串码转化为十进制数，即得到各设计变量的值，这些值就是优化问题的优化解。

8.1.2 基于 Pareto 遗传算法的多目标参数优化方法

多目标优化是科研和实践中普遍遇到的问题，是数学规划的一个重要分支，其理论和方法在经济规划、计划管理、金融决策、工程设计、城市与工农业规划、卫生保健和军事科学等领域中有着广泛的应用，在经济学、对策论、系统工程和控制论等学科的研究中，也常常涉及多目标优化问题。与单目标优化方法不同的是，多目标优化是在给定的条件下，同时要求多个目标都尽可能好的最优化问题。如何处理多个目标之间的均衡，是理论研究的重要课题。近十几年来多目标优化技术的发展很快，尤其是在随机搜索方法及进化计算获得广泛应用后，出现了一批优秀的多目标优化技术。到目前为止，多目标优化方法仍处于不断探索，且有许多尚未解决的问题。

8.1.2.1 多目标优化问题中约束条件的处理——模糊罚函数法

实际问题中的多目标优化设计常常是带有约束条件的。每个约束条件都直接或间接地对设计变量的变化施加限制，并且将设计空间分为两个部分：可行域和不可行域。如果设计落在可行域中，称该点为可行设计；否则称为不可行设计。对于工程应用中的优化问题，不可行设计意味着失败的设计而不能接受。

模糊罚函数法是一种能有效处理多目标遗传算法中约束条件的方法，利用模糊理论构造一个模糊环境，将确定性的约束条件模糊化，建立模糊罚函数，并将它们集成到遗传算法中，使多目标遗传算法能有效地处理约束条件，求得全局最优解。

根据模糊集合理论，使用模糊方法描述的各观察值之间没有明确定义的边界，遗传算法中，求解问题时唯一需要的输入信息就是当前群体中各点的适应度值。所以要用遗传算法求解多目标优化问题，适应度值应包含下列信息：一是该点在目标函数空间的位置（与 Pareto 最优解集的距离），另一个是在决策变量空间的位置（衡量群体中的点违反约束条件的情况），这些信息用来表达点的非劣特性。同时，由于存在惩罚项，其违反约束条件的程度会明显影响搜索进程。由于遗传算法是一种随机搜索算法，确定性的数学表达式对遗传算法的进化过程影响不大，因此可以说，遗传算法的操作过程是一种模糊的过程，而不是精确的数值计算。由于遗传算法有这样的特点，模糊集合理论能够和遗传算法联合使用。当约束条件被转换到模糊域中后，模糊可行集合中既包含可行点又包含不可行点，这样遗传算法能够同时得到可行点和不可行点的信息。

Pareto 遗传算法是靠某一点的级别而不是该处的函数值来寻找最优解的，传统的罚函数法直接将罚函数的值加在函数值后面，这样得到的和并不能反映点距离可行域的远近。实际上，在遗传算法中是用点的适应度值来判断点位置的好坏的。所以，在建立罚函数时，应满足以下三个规律[170,171]：

(1) 点可行或非可行的状态应由适应度方程反映；

(2) 点离可行域越近，其适应度就越大；

(3) 点离 Pareto 最优解集越近，其适应度值则越大。

模糊集合中，点的状态由点在集合中的隶属度表示，隶属函数可以用下面的方式来定义：最坏的情况下隶属函数值为 0；最好的情况为 1；其他情况下的隶属函数值则取 0 和 1 的中间值。隶属函数的方程既可以是连续的，也可以是离散的。选择合适的隶属度函数在模糊罚函数的设计中是至关重要的。一般来说，隶属函数的确定必须遵循以下两条原则。

(1) 表示隶属函数的模糊集合必须是凸模糊集合。这条原则规定，变量的隶属函数从最大隶属度区域向两边延伸时，其隶属度只能单调递减，不允许呈波浪形。凸模糊集合在数学上的严格定义是：在隶属函数曲线上任意两点之间曲线上的任一点所表示的隶属度都大于或者等于两点隶属度中较小的一个。即在实数集合的任意区间$[a,b]$上，对于所有的$x \in [a,b]$，都存在如下关系：

$$u_A(x) \geqslant \min[u_A(a), u_A(b)] \quad (a,b \in U) \tag{8-2}$$

则称 A 是凸模糊集合。

(2) 隶属函数遵循语义顺序并避免不恰当的重叠。为了用遗传算法在模糊环境下求解约束优化问题，有必要根据模糊集合理论对搜索空间重新定义[172,173]。按照模糊集合理论，在可行域和不可行域中不应该有明显的界限。群体中的每一点都与该点在模糊可行域中的隶属度有关，点距离可行域越近，在模糊可行域中的隶属度也应该越高，处于可行域中的点应该具有最高的隶属度。在模糊环境下，约束条件由定义域中的模糊集合 G 定义，用 μ_G 表示点满足约束条件的程度。与确定性模型中点在可行域之外就判定为不可行解。不同的是，采用模糊理论后，不可行点可以接受为不完全可行解。根据模糊集合理论，当点在可行域中时，其隶属函数 $\mu_G(x)=1$。其他情况下，隶属函数值在 $0 \leqslant \mu_G \leqslant 1$ 的区间范围内。一个点对约束条件的最大违反程度定义为 $\mu_C(x)$，并采用式 (8-3) 来表示。

$$\mu_C(x) = \mu_{G_1}(x) \cap \mu_{G_2}(x) \cap \cdots \cap \mu_{G_L}(x) \tag{8-3}$$

式中，L 是约束条件的个数。

为了在模糊集合中定义遗传算法的群体中每一点的适应度函数，采用离可行域非常近、很近、近、远、很远、非常远等几种模糊概念来描述点的位置。正如前面描述的那样，确切的数值方法对遗传算法收敛的进程影响不大。引入模糊逻辑概念来定义的适应度函数可能对遗传算法的收敛速度有影响，但遗传算法的收敛方向和收敛目标不会发生改变。

为了使用模糊集合理论来定义约束条件，应该确定一个适当的隶属函数。本书选用离散型隶属函数[174]。对于极小化问题在模糊集合中点的第 j 个考虑模糊罚函数的目标函数 $\overline{f_j}(x)$ 为

$$\overline{f_j}(x) = f_j'(x) + R_k \tag{8-4}$$

式中，R_k 是由离散隶属函数所确定的模糊罚函数；$f_j'(x)$ 是经过正规化后的目标函数，目标函数正规化的目的是当隶属函数值小于或等于 1 时可以确定点在可行域中的状态。R_k 表示为

$$R_k = \begin{cases} \text{int}\{1-\mu_C(x)\} \times \text{KD}, & \mu_C(x) > 0 \\ 100, & \mu_C(x) = 0 \end{cases} \tag{8-5}$$

取 KD 为 10。

图 8-4 为离散隶属度函数。其中，假设 $\varepsilon = 0.001$，$\bar{d}_f = 15$。根据式 (8-4)，可确定每一点的适应度值。当约束函数的值大于 KD 时，则认为该点没有适应度值。式 (8-5) 中，$R_k = \text{int}\{1-\mu_C(x)\} \times \text{KD}$ 总是取整数，这样做的好处是能够很明显地看出该点所处的区域。

基于以上的模糊定义，整个搜索空间被分为 11 个区域，如图 8-5 所示。第 1 个区域 $[\text{Max}(d_{k1},\cdots,d_{kL}) \leqslant D_1]$，即为可行域，此时惩罚项 $R_k=0$。第 2 个区域到第 10 个区域 $[D_{i-1} \leqslant \text{Max}(d_{k1},\cdots,d_{kL}) \leqslant D_i;\ i=2,\cdots,10]$，即是惩罚空间，其中惩罚项 R_k 等于 i；区域 11 $[D_{10} \leqslant \text{Max}(d_{k1},\cdots,d_{kL})]$ 为最大惩罚限度，其惩罚项等于

100。以上的 d_{kL} 是点对第 i 个约束条件的违反程度，L 是约束条件的数，D_i 是第 i 个可行区域的容许区间。这里 D_i 被设置为 0.001、0.01、0.02、0.05、0.1、0.4、1.0、2.0、5.0 和 15.0 等 10 个值。落在同一个容许区间中的点具有相同的惩罚项。

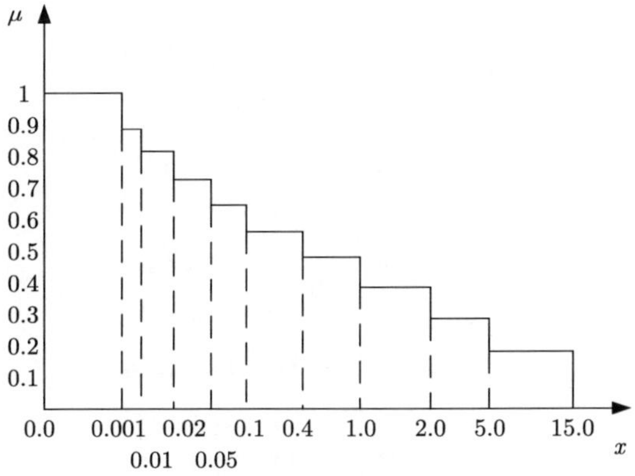

图 8-4 离散隶属度函数

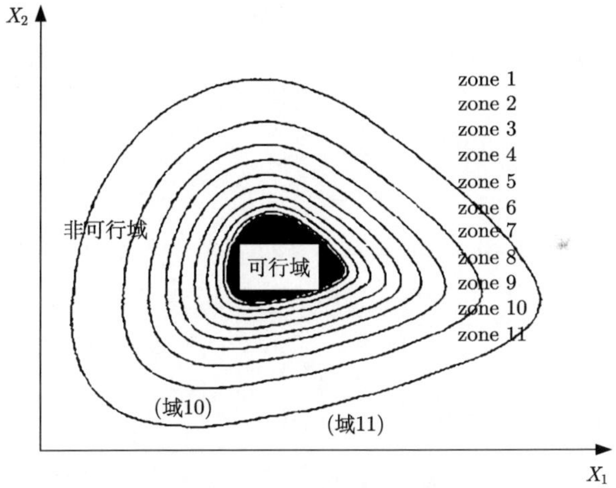

图 8-5 修正的惩罚函数的定义[175]

在设计模糊罚函数中的惩罚项时，需要先将约束条件正规化，即写成 $g'(x)-1\leqslant 0$ 的形式。对违反约束条件的点，应在它所对应的目标函数后加上惩罚函数项。根据模糊理论中隶属度函数的概念，设计的惩罚函数项如下：设点 k 对第 i 个约束的违反程度为

$$d_{ki}=\begin{cases}0, & g_i(x_k)\leqslant 0\\ g_i(x_k), & \text{其他}\end{cases} \tag{8-6}$$

约束条件正规化的目的是使点对各约束条件的违反程度具有可比性，而且能和正规化后的目标函数很好地配合。设点 k 对 L 个约束的违反程度中最大的值为 $\mathrm{Max}D=\max(d_{k1},d_{k2},\cdots,d_{kL})$，则有惩罚项：

$$R_k=\begin{cases}0, & \mathrm{Max}D\leqslant 0.001\\ 2, & 0.001<\mathrm{Max}D\leqslant 0.01\\ 3, & 0.01<\mathrm{Max}D\leqslant 0.01\\ 4, & 0.02<\mathrm{Max}D\leqslant 0.05\\ 5, & 0.05<\mathrm{Max}D\leqslant 0.1\\ 6, & 0.1<\mathrm{Max}D\leqslant 0.4\\ 7, & 0.4<\mathrm{Max}D\leqslant 1.0\\ 8, & 1.0<\mathrm{Max}D\leqslant 2.0\\ 9, & 2.0<\mathrm{Max}D\leqslant 5.0\\ 10, & 5.0<\mathrm{Max}D\leqslant 15.0\\ 100, & 15.0<\mathrm{Max}D\end{cases} \tag{8-7}$$

需要注意的是，R_k 反映的不是约束函数的值，而是群体中的点违背约束的程度。它的作用是充分利用那些已经在可行域中的点，以及离可行域很近、有潜力经过交叉、变异后进入可行域中的点，使排序算法能够顺利进行。求出 R_k 以后，可以将有约束问题转化为无约束问题：

$$f_i''=f_i'+R_k \tag{8-8}$$

从所得 f_i'' 的值能看出点的状态。f_i' 为正规化后的目标函数值，其值域在 $[0,1]$，表示点离 Pareto 前端 (Pareto front) 的距离；R_k 为 f_i'' 的整数部分，表示非可行域中的点违反约束条件的程度。在第 i 个区域中的点总是比第$(i+1)$个区域中的点的级别高，第 1 个区域即可行域中点的级别最高，其值为 1。在每个区域内的点的级别由其 f_i' 确定。

这样，多目标有约束优化问题就成为多目标无约束的问题，即

$$\min(f_1'',f_2'',\cdots,f_m''),\qquad x_i^{(l)}\leqslant x_i\leqslant x_i^{(u)},\quad i=1,2,\cdots,n \tag{8-9}$$

该无约束优化问题可用后面提出的 Pareto 遗传算法来求解。

8.1.2.2　求解多目标优化问题的 Pareto 遗传算法

Pareto 多目标优化起源于 1896 年荷兰经济学家 Pareto 提出的 Pareto 最优解的概念，将多目标优化最优解从传统意义上的一个点扩展到一个集合，也对多目标优化方法提出新的要求[176,177]。Pareto 遗传算法是在简单遗传算法 (simple genetic algorithm，SGA) 的基础上加以改进得到的方法，能搜索 Pareto 最优解集。简单遗传算法适用于单目标无约束优化，包括三个算子: 选择、交叉、变异。Pareto 遗传算法在此基础上还有两个算子：小生境技术和 Pareto 解集过滤器。小生境技术使个体能共享资源，并保持适当的群体密度，它的作用是使解位于一个区域而不是一个点；Pareto 解集过滤器能过滤出每一代的非劣解，最终形成均匀分布的 Pareto 解集。

Pareto 遗传算法流程如图 8-6 所示[178]。在算法开始之前，需要确定一些参数的值，包括群体规模，选择、交叉的概率、进化规定的代次、变量的取值空间等。在根据问题的具体情况选择目标函数和约束条件以后，应对它们进行正则化处理，即将原目标函数根据式 (8-4) 改为 f_i' 的形式，将约束条件改为 $g'(x)-1\leqslant 0$ 的形式，这种正则化处理有利于后面进行的模糊罚函数法的实施。

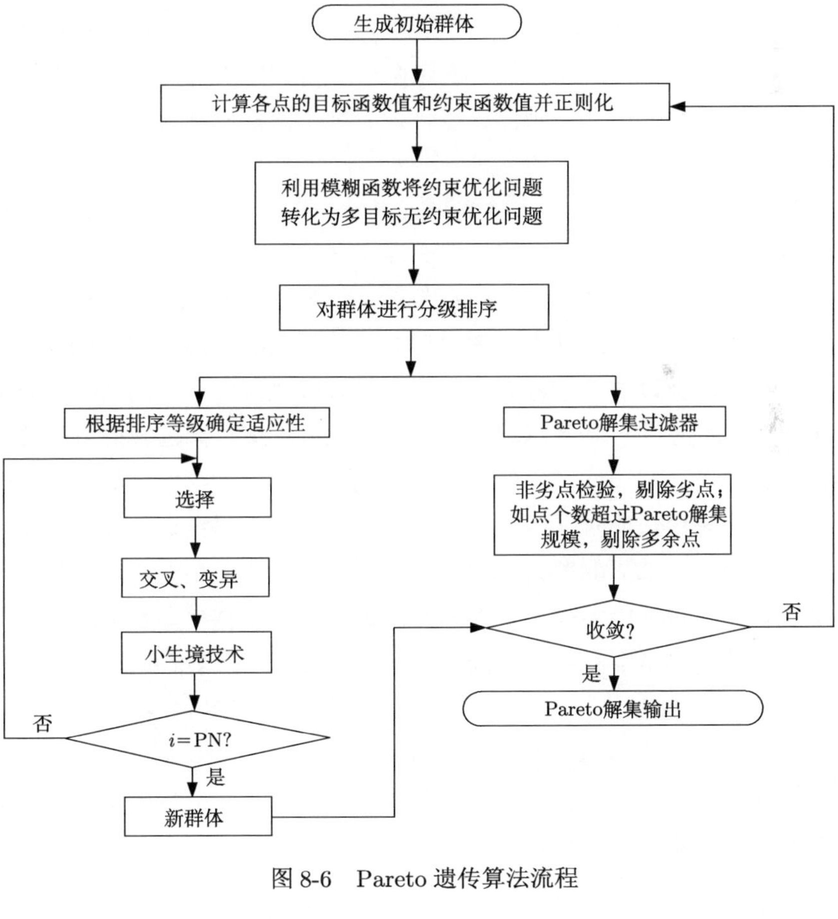

图 8-6　Pareto 遗传算法流程

首先根据群体规模在量取值空间随机产生初始群体，计算群体中各个个体的正则化的目标函数值和约束函数值；再根据模糊罚函数法将原带约束条件的多目标优化问题转换为式 (8-9) 表示的无约束多目标优化问题，得到的适应度值中既包含个体是否违反约束条件的信息，又包含原目标函数值 f_i' 的信息。利用得到的各个体的适应度值，进行下一步的分级排序的过程，该过程能确定每一点的级别，级别最高为 1,其次为 2,3,…。级别高的点具有更大的被选择和繁殖的概率。采用正则化几何排序选择方法来选择个体，选择与繁殖后的个体进入交叉和变异操作。接下来进行的小生境算子操作是为了防止发生基因漂移现象，维持群体的均匀分布。采用的具体操作是每次从群体中取两个父代进行交叉和变异操作，得到的两个子代个体放入父代所在的群体中计算其分级排序的级别。如果两个子代中的最高级别不低于两个父代个体的最高级别，则用子代个体来替换父代个体。小生境算子的另一个优点是每次操作后都能得到比原群体更接近 Pareto 解集的群体(至少维持原群体的水平)。经过小生境操作后，得到新的群体，此时进行收敛性判断，如果收敛准则已满足，则停止进化，否则用本次进化得到的新群体作为初始群体，再进行同样的进化操作。

在对群体进行进化的同时，进行的是 Pareto 解集过滤器的操作。在进化开始时，Pareto 解集过滤器是一个空集，每次将分级排序得到第 1 级的点送入 Pareto 解集过滤器中，使每一代中的优秀个体都能保存下来。当存放在 Pareto 解集过滤器中的点的数量积累到一定程度，超过过滤器的规模时，则开始对过滤器中的点进行非劣点检验，即过滤的过程。将这些点进行分级排序，得到其中的非劣点并保存下来，其余的劣点被剔除。每当存放在 Pareto 解集过滤器中的点的数目超过过滤器的规模时就进行一次过滤的过程，直到经过过滤的操作后的非劣点的数量仍大于过滤器的规模，此时采用对过滤器中的点进行距离检查的方法，找出其中距离最小的两个点，然后删掉其中的一个，直到过滤器中剩下的点的数量正好是过滤器的规模。这样就能够找出群体中距离最近的点，甚至是重合的点，并删掉其中一个，保持过滤器中的点均匀分布。当进化的收敛准则满足后，输出 Pareto 解集过滤器中的 Pareto 最优解集及其对应的设计变量的组合。与一般的优化方法从一个初始点出发收敛到另一个最优点的方式相比，Pareto 遗传算法是从一个群体出发，收敛到最优的 Pareto 解集，解集中的每个点都具有同等的价值。决策者可根据经验以及对各目标重要程度的权衡从中选取最满意的点。

8.2　悬置元件结构优化实例

8.2.1　橡胶悬置元件的结构优化

8.2.1.1　橡胶悬置结构优化模型的建立

1) 设计变量的选取

橡胶悬置元件的结构设计要满足该悬置元件在三个不同方向的静刚度趋近于动力总成悬置系统设计中确定的悬置元件的静刚度值。本书在现有轿车的橡胶悬置元件的基本形状和几何形状参数的基础上对该车型动力总成悬置系统橡胶悬置元件进行优化设计。图 8-7 为现有轿车橡胶悬置元件的截面形状。从图 8-8 中可以看到，影响橡胶悬置元件刚度系数值的有五个几何参数[179, 180]。因为 r_i 和 r_0 在动力总成悬置系统设计的时候已经确定，所以橡胶悬置元件各方向的刚度系数值与图 8-8 中橡胶悬置元件的形状参数 t_r、 t_s 和 t_z 有关。因此选用

$$x = \left(x_1, x_2, x_3\right) = \left(t_r, t_s, t_z\right)$$

作为橡胶悬置结构参数优化的设计变量。

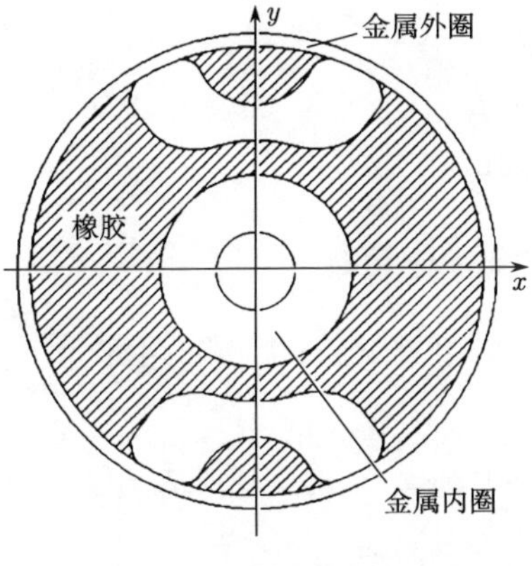

图 8-7　橡胶悬置截面形状

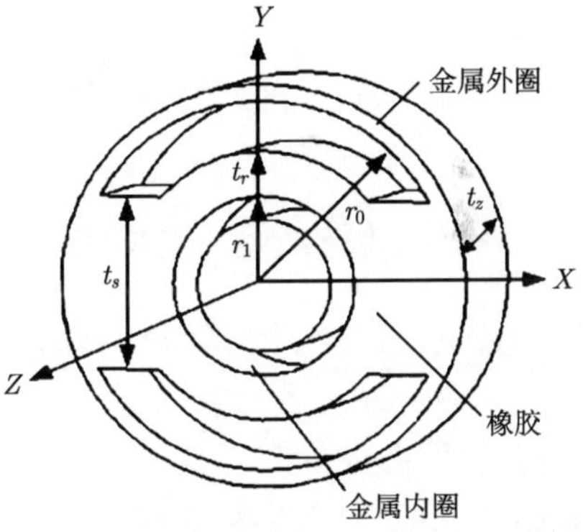

图 8-8　影响橡胶悬置静刚度的结构参数示意

2) 目标函数的构造

因此对于相同材料制成的橡胶悬置元件，在压缩量相同的情况下，橡胶悬置元件个方向的静刚度是 t_r、t_s 和 t_z 的函数，即

$$K_i = f_i\left(t_r, t_s, t_z\right) \tag{8-10}$$

式中，i=1,2, 3 时，K_i分别对应橡胶悬置在 x、y 和 z 的静刚度值 K_x、K_y和 K_z，单位是 N/mm。

利用加权和的方法，可将此多目标问题转化为一个单目标优化问题，构造目标函数 f:

$$f=\lambda_1(K_x-K_x^{\text{des}})^2+\lambda_2(K_y-K_y^{\text{des}})^2+\lambda_3(K_z-K_z^{\text{des}})^2 \tag{8-11}$$

式中，K_x^{des}、K_y^{des}和K_z^{des}分别为动力总成悬置系统的左悬置元件在 x、y 和 z 方向的静刚度系数设计目标值，单位是 N/mm；λ_1、λ_2 和λ_3为权值。该型汽车发动机悬置系统要求该悬置在 x、y 和 z 方向静刚度分别为 521.17N/mm、175.07N/mm 和 136.81N/mm。可得 K_x^{des}=521N/mm，K_y^{des}=175N/mm 和 K_z^{des}=137N/mm。

在动力总成悬置系统中，X 方向的影响是最大的，其次是 Y 方向，而在 Z 方向的影响最小。因此λ_1、λ_2 和λ_3的值依次为 1、0.5 和 0.5。因此式 (8-11) 可以转化为

$$f=(K_x-521)^2+0.5(K_y-175)^2+0.5(K_z-137)^2 \tag{8-12}$$

因此，橡胶悬置元件的结构优化问题转化为：对参数 t_r、t_s 和 t_z 三个参数进行优化，得出目标函数 f 的最小值。

3) 约束条件

根据橡胶悬置的尺寸要求，各设计变量的变化范围分别为

$$\begin{aligned} &2\text{mm}\leqslant t_r\leqslant 10\text{mm}\\ &10\text{mm}\leqslant t_s\leqslant 40\text{mm}\\ &30\text{mm}\leqslant t_z\leqslant 45\text{mm}\end{aligned} \tag{8-13}$$

8.2.1.2 基于遗传神经网络的橡胶悬置元件结构优化策略

将神经网络与遗传算法结合进行橡胶悬置元件结构优化设计的基本思想如下：

(1) 一次性进行若干具有不同设计参数的有限元分析，得到结构设计参数与刚度系数之间的对应关系。

(2) 将结构设计参数与橡胶悬置元件不同方向的刚度系数关系作为样本来训练 BP 神经网络，以获得设计参数与橡胶悬置元件不同方向的刚度系数的非线性全局映射关系。

(3) 建立优化模型，利用神经网络建立的映射关系计算目标函数值。

(4) 利用遗传算法进行优胜劣汰的寻优搜索运算，求出最优解。

神经网络与遗传算法相结合进行橡胶悬置元件结构优化设计的基本流程见图 8-3。

8.2.1.3 橡胶悬置元件结构参数优化过程

1) 训练样本

对设计变量空间，采用正交设计法进行样本设计参数的制定，这里t_s个数为5，t_r个数为4，t_z个数也为4，故采用L20(5×4×4)正交表。对不同结构的橡胶悬置进行有限元的分析，得出其在三个方向的静刚度，如表8-1所示。

表 8-1 不同结构橡胶悬置的静态刚度

样本号	t_s /mm	t_r /mm	t_z /mm	k_x /(N/mm)	k_y /(N/mm)	k_z /(N/mm)
1	10	2	45	220.93	67.3	57.5
2	10	5	30	120.67	40.34	38.15
3	10	8	35	161.28	53.61	48.86
4	10	10	40	250.03	70.7	62.67
5	17.5	2	40	435.23	94.43	88.21
6	17.5	5	45	465.18	112.17	105.12
7	17.5	8	30	293.65	80.37	72.82
8	17.5	10	35	293.65	105.27	97.26
9	25	2	35	363.3	137.92	111.1
10	25	5	40	472.18	153.07	130.8
11	25	8	45	512.21	163.85	136.12
12	25	10	30	427.48	102.45	95.19
13	32.5	2	30	454.62	142.72	119.72
14	32.5	5	35	507.75	163.15	123.43
15	32.5	8	40	562.78	189.52	135.33
16	32.5	10	45	586.85	198.25	143.48
17	40	2	45	602.61	209.87	148.92
18	40	5	30	521.71	165.11	124.28
19	40	8	35	600.77	201.47	134.38
20	40	10	40	648.97	212.27	146.84

2) BP 神经网络训练

本例利用三层 BP 神经网络进行学习和训练计算样本，然后利用其泛化能力对橡胶元件设计参数的其他组合情况进行计算。输入层神经元数目取为3，对应 t_r、t_s 和 t_z 三个输入和，根据前面的神经网络的结构近似分析方法原理，隐含层神经元数目取为 7，输出层神经元数目取 3，对应 K_x、K_y 和 K_z。图 8-9 的横坐标是训练的次数，纵坐标是训练的误差。图 8-9 表明，训练过程中，网络的误差平方和逐渐减少，最终达到允许误差 0.1 以下。图 8-10 中“*”表示样本目标值，实线表示神经网络的输出值。由图 8-10 表明，网络输出和样本目标吻合得很好，可以认为此时的神经网络已经实现所要逼近的非线性函数的功能。

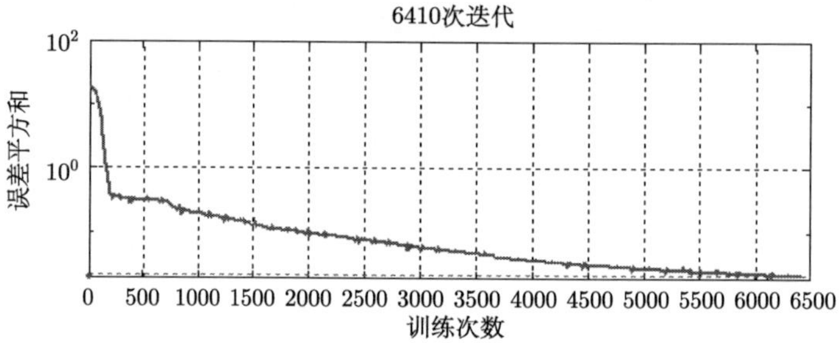

图 8-9　网络误差变化和学习迭代次数速度变化

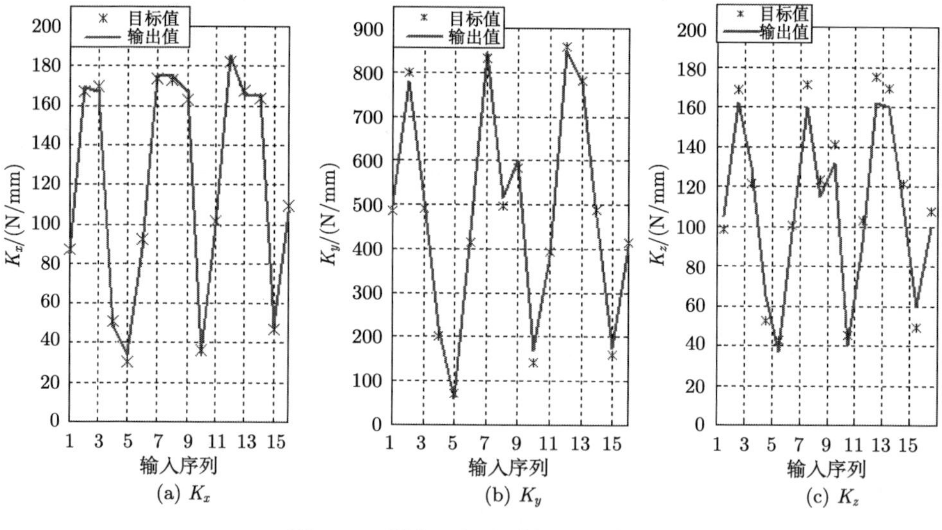

图 8-10　样本目标和神经网络输出

3) 遗传算法优化结果

通过遗传算法进行优胜劣汰的结构参数优化的筛选运算。本例群体大小取为 100，交叉率 P_c 为 0.6，变异率 P_m 为 0.09，适应度函数取为 $1/f$，适应度在进化过程中变化曲线如图 8-11 所示。经过多代进化，得到优化结果：t_r=6.4mm，t_s=37.8mm，t_z=32.6mm。采用有限元软件 MARC 对优化结果对应设计参数，计算三个方向的静态刚度：K_x=534N/mm，K_y=168N/mm，K_z=145N/mm，相对误差分别为 2.5%，4.0%，5.8%，满足设计要求。

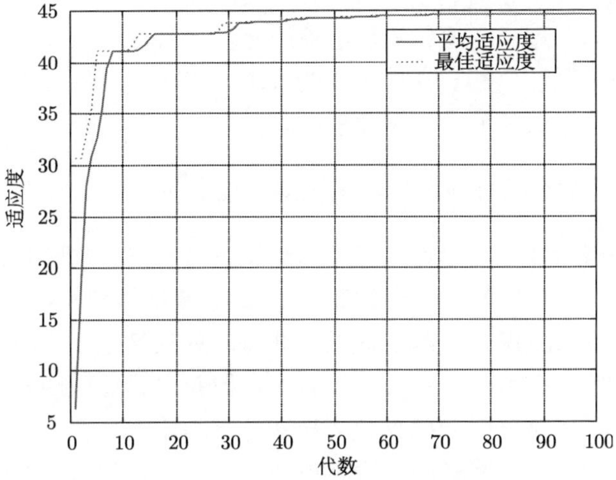

图 8-11 进化曲线

8.2.2 液阻悬置结构优化

液阻悬置结构复杂，从第 7 章的分析可以看出，各组件的结构参数和材料参数对液阻悬置动态特性的影响规律比较复杂。动力总成悬置系统要求：理想悬置元件低频时具有高刚度、大阻尼，高频时具有低刚度、小阻尼的动力学性能，这两个要求相互矛盾。因而如何设计液阻悬置各组件的结构以及选用合理的材料，尤其是橡胶主簧的橡胶材料，使设计出的液阻悬置满足汽车动力总成悬置系统要求的动力学性能，一直是困扰工程研发人员的一个难题，也是一个迫切需要解决的问题。

本节在建立液阻悬置集总参数模型和液阻悬置动力学特性分析的基础上，以橡胶主簧动刚度 K_{r} 和阻尼 B_{r} 、上液室体积刚度 K_1 、惯性通道长度 l_{i} 和横截面积 A_{i}、解耦器内液体流动的惯性系数 I_{d} 和阻尼系数 B_{d} 为设计变量，以液阻悬置动刚度和阻尼系数的峰值、动刚度和阻尼系数的峰值频率以及频率趋近于无限大 ($f\to\infty$) 时的液阻悬置动刚度和阻尼系数的稳定值为优化目标，建立液阻悬置动态性能的多目标优化数学模型。采用 Pareto 多目标优化方法对建立的数学模型求解，利用液固耦合的有限元法将求解得到的最优解物理参数转化为可直接指导生产的结构参数和材料参数，并对最优解进行动态特性的测试，对优化模型及优化方法的有效性进行验证[181]。

Pareto 遗传算法是当前进化计算领域研究和应用的热点，采用小生境技术的 Pareto 遗传算法可使算法种群快速收敛，并且可使求解得到的解集均匀分布于问题的非劣解域。基于 Pareto 遗传算法的液阻悬置多目标参数优化方法能显著地提高设计效率，减少设计周期和样件试制的成本，优化得到的结果能更好地满足发动机悬置系统对悬置元件的动力学性能要求。

8.2.2.1 液阻悬置动态特性多目标优化模型的建立

由第 7 章液阻悬置动力学特性分析的结果可以看出，橡胶主簧动刚度 K_{r}、橡胶主簧阻尼 B_{r}、橡胶主簧等效活塞面积 A_{p}、上液室体积刚度 K_1、惯性通道长度 l_{i}、惯性通道横截面积 A_{i}、解耦器内液体流动的惯性系数 I_{d} 和阻尼系数 B_{d} 等都会对液阻悬置的动态特性产生影响。其中，橡胶主簧等效活塞面积由橡胶主簧的结构决定，为简化试验降低模具制造与样件试制成本，在本书中不改变橡胶主簧和上液室的结构，因而将橡胶主簧等效活塞面积设置为常数，因而选用

$$x=(x_1,x_2,x_3,x_4,x_5,x_6,x_7)=(K_{\mathrm{r}},B_{\mathrm{r}},K_1,l_{\mathrm{i}},A_{\mathrm{i}},I_{\mathrm{d}},B_{\mathrm{d}}) \tag{8-14}$$

作为设计变量来对液阻悬置的动态特性进行优化。

液阻悬置动刚度和阻尼系数的峰值、动刚度和阻尼系数的峰值频率以及频率趋近于无限大时液阻悬置的动刚度和阻尼系数的稳定值，是研发人员最为关心的液阻悬置动态特性指标。当这些指标确定以后，液阻悬置的动态特性也就基本确定。根据主机厂的设计要求，结合动力总成发动机悬置系统对悬置元件的理想动力学特性要求、悬置系统多体动力学分析的结果以及液阻悬置动态特性的特点，对液阻悬置动态特性提出以下几点要求：

(1) 低频、大振幅激励下液阻悬置动刚度峰值频率为 8Hz；

(2) 低频、大振幅激励下液阻悬置的动刚度峰值为 350N/mm；

(3) 低频、大振幅激励下液阻悬置的阻尼系数峰值为 8N • s/mm；

(4) 高频、小振幅激励下液阻悬置动刚度峰值频率为 90Hz；

(5) 高频、小振幅激励下液阻悬置的动刚度峰值为 320N/mm；

(6) 高频、小振幅激励下液阻悬置的阻尼系数峰值为 3.5N • s/mm；

(7) 高频、小振幅激励下频率趋近于无穷大（$f\to\infty$）时液阻悬置的动刚度稳定值小于 310N/mm；

(8) 高频、小振幅激励下频率趋近于无穷大（$f\to\infty$）时液阻悬置的阻尼系

数稳定值小于 3.3N·s/mm。

通过对液阻悬置的结构进行分析，要求液阻悬置结构参数满足以下条件：

(1) 惯性通道长度 l_i 小于导流座盖的外沿周长；

(2) 惯性通道直径 d_i 的 2 倍小于惯性通道的长度 l_i。

在多目标优化问题中，优化目标和约束条件间没有绝对的区别，在一定的条件下两者可以相互转换，本书将动态特性要求 (7)和(8) 处理成约束条件。根据第 5 章建立的液阻悬置集总参数模型，令

$$\eta = 8\pi\mu \tag{8-15}$$

$$\eta_1 = \frac{x_3x_6\left(A_p - x_5\right) + x_7\sqrt{x_3x_6\left(A_p - x_5\right)^2 + A_px_5{x_7}^2}}{x_3x_6\left(A_p - x_5\right) + x_5{x_7}^2} \tag{8-16}$$

$$\eta_2 = \frac{A_px_3x_6 - \sqrt{A_px_3x_5x_6{x_7}^2 + [(A_p - x_5)x_3x_6]^2}}{x_3x_5x_6} \tag{8-17}$$

式中，μ为液阻悬置内液体的黏性系数，本书中液阻悬置内的液体为乙二醇溶液，其黏性系数为 21mPa • s；A_p 为 $5.278\times10^{-3}\text{m}^2$。

液阻悬置多目标参数优化模型的优化目标可写为：

$$f_1(x) = \left\{\left[\frac{A_px_4}{4\rho x_3\pi^2}\left(1+\eta\sqrt{\frac{x_3}{\rho A_p{x_4}^3}}\right)\right]^{0.5} - 8\right\}^2 \tag{8-18}$$

$$f_2(x) = \left[x_1 + x_3{A_p}^2\left(1+\frac{\rho x_3{x_5}^3}{x_4\eta^2 + 2\eta\sqrt{\rho x_3x_4{x_5}^3}}\right) - 350\right]^2 \tag{8-19}$$

$$f_3(x) = \left[x_2 + \frac{(2\rho A_px_3x_5)^2}{\eta\left(4\rho x_3{x_5}^3 - \eta^2x_4\right)} - 8\right]^2 \tag{8-20}$$

$$f_4(x) = \left[\left(\frac{\eta_1x_4}{4x_7\pi^2}\right)^{0.5} - 90^2\right]^2 \tag{8-21}$$

$$f_5(x) = \left[x_1 + x_3{A_p}^2\frac{x_3x_6\left(A_p - x_5\right){\eta_1}^2 + \eta_1\left(A_p{x_7}^2 - A_px_3x_6 + x_3x_5x_6\right)}{A_px_3x_6(\eta_1 - 1)^2 + \eta_1A_p{x_7}^2} - 320\right]^2 \tag{8-22}$$

$$f_6(x)=\left[x_2+\frac{\left(A_p x_7\right)^2\sqrt{x_3 x_6}-A_p x_3 x_5 x_6 x_7 \eta_2}{x_3 x_6\left(\eta_2-1\right)^2+\eta_2 {x_7}^2}-3.5\right]^2 \tag{8-23}$$

式中，ρ 为液阻悬置内液体的密度，其值为 $1.113\times10^3\text{kg/m}^3$。

液阻悬置参数优化模型的约束条件为

$$g_1(x)=x_4-2\sqrt{\pi A_p} \tag{8-24}$$

$$g_2(x)=x_4-279.46 \tag{8-25}$$

$$g_3(x)=x_1+A_p x_4(A_p-x_6)-310 \tag{8-26}$$

$$g_4(x)=x_2-3.3 \tag{8-27}$$

液阻悬置动态特性多目标参数优化的数学模型为

$$\begin{aligned}&\min f_1(x)\\&\min f_2(x)\\&\quad\vdots\\&\min f_6(x)\\ \text{s.t.}\quad & g_i(x)\leqslant 0,\quad i=1,2,\cdots,4\end{aligned} \tag{8-28}$$

8.2.2.2　基于 Pareto 遗传算法的液阻悬置参数优化

本节采用图 8-6 所示的算法流程对液阻悬置动态特性多目标优化模型式 (8-28) 进行求解，先采用式 (8-29) 对目标函数进行正则化处理

$$f_i'(x)=\frac{\sqrt{f_i(x)}}{1+\sqrt{f_i(x)}} \tag{8-29}$$

选取群体规模为 60，进化代数为 200，Pareto 解集过滤器规模为 80，交叉概率为 0.5，变异概率取为 0.008。编制结合模糊罚函数方法的 Pareto 遗传算法 MATLAB 程序对液阻悬置多目标参数优化模型进行求解，求解可得 Pareto 最优解集和对应的最优设计变量集合。由于 Pareto 最优解集中包含了六个目标函数的组合，用二维或三维曲面无法表示。根据各目标的重要性和经验从中选取

$$\begin{aligned}x^*=&(225.6\text{N/mm},3.28\text{N}\cdot\text{s/mm},2.842\times10^9\text{N/m}^5,124.35\text{mm},40.46\text{mm}^2,\\&1.43\times10^4\text{kg/m}^4,3.96\times10^6\text{kg/m}^4)\end{aligned} \tag{8-30}$$

作为最后的优化结果。

表 8-2 为原设计和优化解的目标函数值。从表 8-2 中可以看出，除 $f_5'(x)$ 外，优化解的目标函数值较原设计的目标函数值显著地减小。

表 8-2 原设计和优化解的目标函数值

	$f'_1(x)$	$f'_2(x)$	$f'_3(x)$	$f'_4(x)$	$f'_5(x)$	$f'_6(x)$
原设计	0.6943	0.9734	0.4752	0.6365	0.8007	0.1336
优化解	0.6536	0.8898	0.3487	0.2916	0.9704	0.0248

8.2.2.3 试验验证

为了检验优化的效果，本节对优化结果进行试验验证。由于采用 Pareto 遗传算法优化得到的是液阻悬置的物理参数，需先将这些物理参数转化为液阻悬置的结构参数和材料参数，才可以直接对生产进行指导。采用 6.2 节中基于液固耦合的有限元方法来将优化得到的液阻悬置物理参数转化为结构参数和材料参数。为降低产品试制和试验的成本，本节不对橡胶主簧和上液室的结构进行更改，而是通过改变橡胶主簧橡胶材料的方法来改变橡胶主簧的刚度、阻尼以及上液室的体积刚度；通过改变惯性通道长度和横截面积的方法来改变液体流经惯性通道时的惯性系数和阻尼系数；通过改变解耦器节流孔间隙半宽 δ 的方法来改变液体流经解耦器时的惯性系数和阻尼系数。采用 6.2 节中基于液固耦合的有限元法来确定橡胶主簧的橡胶材料硬度、惯性通道长度、横截面积以及解耦器节流孔间隙半宽 δ。

原设计和采用有限元法得到的优化解的主要结构参数和材料参数如表 8-3 所示。

表 8-3 原设计和优化解的主要结构参数和材料参数

	主簧橡胶材料硬度	惯性通道长度 l_i	惯性通道横截面积 A_i	节流孔间隙半宽 δ
原设计	50	131.88mm	45.46 mm^2	4mm
优化解	52	124.35mm	40.46mm^2	3.8mm

试制具有优化解参数的液阻悬置样件，对样件进行动态特性试验。低频、大振幅和高频、小振幅两种激励状况下的设计目标以及原有设计和优化解实测动态特性曲线分别见图 8-12 和图 8-13。

从图 8-12 和图 8-13 中可以看出，除高频、小振幅激励下液阻悬置的动刚度峰值外，优化解在低频、大振幅激励下动刚度和阻尼系数的峰值、低频、大振幅激励下动刚度和阻尼系数的峰值频率以及高频、小振幅激励下阻尼系数峰值五个方面都比原设计更接近于设计目标，优化解的动态特性更能满足悬置系统要求，因而优化结果是有效的。

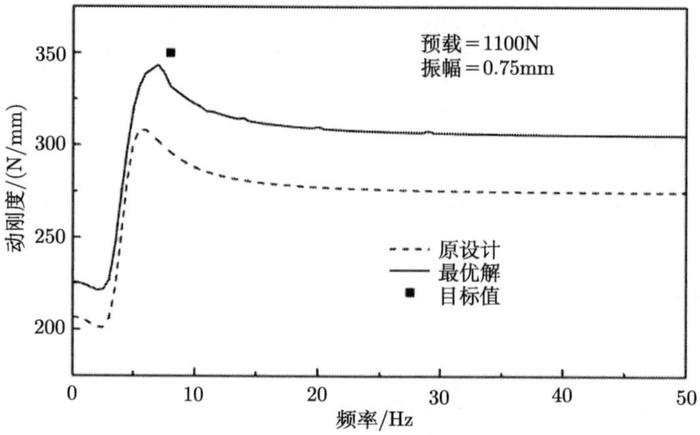

(a) 动刚度

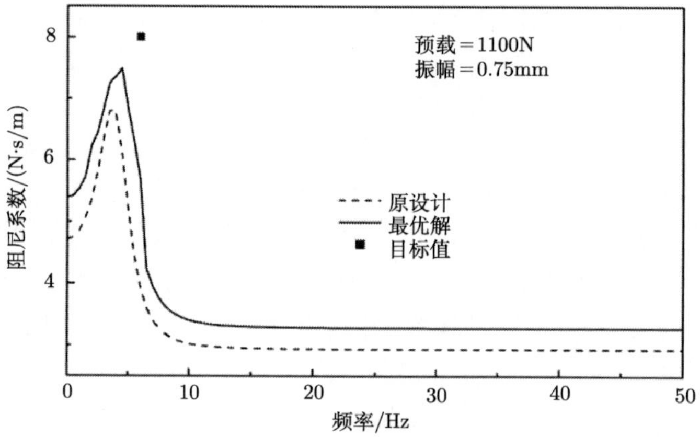

(b) 阻尼系数

图 8-12　低频、大振幅激励下的设计目标以及原设计和优化解的实测动态特性

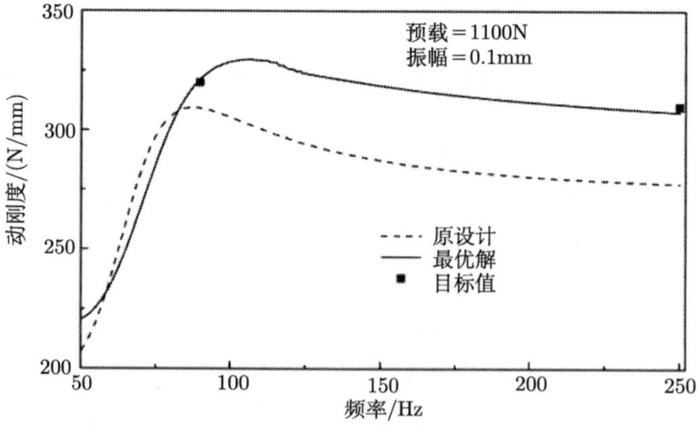

(a) 动刚度

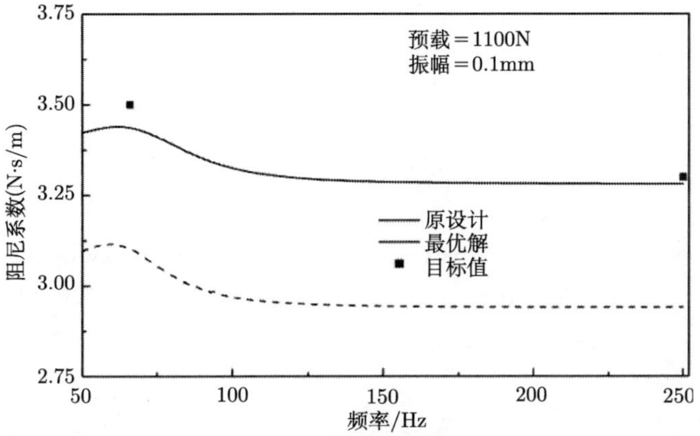

(b) 阻尼系数

图 8-13 高频、小振幅激励下的设计目标以及原设计和优化解的实测动态特性

8.3 本 章 小 结

本章首先介绍了遗传算法的基本思想和神经网络算法的基本原理；接着介绍了遗传算法与神经网络相结合的单目标结构优化方法以及基于 Pareto 遗传算法的多目标参数优化方法；最后分别采用上述两种方法对橡胶悬置和液阻悬置进行结构优化。

参考文献

[1] Yu Y, Naganathan N G, Dukkipati R V. A literature review of automotive vehicle engine mounting systems. Mechanism and Machine Theory, 2001, 36: 123-142.

[2] Gun K. Study of Passive and Adaptive Hydraulic Engine Mounts. Columbus: Ohio State University, 1992.

[3] Lee J H, Singh R. Critical analysis of analogous mechanical models to describe hydraulic engine mounts. Journal of Sound and Vibration, 2008, 311(3/4/5): 1457-1464.

[4] Ibrahim R A. Recent advances in nonlinear passive vibration isolators. Journal of Sound and Vibration 2008, 314: 371-452.

[5] Nakhaie Jazar G, Farid Golnaraghi M. Engine mounts for automotive applications: A survey. The Shock and Vibration Digest, 2002, 34(5): 363-379.

[6] 王利荣, 吕振华. 汽车动力总成液阻型橡胶隔振器的研究发展. 汽车工程, 2001, 23(5): 323-328.

[7] Lee J H, Singh R. Nolinear frequency response of quarter vehicle models with amplitude-sensitive engine mounts. Journal of Sound and Vibration, 2008, 313(3/4/5):784-805.

[8] Gent A N, Yeoh O H. Small indentations of rubber blocks: Effect of size and shape of block and of lateral compression. Rubber Chemistry Technology, 2006, 79(4): 674-676.

[9] Lee B, Lee C. Model based feed-forward control of electromagnetic type active control engine-mount system. Journal of Sound and Vibration, 2009, 323(3/4/5): 574-593.

[10] Nader V, Saunders L. High frequency testing of rubber mounts. ISA Transactions, 2002, 41(2): 145-154.

[11] 裘新, 吕振华. 轿车液压悬置系统动态特性的分析. 吉林工业大学学报, 1996, 26(82): 1-6.

[12] 张云侠. 液阻悬置动态特性仿真与试验研究. 上海: 上海交通大学, 2007.

[13] Truong T Q, Ahn K K. A new type of semi-active hydraulic engine mount using controllable area of inertia track. Journal of Sound and Vibration, 2009, 329(3): 247-260.

[14] Richard A M. Hydraulic mounts for improved engine isolation. SAE Technical Papers, 840410. New York, 1984.

[15] Robert H, Marjoram P. Hydraulic Mounts for Improved Isolation of Vehicle Cabs. SAE Technical Paper 852349. New York, 1985.

[16] Sugino M, Abe E. Optimum Application for Hydraulic Engine Mount. SAE Technical Paper 861417. New York, 1986.

[17] Adomatsu K. Hydraulic Mount for Shock Isolation at Acceleration on FWD Cars. SAE Technical Paper 891138. New York, 1989.
[18] Traw R. The Development of Isolation Mounts. SAE Technical Paper 840781. New York, 1984.
[19] Clark M. Vibration Absorbing Mountings. The U.S. Patent, No. 4682753.
[20] West J P. Hydraulically-damped engine mounts. Automotive engineer, 1987, 12: 17-19.
[21] Truong T Q. Optimal switching parameter control of semi-active engine mount[C]. ICCASS2005, Gyeonggi-Do, 2005.
[22] Kim G, Singh R. A study of passive and adaptive hydraulic engine mount systems with emphasis on nonlinear characteristics. Journal of Sound and Vibration, 1995, 179(3): 427-453.
[23] Petek N K. Actively controlled damping engine mounts. SAE Technical Paper 881785. New York, 1988.
[24] Metzeler and Freudenberg Inc. Advanced rubber technology. Automotive Engineering. 1991, 16(3): 36-39.
[25] West J P. Hydraulically damped engine mounting. Automotive Engineering, 1987, 12(1): 17-19.
[26] Gau S J, Cotton J D. Experimental Study and Modeling of Hydraulic Mount and Engine System. SAE Technical Paper 951348. New York, 1995.
[27] Shoureshi R, Bouchillon S, Graf P L. Open_Loop Versus Closed_Loop Control for Hydraulic EngineMounts. SAE Technical Paper 880075. New York, 1988.
[28] 梁天也. 主动控制式发动机悬置研究. 长春: 吉林大学, 2004.
[29] Graf P L, Novotny D, Shoureshi R. Active Frame Vibration Control for Automotive Vehicles with Hydraulic Engine Mounts. SAE Technical Paper 880074. New York, 1988.
[30] Muller M. Engine mounts and NVH. Automotive Engineering, 1994, (102): 19-23.
[31] Shibayama T Y. Active Engine Mount for a large Amplitude of Idling Vibration. SAE Technical Paper 951298. New York, 1995.
[32] Togashi C. Study on Hydraulic Active Engine Mount. SAE Technical Paper 20031418. New York, 2003.
[33] Foumani M S, Khajepour A. Application of Shape Memory Alloys to a New Adaptive Hydraulic Mount. SAE Technical Paper 20022163. New York, 2002.
[34] 孙国春. 汽车动力总成振动主动控制关键技术研究. 长春: 吉林大学, 2002.
[35] Corcoran P E, Ticks G H. Hydraulic engine mount characteristics. SAE Technical Paper 840407. New York, 1984.
[36] Flower W C. Understanding hydraulic mounts for improved vehicle noise, vibration and ride qualities. SAE Technical Paper 850579. New York, 1985.

[37] Tmasaru S, Eiichi A. Optimum application for Hydro-elastic engine mount. SAE 861412. New York, 1986.

[38] Steve G, Jeffry C. Experimental Study and Modeling of Hydraulic Mount and Engine System. SAE Technical Paper 951348. New York, 1995.

[39] Ushijima T, Takano K, Kojima H. High performance hydraulic mount for improving vehicle noise and vibration. SAE Technical Paper 88073. New York, 1988.

[40] Hong S W, Lee C W. Frequency and time domain analysis of linear systems with frequency dependent parameters. Journal of Sound and Vibration, 1988,127(2): 365-378.

[41] Singh R, Kim G, Ravindra P V. Linear analysis of automotive hydro-mechanical mount with emphasis on decoupler characteristics. Journal of Sound and Vibration, 1992, 158: 219-243.

[42] Kim G, Singh R. Nonlinear analysis of automotive hydraulic engine mount. ASME Journal of Dynamic Systems, Measurement and Control, 1993, 115(9): 482-487.

[43] Royston T J, Singh R. Study of nonlinear hydraulic engine mounts focusing on decoupler modeling and design. SAE Technical Paper 971936. New York, 1997.

[44] Tiwari M, Adiguna H, Singh R. Experimental characterization of a non-linear hydraulic engine mount. Noise Control Engineering Journal, 2003, 51(1): 36-49.

[45] Colgate J E, et al. Modeling of a hydraulic engine mount focusing on response to sinusoidal and composite excitations. Journal of Sound and Vibration, 1995, 184(3): 503-528.

[46] Lee K H, Choi Y T, Hong S P. Performance analysis of hydraulic engine mount by using bond graph method. SAE Technical Paper 951347. New York. 1995.

[47] Golnaraghi M F, Jazar N G. Development and analysis of a simplified nonlinear model of a hydraulic engine mount. Proceedings of Eighth Conference of Nonlinear Vibrations, Stability, and Dynamics of Structures, Blacksburg, 2000: 54-55.

[48] Nader Vahdati, L. Ken Lauderbaugh Saundersb. High frequency testing of rubber mounts. ISA Transactions. 2002, 41: 145-154.

[49] Foumani M S, Khajepour A, Durali M. Application of sensitivity analysis to the development of high performance adaptive hydraulic engine mounts. Vehicle System Dynamics, 2003, 39: 257-278.

[50] Foumani M S, Khajepour A, Durali M. A new high performance adaptive engine mount. Journal of Vibration and Control, 2004, 10: 39-54.

[51] Golnaraghi M F, Jazar N G. Development and analysis of a simplified nonlinear model of a hydraulic engine mount. Journal of Vibration and Control, 2001, 7(4): 495-526.

[52] Jazar N G, Golnaraghi M F. Nonlinear modelling, experimental verification, and theoretical analysis of a hydraulic engine mount. Journal of Vibration and Control, 2002,

8: 87-116,

[53] Jazar N G, Houim R, Narimani A, et al. Frequency response and jump avoidance in a nonlinear passive engine mount. Journal of Vibration and Control, 2006, 12(11): 1205-1237.

[54] Geisberger A. Hydraulic Engine Mount Modeling, Parameter Identification and Experimental Validation. Waterloo: University of Waterloo, 2000.

[55] Geisberger A, Khajepour A, Golnaraghi F. Non-linear modeling of hydraulic mounts: Theory and experiment. Journal of Sound and Vibration, 2002, 249(2): 371-397.

[56] Jeong T, Singh R. Inclusion of measured frequency and amplitude-dependent mount properties in vehicle or machinery models. Journal of Sound and vibration, 2001, 245(3): 385-415.

[57] Lee J, Kim K. An efficient technique for design of hydraulic engine mount via design variable-embedded damping modeling. Journal of Vibration and Acoustics, 2005, 127: 93-99.

[58] He S, Singh R. Estimation of amplitude and frequency dependent parameters of hydraulic engine mount given limited dynamic stiffness measurements. Noise Control Engineering Journal, 2005, 53(6): 271-285.

[59] Ahmed A K W, Haque M M, Rakhejia S. Nonlinear analysis of automotive hydraulic mounts for isolation of vibration and shock. International Journal of Vehicle Design, 1999, 22(1/2): 116-128.

[60] Adiguna H, Tiwari M, Singh R. Transient response of a hydraulic engine mount. Journal of Sound and Vibration, 2003, 268: 217-248.

[61] He S, Singh R. Approximate step response of a nonlinear hydraulic mount using a simplified linear model. Journal of Sound and Vibration, 2007, 299: 656-663.

[62] He S, Singh R. Discontinuous compliance nonlinearities in the hydraulic engine mount. Journal of Sound and Vibration, 2007, 307: 545-563.

[63] Lee J, Singh R. Critical analysis of analogous mechanical models used to describe hydraulic engine mounts. Journal of Sound and Vibration, 2008, 311: 1457-1464.

[64] Gil-Negretea N, Vinolasa J, Kari L. A simplified methodology to predict the dynamic stiffness of carbon-black filled rubber isolators using a finite element code. Journal of Sound and Vibration, 2006, 296: 757-776.

[65] Ohadi A R, Maghsoodi G. Simulation of engine vibration on nonlinear hydraulic engine mounts. ASME Journal of Vibration and Acoustics, 2007, 129: 417-424.

[66] 王立公, 冯振东. 汽车动力总成液力悬置——一种新型隔振元件的结构发展. 汽车工程, 1994, 16(6): 340-347.

[67] 范让林, 吕振华. 橡胶悬置动特性试验方法探讨. 汽车技术, 1995, (11): 21-24.

[68] 史文库, 林逸, 吕振华, 等. CA7221 轿车动力总成液力悬置隔振性能及其对整车舒适性影响的试验研究. 汽车技术, 1996, (3): 32-35.

[69] 吕振华, 范让林. 液压悬置隔振性能计算分析与实验研究. 中国机械工程, 1997, 8(1): 55-59.

[70] 范让林, 吕振华, 冯振东, 等. 惯性通道——解耦膜式液压悬置动特性分析. 汽车工程, 1997, 19(4): 226-233.

[71] 史文库, 林逸, 吕振华. 动力总成悬置元件特性对整车振动的影响. 汽车工程, 1997, 19(2): 103-107.

[72] 郑冬黎. 键合图理论在汽车动力总成液力悬置系统建模与仿真中的应用. 湖北汽车工业学院学报, 1999, 13(4): 9-14.

[73] 闵海涛. 汽车动力总成悬置系统的动特性仿真与主动控制理论研究. 长春: 吉林大学, 2004.

[74] 裘新, 吕振华, 林逸. 轿车动力总成液压悬置及副车架系统隔振性能的研究. 汽车工程, 1999, 21(3):151-157.

[75] 裘新. 轿车动力总成液压悬置系统非线性动态特性和隔振性能的研究. 长春: 吉林工业大学, 1996.

[76] 徐志军. 车用发动机半主动控制式液力悬置的仿真、试验与开发研究. 北京: 北京理工大学, 2003.

[77] 上官文斌, 吕振华. 液阻型橡胶隔振器非线性特性仿真分析. 振动工程学报. 2003, 16(4): 394-398.

[78] 吕振华, 上官文斌. 基于液-固耦合有限元仿真的液阻悬置集总参数模型动特性分析. 机械强度, 2004, 26(1): 29-37.

[79] Shanngguan W B, Lu Z H. Modeling of a hydraulic engine mount with fluid-structure interaction finite element analysis. Journal of Sound and Vibration, 2004, 275(1-2): 193-221.

[80] 上官文斌,吕振华. 汽车动力总成液阻悬置液-固耦合非线性动力学仿真. 机械工程学报, 2004, 40(8): 80-86.

[81] 吕振华, 上官文斌, 梁伟, 等. 液阻悬置动态特性实验方法及实测分析. 中国机械工程 , 2004,15(2): 182-186.

[82] 上官文斌,吕振华. 汽车动力总成橡胶隔振器弹性特性的有限元分析. 内燃机工程, 2003, 24(6): 50-55.

[83] 上官文斌. 液阻悬置惯性通道阻尼特性的实验与计算分析. 振动工程学报, 2006, 19(3): 376-381.

[84] 上官文斌, 宋志顺, 张云清, 等. 多惯性通道型液阻悬置动态特性的实测与分析. 振动工程学报, 2005, 18(3): 318-323.

[85] Wang L, Wang J, Hagiwara I. An integrated characteristic simulation method for hydraulically damped rubber mount of vehicle engine. Journal of Sound and Vibration,

2005, 286: 673-696.

[86] Zhang Y, Shangguan W B. A novel approach for lower frequency performance design of hydraulic engine mounts. Computers and structures, 2006, 84: 572-584.

[87] 范让林, 吕振华. 三代液阻悬置非线性动特性的试验研究及其参数识别方法. 机械工程学报, 2006,(5): 174-181.

[88] Fan R, Lu Z. Fixed points on the nonlinear dynamic properties of hydraulic engine mounts and parameter identification method: Experiment and theory. Journal of Sound and Vibration, 2007, 305(3): 703-727.

[89] Vanderplaats G N. Structural optimization-past, present, future. AJAA Journal, 1982, (20): 992-1000.

[90] 凌道盛, 李芳. 工程结构优化设计发展综述. 工程设计学报, 2002, 9(5):229-235.

[91] Ohkubo S, Nakajima T, Asai K. Total optimization of truss considering shape, material & sizing variables. Computer Structure Engineering, 1989: 247-256.

[92] Eschenauer H A, Olhoff N. Topology optimization of continuum structures: A review. Applied Mechanics Reviews, 2001, 54(4):331-389.

[93] Stelmack M, Batill S M. Neural network approximations of mixed continuous/discrete system in multidisciplinary design. AIAA 98-0916, Reno, 1998.

[94] Thaneder P B. Structural optimization using probabilistic constraints. Structural Optimization, 1992, (4): 236-240.

[95] Yi P, Cheng G, Jiang L. A sequential approximate programming strategy for performance-measure-based probabilistic structural design optimization. Structural Safety, 2006, 16(12): 123-129.

[96] 郭书祥, 吕震宙, 冯立富. 基于可能性理论的结构模糊可靠性方法. 计算力学学报, 2002, 1: 89-93.

[97] Koyama K. Fuzzy nonlinear programming and its application to structural optimization. Computer-Aided Optimum Design of Structures, 1989: 179-185.

[98] Venter G, Sobieski J, et al. Particle swarm optimization. AIAA Journal, 2003, 41(8): 1583-1589.

[99] Kim D S, Vanderpleats G N. Sequential multilevel multi-objective optimization for structure. AIAA-91-1037-CP, Baltimore, 1991.

[100] 许素强, 夏人伟. 结构优化方法综述. 航空学报, 1995, 16(4): 385-390.

[101] Goldberg D E, Samtani M P. Enginering optimum Via genetic algorithm. Proceedings. of 9th Conference on Electronic Computation, 1978: 471-482.

[102] Jenkins W M. Towards structural optimization via the genetic algorithm. Computers & Structures, 1991, 40(5): 1321-1327.

[103] Jenkins W M. Plane frame optimum design environment based on genetic algorithm.

Journal of Structural Engineering, 1992, 118(11): 76-91.

[104] Hajela P. Genetic search-an approach to the no convex optimization problem. AIAA Journal, 1990, 28(7): 1205-1210.

[105] Hajela P, Shih C J. Multi-objective optimum design in mixed integer and discrete design variable problems. AIAA Journal, 1990, 28(4).

[106] Rao S S, Pan T. Optimal placement of actuators in actively controlled structures using genetic algorithms. AIAA Journal, 1991, 29(6): 942-947.

[107] Deb K. Optimal design of a welded beam via genetic algorithms. AIAA Journal, 1991, 29(11): 2013-2019.

[108] Riche R L, Haftka R T. Optimization of laminates stacking sequence for buckling load maximization by genetic algorithm. AIAA 92-2314-CP, 1992, 30(8): 1844-1857.

[109] Rajan S D. Sizing, shape, and topology design optimization of trusses using genetic algorithm. Journal of Structural Engineering, 1997, 123(3): 123-135.

[110] Rajan S D. Shape optimal design using fictitious loads. AIAA Journal, 1989, 27(l): 872-881.

[111] Pham D T, Yang Y. Optimization of multi-modal discrete functions using genetic algorithms. Institute of Mechanical Engineering (Part D), 1993, 196: 53-59.

[112] Lu D, Zhang P, Wang G. Intelligent optimum design of aseismic structures based on genetic algorithms. CJK-OSM'99, Xi'an, 1999: 202-208.

[113] Sugimoto M, Yamakawa H. A study on simultaneous optimization by parallel genetic algorithms. CJK-OSM'99, Xi'an, 1999: 241-248.

[114] 许素强, 夏人伟. 桁架结构拓扑优化与遗传算法. 计算结构力学及其应用, 1994, 11(4): 436-446.

[115] 王石刚, 刘莉, 肖尚宏, 等. 结构优化的 GA 算法. 应用力学学报, 1999, 12(3): 106-110.

[116] 高峰, 胡俏, 王章海, 等. 改进进化方向的遗传算法与结构遗传设计. 东北大学学报 (自然科学版), 1999, 19(1): 79-82.

[117] Zitzler E. Evolutionary Algorithms for Multi-objective Optimization: Methods and Applications. Zurich: Swiss Federal Institute of Technology, 1999.

[118] Laumanns M. Analysis and applications of evolutionary Multi-objective Optimization Algorithms. Zurich: Swiss Federal Institute of Technology, 2003.

[119] 张铭钧, 韩金华, 郎毅翔. 水下机器人运动规划中多目标遗传算法的操作方法. 哈尔滨工程大学学报, 2000, 21(2) : 23-27.

[120] 李满林, 杜雷. 多目标优化遗传算法在移动网络规划中的应用. 控制与决策, 2003, 18(4) : 441-445.

[121] Weicker N, Szabo G, Weicker K. Evolutionary multi-objective optimization for base station transmitter placement with frequency assignment. IEEE Transctions on

Evolutionary Computation, 2003, 7(2) : 189-203.

[122] Bagchi T P. Pareto optimal solutions for multi-objective production scheduling problems. First International Conference on Evolutionary Multi-criterion Optimization. Berlin. 2001: 458-471.

[123] 周永华, 陈禹六. 结合性能评价的多目标价值链设计. 计算机集成制造系统, 2004, 10(2): 219-225.

[124] 安伟刚. 多目标优化方法研究及其工程应用. 西安: 西北工业大学, 2005.

[125] 沈彤, 潘双夏, 杨礼康. 汽车发动机液压悬置研究方法探讨. 汽车技术, 2004, (4) : 1-4.

[126] 周长城. 汽车减振器设计与特性仿真. 北京: 机械工业出版社, 2012.

[127] 闻邦椿, 刘凤翘. 振动机械的理论及应用. 北京: 机械工业出版社, 1982.

[128] 季文美, 方同, 陈松淇. 机械振动. 北京: 科学出版社, 1985.

[129] 户原春彦. 防振橡胶及其应用. 北京: 中国铁道出版社, 1982.

[130] MTS 公司. 793.10 多功能试验程序手册. 美国: MTS 公司. 2003.

[131] MTS 公司. cRPC 远程参数控制手册公司. 美国: MTS 公司. 2005.

[132] Rivlin R S, Sawyers K N. Strain-energy function for elastomers. Trans actions of the society of Rheology 1996, 20(4): 545-557.

[133] Mooney M. A theory of large elastic deformation. Journal of Applied Physics, 1940, 6: 582-588.

[134] Ogden R W. Recent advances in the phenomenological theory of rubber elasticity, rubber rev. Rubber Chemistry and Technology, 1986, 59: 361-383.

[135] Ogden R W, Large deformation isotropic elasticity: On the correlation of theory and experiment for compressible rubber-like solids. Proccedings of the Royal Society A-Mathenatical Physical and Engineering Sciences 1972, 328: 567-583

[136] Yeoh O H. Characterization of elastic properties of carbon black filled rubber vulcanizates. Rubber Chemistry and Technology, 1990, 63(5): 792-805

[137] 张兆顺, 崔桂香. 流体力学. 北京: 清华大学出版社, 2015.

[138] 庄礼贤, 尹协远, 马晖扬. 流体力学. 合肥: 中国科学技术大学出版社, 2009.

[139] Potter M C, Wiggert D C, Ramadan B H. 工程流体力学. 北京: 机械工业出版社, 2015.

[140] White F M. Fluid Mechanics. New York: McGraw-Hill Education, 1999.

[141] 周长城. 汽车液压筒式减振器设计及理论. 北京: 北京大学出版社, 2012.

[142] Merritt H E. Hydraulic Control Systems. New York: Wiley, 1967.

[143] Chiou Y C. Computer simulation of hydroelastic engine mounts. Northwestern University, 1993.

[144] Kim G, Singh R. Resonance isolation and shock control characteristics of automotive nonlinear hydraulic engine mounts. ASME, 1992: 165-180.

[145] Dubowsky S, Freudenstein F. Dynamic analysis of mechanical systems with clearances,

Part 2: Dynamic response. Transactions of the American Society of Mechanical Engineers, Journal of Engineering for Industry, 2007, 93: 310-316.

[146] Comparin R J, Singh R. Nonlinear frequency response characteristics of an impact pair. Journal of Sound and Vibration, 1989, 134: 209-259.

[147] Nomura T. ALE finite element computations of fluid-structure interaction problems. Computer Methods in Applied Mechanics and Engineering, 1994, 112: 291-308.

[148] Bathe K J, Zhang H, Wang M H. Finite element analysis of incompressible and compressible fluid flows with free surfaces and structural interaction. Computers&Structures, 1995, 56(3): 193-213.

[149] Bathe K J, Zhang H, Zhang X. Some advances in the analysis of fluid flows. Computers & Structures, 1997, 64(2): 909-930.

[150] Bathe K J, Zhang H, Ji S H. Finite element analysis of fluid flows fully coupled with structural interactions. Computers & Structures, 1999, 72(2): 1-16.

[151] 李琳, 喻立凡. 管道及其管路系统流固耦合振动问题的研究动态. 应用力学学报, 1997, 14(7): 40-47.

[152] 王辉. 大型水轮机振动分析及粘性流体与弹性结构耦合的有限元格式. 北京: 清华大学. 1997.

[153] 陈夫尧. 分层流体和大晃动流固耦合问题的动力分析. 北京: 清华大学, 1995.

[154] 徐刚, 任文敏, 张维. 储液容器的三维流固耦合动力特性分析. 力学学报. 2004, 36(3): 328-335.

[155] MSC Software Corporation. Experimental Elastomer Analysis. 2000.

[156] MSC Software Corporation. Non-linear Finite Element Analysis of Elastomer. 2000.

[157] 屈维德, 唐恒龄. 机械振动手册. 北京: 机械工业出版社, 2000.

[158] 严济宽. 机械振动隔离技术. 上海: 科学技术文献出版社, 1985.

[159] Fluent Inc. Gambit 2.0 user's guide. 2002.

[160] 韩占忠. Fluent 流体工程仿真计算实例与应用. 北京: 北京理工大学出版社, 2004.

[161] 余俊. 周济. 优化方法程序库 OPB-2——原理及应用. 武汉: 华中理工大学出版社, 1997.

[162] 程梅. 遗传算法和结构优化设计. 江汉大学学报 (综合版), 1996, 13(6): 67-69.

[163] Jenkins W M. Towards structural optimization via the genetic algorithm. Computers & Structures, 1991, 40(5): 1321-1327.

[164] Hajela P. Genetic search approach to the non-convex optimization problem. Journal of AIAA, 1990, 28(7): 1205-1210.

[165] Rao S S. Optimal placement of actuation in actively controlled structures using genetic algorithms. Journal of AIAA, 1991, 29(6): 942-943.

[166] Deb K. Optimal design of a welded beam via genetic algorithms. Journal of AIAA, 1991, 29(11): 2013-2015.

[167] Holland J H. Adaptation in Nature and Artificial Systems.Bosten: MIT Press, 1992.

[168] 陆金桂, 余俊. 基于人工神经网络的结构近似分析方法的研究. 中国科学, 1994, 24(6): 4-5.

[169] 程耿东. 工程结构优化设计基础. 大连: 大连理工大学出版社, 2012.

[170] Rao S S. Game theory approach for multi-objective structural optimization. Computers and Structures, 1987, 25(1): 119-127.

[171] Rao S S. Multi-objective optimization in structure design with uncertain parameters and stochastic processes. AIAA Journal, 1994, 22(11): 1670-1676.

[172] 黄洪钟. 机械设计模糊优化原理与应用. 北京: 科学出版社, 1997.

[173] Goldberg D E. Genetic Algorithms in Search, Optimization and Machine Learning. Massachusetts: Wesley Publishing Company, 1989.

[174] 朱学军. 基于 Pareto 多目标进化计算的健壮性设计方法及应用研究. 上海: 上海交通大学, 1999.

[175] 朱学军, 王安麟, 张惠侨. 非稳态罚函数遗传算法及其用于机械结构系统的健壮性设计. 机械科学与技术, 2000, 19(1): 49-51.

[176] Coello C A. Use of a self-adaptive penalty approach for engineering optimaiation problems. Computers in Industry, 1999, 21(3): 145-157.

[177] Fonseca C M. An Overview of Evolutionary Algorithms in Multi-objective Optimization. Shefield: University of Shefield, 1994.

[178] Vicint A. Coupling genetic glgorithms and gradient based optimization techniques. Recent Advances in Industrial Applications, 1997, 7: 289-309.

[179] Li Q, Zhao J C, Zhao B, et al. Parameter optimization of rubber mounts based on Finite Element Analysis and Genetic Neural Network. Journal of Macromolecular Science, PAC. 2009, 46(2): 186-192.

[180] 赵建才，李堑，姚振强．橡胶悬置元件结构参数优化设计方法．振动与冲击，2008, 27(1):16-18.

[181] Li Q, Zhao J C, Zhao B. Parameter optimization of a hydraulic engine mount based on genetic neural network. Proceedings of the Institution of Mechanical Engineers, Part D, Journal of Automobile Engineering. 2009, 223(9): 1109-1117